Karin Schreiber-Willnow

# Körper-, Selbst- und Gruppenerleben in der stationären Konzentrativen Bewegungstherapie

Reihe »Forschung psychosozial«

Karin Schreiber-Willnow

# Körper-, Selbst- und Gruppenerleben in der stationären Konzentrativen Bewegungstherapie

Psychosozial-Verlag

*meinem Mann Christian*
*und meinen Töchtern Sophie und Leoni*

Die vorliegende Studie wurde 1999 als Dissertation
an der Medizinischen Fakultät der Universität zu Köln
eingereicht und angenommen.

Bibliografische Information der Deutschen Nationalbibliothek
Die Deutsche Nationalbibliothek verzeichnet diese Publikation in der Deutschen Nationalbibliografie; detaillierte bibliografische Daten sind im Internet über <http://dnb.d-nb.de> abrufbar.

3., korrigierte Auflage 2010

E-Mail: info@psychosozial-verlag.de
www.psychosozial-verlag.de

Umschlagabbildung: Hiroshige Andô (1797–1858):
„Die Wirbel von AWA“ (Ausschnitt)
Satz: Hanspeter Ludwig, Gießen
www.imaginary-world.net
Printed in Germany
ISBN 978-3-8379-2050-5

# Vorwort zur dritten, korrigierten Auflage

Es ist ungewöhnlich, dass eine empirische Forschungsarbeit nach 10 Jahren nochmals aufgelegt wird, aber diese Arbeit hat Konsequenzen gehabt, die das rechtfertigen mögen. Ihr Erscheinen verhalf der KBT in Österreich zu ausreichender wissenschaftlicher Fundierung, so dass die KBT dort seit dem Jahr 2000 als wissenschaftlich und sozialrechtlich anerkanntes Therapieverfahren praktiziert werden kann.

In einer 2-Jahres-Katamnese konnte gezeigt werden, dass die Besserungen im Körpererleben stabil waren (Schreiber-Willnow, K., Seidler, K.-P.: Katamnestische Stabilität des Körpererlebens nach stationärer Gruppenbehandlung mit Konzentrativer Bewegungstherapie. Psychother Psych Med 2005; 55: 370-377).

Die Entwicklung der Neurobiologie, vor allem der Forschungen zum impliziten und expliziten Gedächtnis, scheint die Bedeutung des Körpererlebens, wie sie von körperpsychotherapeutischer Theorie postuliert wurde, für die Psychotherapie zu bestätigen.

Und schließlich: es gibt immer noch zu wenige Forschungsarbeiten zur Körperpsychotherapie, so dass die wenigen vorhandenen auch verfügbar sein sollen.

Köln, im Januar 2010

Karin Schreiber-Willnow

## Danksagungen

Mein Dank für das Zustandekommen dieser Arbeit gilt an erster Stelle den PatientInnen, die bereit waren, für diese Studie Auskunft über sich und ihr Erleben in vielfältigen Fragebögen zu geben.

Ich danke Dr. Dankwart Mattke, der die Durchführung meiner Studie an der Rhein-Klinik Bad Honnef förderte und wohlwollend begleitete, sowie Professor Dr. Volker Tschuschke, der an der Universität zu Köln meine Arbeit betreute. Dank für die fachkundige Unterstützung von Professor Dr. Bernhard Strauß (Jena) und Professor Dr. Jochen Eckert (Hamburg).

Ich danke meinen KollegInnen aus dem Team der Station IV der Rhein-Klinik: Dr. Irene Lademacher, Margit Bensch, Hans Weyhing, Antje Holland, Helga Adelt, Dr. Jörg Henne, Dr. Ulrich Kröckert, Udo Dackweiler und Anke Bartels, Regine Beydemüller, Karin Brücken, Annette Joerdens, Heike Magee, Anja Teetzen, Thomas Prömpers und Doris Thiele.

Ich danke den KBT-KollegInnen für ihre fachliche und kollegiale Unterstützung: Evelyn Schmidt, Katrin Paehler, Ingrid Krause, Brigitte Urban, Doris Werner, Christa Hammerich, Henrike Schulte, Sylvia Straub, Renate Meyer und Barbara Gierden-Charura, Dr. Sylvia Cserny und Dr. Klaus-Peter Seidler.

Zuletzt und am meisten danke ich meinem Mann Christian Willnow, der mir als kompetenter Gesprächspartner half, meine Gedanken zu ordnen. Ich habe seine große Geduld oft sehr strapaziert. Ich danke meinen Töchtern Sophie und Leoni, die es aushalten mußten, daß ihre Mutter manchmal dieser wissenschaftlichen Herausforderung mehr Aufmerksamkeit als ihnen widmete.

Köln, März 2000

Karin Schreiber-Willnow

# Inhaltsverzeichnis


Vorwort zur dritten, korrigierten Auflage 5

Danksagungen 6

Vorwort 13

1 Einleitung 15

1.1 Einordnung in die aktuelle Psychotherapie-Forschung 17

2 Grundlagen der KBT 23

2.1 Historische Entwicklung 23

2.2 Definition 24

2.2.1 Leiborientiert 25

2.2.2 Wahrnehmung und Bewegung im Gestaltkreis Victor von Weizsäckers 28

2.2.3 Ordnung und Chaos 31

2.3 Stolzes Fundierung der KBT als psychotherapeutische Methode 33

2.4 Neurobiologische Fundierungen für den Ansatz der KBT gemäß Damasio 35

2.4.1 Wie kommt diese Körpererinnerung zustande? 36

2.4.2 Wieso ist die Wahrnehmung von Körperempfindungen therapeutisch hilfreich? 38

2.4.3 Empfindungen 39

2.4.4 Somatische Marker 40

2.4.5 Descartes' Irrtum 41

2.5 Der Beitrag der Affekttheorie nach Krause 42

2.5.1 Nonverbale Interaktionsprozesse 42

2.5.2 Beziehungsrelevantes Verhalten 43

2.5.3 Affekte 44

2.5.4 Die Bedeutung der Affekttheorie für die KBT 45

2.5.5 Lokomotionswünsche als Teil jeden Affekts 46

2.6 Der Einbezug der Entwicklungspsychologie Piagets in die theoretische Fundierung der KBT durch Cserny 46
2.6.1 Bedeutung für der therapeutischen Ansatz der KBT 47

2.7 Die psychoanalytische Fundierung der KBT durch Becker 49
2.7.1 Ausgangspunkt 49
2.7.2 Entwicklungspsychologische Grundlegung 50
2.7.3 KBT und Spiel 52
2.7.4 Sprache, Verbalisieren 53
2.7.5 Symbol und Prozeß des Symbolisierens 54
2.7.6 Agieren 54
2.7.7 Übertragung in der KBT 55

2.8 Die Bedeutung der Säuglingsforschung für das Entwicklungsmodell der KBT 56
2.8.1 Entwicklungsthemen in den ersten drei Lebensjahren 57
2.8.2 Bedeutung für die KBT 58

2.9 Leiblichkeit und Sprache. E. Schmidts Ansatz der Symbolischen Transformation nach Langer 59
2.9.1 Symbolische Transformation 59
2.9.2 Bedeutung für die KBT 60
2.9.3 Leiblichkeit 62
2.10 Leitlinien zum therapeutischen Ansatz der KBT 64

**3 Konzentrative Bewegungstherapie im stationären Rahmen 65**
3.1 KBT als Gruppentherapie in der Klinik 65

3.2 Die Rolle der Gruppenleiterin 66
3.2.1 Die körperliche Dimension von Erfahrung 67
3.2.2 Der Umgang der PatientInnen mit sich und anderen 68
3.2.3 Der Ebenenwechsel zwischen Leiblichem und Verbalem 69

3.3 Phasen des KBT-Gruppenprozesses 70
3.3.1 Erste Phase: Vertrauen 70
3.3.2 Zweite Phase: Regression 70
3.3.3 Dritte Phase: Progression 71
3.3.4 Vierte Phase: Abschied 72

4 **Empirische Ergebnisse** 73
4.1 Empirische Ergebnisse zur KBT 73
4.2 Empirische Ergebnisse zur stationären Gruppentherapieforschung 76
4.2.1 Ergebnisforschung 77
4.2.2 Prozeß-Ergebnis-Forschung 78
4.2.3 Spezifische oder unspezifische Wirkfaktoren? 80
4.3 Konsequenzen für das Studiendesign 82

5 **KBT im integrativen stationären Setting** 84
5.1 Das Behandlungskonzept der Station 84
5.1.1 Forschungsaktivitäten 87
5.2 KBT-Behandlungskonzept 88

6 **Die Studienfragestellung** 90
6.1 Studienhypothesen 91
6.1.1 Hypothese 1: Das Körpererleben verändert sich im Laufe der KBT bei klinisch erfolgreichen PatientInnen in eine klinisch günstige Richtung 91
6.1.2 Hypothese 2: Die Veränderung des Körpererlebens unterscheidet sich nicht in den zwei verschiedenen Settings 92
6.1.3 Hypothese 3: Die therapeutische Beziehung zur KBT-Therapeutin unterscheidet sich in den beiden Settings 92
6.1.4 Hypothese 4: Der Behandlungserfolg ist abhängig von der Bereitschaft, sich in den ersten Behandlungswochen in der KBT-Gruppe einzulassen und sich zu öffnen 93
6.1.4 Hypothese 5: Der Verlauf des Gruppenerlebens unterscheidet sich bei mehr und weniger erfolgreichen PatientInnen 93

7 **Methoden** 94
7.1 Studiendesign 94
7.2 Überblick über die Untersuchungsinstrumente 95
7.3 Erfolgsmaße 95
7.4 Klinische und statistische Relevanz 96

7.5 Die Erhebungsinstrumente im Einzelnen 97
7.5.1 Die Symptom-Check-Liste (SCL-90) 97
7.5.2 Gießen-Test (GT) 100
7.5.3 Globale Beurteilung des Behandlungserfolgs durch die Therapeuten 101
7.5.4 Individuelle Therapiezielskalierung 102
7.5.5 Inventar zur Erfassung interpersonaler Probleme (IIP-D) 102
7.5.6 Gruppeneinteilung 104

7.6 KBT-spezifische Erhebungsmethoden 105
7.6.1 Der Fragebogen zur Beurteilung des eigenen Körpers (FBeK) 105
7.6.1.1 Das Leiberleben im FBeK 107
7.6.2 Globale Beurteilung der KBT-spezifischen Veränderungen 110
7.6.3 Der Gruppenerfahrungsbogen für die KBT (GEB-KBT) 111
7.6.4 Das Leib-Erleben-Grid 115
7.6.4.1 Grundgedanken der Theorie der persönlichen Konstrukte 115
7.6.4.2 Konstruktion des Leiberleben-Grids 117
7.6.4.3 Erläuterungen zu den Grid-Elementen 117
7.6.4.4 Auswertung des Grid 121
7.6.4.5 Praktische Durchführung der Grid-Erhebung 122

7.7 Statistische Auswertung 123
7.7.1 Gruppenvergleiche 124
7.7.2 Effektstärken 125
7.7.3 Korrelationen 125
7.7.4 Trend-Untersuchungen 125
7.7.5 Statistische Auswertung der Grids 127

8 Ergebnisse 129
8.1 Beschreibung der Studiengruppe 129
8.1.1 Vergleich der Settings 133

8.2 Gießen-Test 135
8.3 SCL-90 136
8.4 IIP 138
8.5 Therapieziele der PatientInnen 139
8.6 Globale Beurteilung des Befindens 140

8.7 Einteilung in zwei Erfolgsgruppen 141
8.7.1 Unterscheiden sich die Erfolgsgruppen in anderen Variablen? 141

8.8 Der Fragebogen zur Beurteilung des eigenen Körpers (FBeK) 143
8.8.1 Das Körpererleben im FBeK 143
8.8.2 Unterscheiden sich erfolgreiche und weniger erfolgreiche PatientInnen im Körpererleben? 144
8.8.3 Welchen Einfluß haben die verschiedenen Settings auf die Veränderung des Körpererlebens? 146

8.9 Verändern sich die Körper- und Selbstrepräsentanzen während der stationären Behandlung unter KBT? 150
8.9.1 Globale Veränderung der Grids 150
8.9.2 Auswertung der Inter-Element-Distanzen 151
8.9.2.1 Distanzen der Ideal-Elemente 151
8.9.3 Distanzen zwischen Ideal- und Real-Elementen 153
8.9.3.1 Distanz D1: Ich mit meinen Beschwerden – Ideal 153
8.9.3.2 Distanz D3: Ich, wie ich bin – Ideal 153
8.9.3.3 Distanz D7: Meine Weiblichkeit/Männlichkeit körperlich – Ideal 153
8.9.3.4 Distanz D9: Der Boden unter meinen Füßen – Ideal 154
8.9.3.5 Distanz D10: Meine Haltung der Welt gegenüber – Ideal 154

8.10 Beurteilung des KBT-spezifischen Erfolges 155

8.11 GEB-KBT 155
8.11.1 Globale Ergebnisse 156
8.11.2 Skaleninterkorrelationen 157
8.11.3 Ergebnisse der ersten Gruppenstunde 158
8.11.4 Analyse der Gruppenverläufe 159
8.11.4.1 Skala 1: Körperliches Wohlbefinden und Zuversicht 161
8.11.4.2 Skala 2: Lernerfahrung und Einsicht 161
8.11.4.3 Skala 3: Zugang zum körperlichen Erleben und den eigenen Empfindungen 163
8.11.4.4 Skala 4: Unzufriedenheit mit der Therapeutin und Unbehagen 163
8.11.4.5 Skala 5: Unzufriedenheit mit der Gruppe 164
8.11.4.6 Skala 6: Zurückhaltung, sich nicht verstanden fühlen 166

8.11.5 Unterschiede bei verschiedenen Behandlungsdauern 167
8.11.5.1 Drei-Monats-Behandlungen 167
8.11.5.2 Verläufe bei Verlängerungen 169
8.11.5.3 Kurze Behandlungen (8–10 Wochen) 173

8.12 Resultate bezüglich der Studienhypothesen 174
8.12.1 Hypothese 1: Das Körpererleben verändert sich im Laufe der KBT bei klinisch erfolgreichen PatientInnen in eine klinisch günstige Richtung 174
8.12.2 Hypothese 2: Die Veränderung des Körpererlebens unterscheidet sich nicht in den zwei verschiedenen Settings 175
8.12.2.1 Varianzanalytische Auswertung 175
8.12.3 Untersuchung von Trends in den Verlaufskurven 178
8.12.4 Hypothese 3: Die therapeutische Beziehung zur KBT-Therapeutin unterscheidet sich in den Settings A und B 179
8.12.5 Hypothese 4: Der Behandlungserfolg ist abhängig von der Bereitschaft, sich in den ersten Behandlungswochen in der KBT-Gruppe einzulassen und zu öffnen. 180
8.12.6 Hypothese 5: Der Verlauf des Gruppenerlebens unterscheidet sich bei mehr und weniger erfolgreichen PatientInnen 181

8.13 Zusammenfassung der Ergebnisse 182

**9 Diskussion** 183
9.1 Klinischer Behandlungserfolg 183
9.2 KBT-spezifische Ergebnisse (Prä-Post) 184
9.3 Prozeß-Ergebnisse 188
9.4 Vergleich der Settings 191
9.5 Weitere Konsequenzen aus der Studie 193
9.6 Methodische Perspektiven 194

**10 Zusammenfassung** 196

**Literaturverzeichnis** 198

**Anhang** 207

# Vorwort

Die Konzentrative Bewegungstherapie (KBT) ist ein in Deutschland in psychiatrischen, psychosomatischen und psychotherapeutischen Kliniken weit verbreitetes körperorientiertes psychotherapeutisches Verfahren, das es gestatten soll, psychisch schwerer gestörten Patienten über ein sensibilisiertes Körpererleben und eine verbesserte Körperwahrnehmung an ihre eigentlichen Gefühle und Affekte im Zusammenhang mit ungelösten Problemen und entwicklungspsychologischen Defiziten heranzuführen, um dann über das Gespräch Veränderungen und somit Wirksamkeit erzielen zu können. Die KBT ist – so die bisherigen Vermutungen - ein Zugangsweg zu chronisch gestörten oder somatisierenden Patienten, die sonst psychotherapeutisch schlecht erreicht werden können. Allerdings ist die KBT bisher nicht empirisch adäquat untersucht worden und somit empirisch kaum fundiert. Die Befundlage bezüglich methodisch guter, kontrollierter Studien ist bei der KBT sehr dürftig.

Nun ist es äußerst schwierig, eine wissenschaftlich akzeptable Studie durchzuführen, die methodische Grundanforderungen an interpretierbare Ergebnisse erfüllt, und die dennoch klinisch relevante Aussagen machen kann. Das heißt, Forschungsstudien zu psychotherapeutischen Verfahren im universitären Bereich sind praktisch nicht verwendbar, da sie in aller Regel zwar methodisch hoch anspruchsvoll sind, sprich eine Kontrollgruppe und Randomisierung von Probanden berücksichtigen, zumeist aber nicht die im realen klinischen Feld üblichen Patienten behandeln – und falls doch, dann in in extrem kurzen Zeiträumen oder ohne speziell ausgebildete Therapeuten mit ausreichender klinischer Erfahrung arbeiten – mithin keine Aussagen über die alltägliche Praxis von ›realen‹ Therapeuten mit ›realen‹ Patienten in realistischen Therapiesettings gestatten.

Dieses Buch ist anders. Es berichtet von einer großen empirischen Studie über die Wirkweisen und die Behandlungseffekte von KBT im realen therapeutischen Setting mit üblicherweise ›anfallenden‹ Patienten. Zwar handelt es sich nicht um eine kontrollierte Studie – dies ist im alltäglichen psychotherapeutisch-psychosomatischen ›Versorgungsbetrieb‹ nicht leistbar. Dennoch handelt es sich um eine sehr anspruchsvolle empirische Arbeit, die nach höchstem methodischen Kenntnisstand durchgeführt wurde, in dieser Qualität und diesem Umfang für die KBT noch nicht vorgelegt wurde und über die Qualität der meisten Arbeiten im Psychotherapie-Forschungsbereich – auch bei so genannten etablierten Verfahren – hinaus geht.

Der Autorin kommen in synergistisch sehr günstiger Weise ihre Kompetenzen als Diplom-Mathematikerin wie auch als langjährig praktizierende Psychotherapeutin in einer Psychotherapeutischen Klinik zugute. So war es ihr möglich, das Körpererleben der PatientInnen methodisch sauber zu operationalisieren und in Verbindung zum subjektiven Therapieerleben zu untersuchen. Dies alles konnte dann vor dem Hintergrund des objektiv berechneten Therapieerfolgs beziehungsweise -misserfolgs betrachtet werden.

Zum ersten Male ist es gelungen, empirisch Wirksamkeiten der KBT nachzuweisen. Körperwahrnehmung und Körpererleben unterscheiden sich bei wenig oder nicht erfolgreichen PatientInnen und erfolgreichen PatientInnen bedeutsam voneinander zum Abschluss der stationären Behandlung, nicht aber unmittelbar vor Beginn der stationären Behandlung. Damit ist der Zusammenhang zwischen verbessertem Körpererleben und verbesserter -wahrnehmung und Therapieeffekten empirisch belegt. Die Arbeit über die Methode der KBT hat demnach in Bereichen günstige Effekte erzielt, die sie zum Gegenstand ihrer Behandlung hat. Darüber hinaus war es möglich, nachzuweisen, dass diejenigen PatientInnen, die erfolgreich behandelt wurden, nicht nur Körperaspekte besser wahrnehmen und erleben konnten, sondern dass dies zugleich mit psychologisch günstigen Veränderungen in wichtigen intrapsychischen Strukturen einhergeht.

Die Anlage der Untersuchung erlaubte die Überprüfung zahlreicher psychologischer Aspekte der Persönlichkeiten der Patienten in Verbindung mit dem Behandlungsergebnis, so dass es sich insgesamt um eine äusserst differenzierte und abwägende Prozess-Ergebnis-Studie handelt, die in der Psychotherapieforschung generell sehr selten zu finden ist und für die KBT ein einzigartiges Dokument wissenschaftlicher Fundierung und ohne Parallele ist. Hinzu tritt noch eine umfangreiche philosophisch-psychoanalytische und entwicklungspsychologische Einleitung, die der gesamten Arbeit eine Einordnung ermöglicht, die zu lesen Spaß macht.

Insofern kann man sogar von einer Pionierarbeit auf dem Feld der Psychotherapieforschung sprechen, die dennoch hoch spannend ist. Ich wünsche dem Buch die ihm gebührende Verbreitung.

Köln, Januar 2000

Prof. Dr. V. Tschuschke

# 1 Einleitung

„...werden Sie erfahrbereit!"
Elsa Gindler

Die Konzentrative Bewegungstherapie (KBT) ist seit den 70er Jahren in der BRD in psychosomatischen, psychotherapeutischen und psychiatrischen Kliniken verbreitet. Im Rahmen der Entwicklung stationärer Psychotherapie vom bipolaren Modell zum integrativen Team-Konzept wurden in dieser Zeit zunehmend therapeutische Angebote wie KBT, Tanz-, Gestaltungs- und Musiktherapie neben der psychoanalytischen Therapie in der Klinik eingeführt. Zunächst ohne einen gemeinsamen Oberbegriff entstanden so Abteilungen für ›non-verbale‹, ›averbale‹, ›kreative‹ oder ›Soziotherapie‹, später dann auch ›Begleit- oder Spezialtherapie‹.

Die KBT bewährte sich im klinischen Alltag. Sie war in der therapeutischen Praxis vorwiegend von Frauen entwickelt worden, ohne jedoch auf umfassende theoretische oder empirische Fundierung zurückgreifen zu können. Viele dieser Frauen hatten kein medizinisches oder psychologisches Studium, sondern kamen aus unterschiedlichen geisteswissenschaftlichen oder praktischen Grundberufen.

Die 70er Jahre waren geprägt von einer Stimmung des Aufbruchs, von gesellschaftlicher Experimentierfreude, die sich auch in der stationären Psychotherapie auswirkte. Hier wurden die vorher eher üblichen psychoanalytischen Einzeltherapien durch die Gruppentherapie ergänzt oder abgelöst. Die Behandlung in Gruppen spiegelte den Zeitgeist der Nach-68er-Ära. Soziale Phänomene, die Rolle, das Erleben und die Konflikte des Einzelnen in der Gruppe rückten in den Mittelpunkt. Die Gruppe wurde verstanden als Bühne, auf der jede Patientin und jeder Patient sein persönliches Drama inszeniert und mit Hilfe des therapeutischen Teams Konflikte und Fehlverhalten erkennen und verändern kann.

Die Gruppe in der Konzentrativen Bewegungstherapie entwickelte sich zu einer speziellen Bühne, auf der die Dramen nicht nur eine verbale, sondern auch eine Bewegungsgestalt bekamen. Die KBT-Therapeutin machte das Angebot, den Gruppenraum in seiner räumlichen Ausdehnung zu nutzen, sich in der Bewegung und der leibhaften Begegnung mit dem anderen zu erspüren.

Durch diese Arbeitsweise wurde der psychotherapeutische Raum erweitert: sich handelnd zu erleben, eröffnete für einige PatientInnen neue Möglichkeiten der

Bearbeitung ihrer Störung. Schweigen und Stille dienten dem aufmerksamen Selbstbezug in der Gruppe durch die Verlagerung der Wahrnehmung auf das Erspüren von Körperphänomenen. Beziehungen konnten leibhaftig erprobt und gestaltet werden.

Klinisch kamen diese Möglichkeiten vor allem jenen PatientInnen entgegen, die ihr Leiden, ihre Erkrankung nicht sprachlich, sondern in Körpersymbolik oder unzweckmäßigem Handeln ausdrückten. Sie fanden in der KBT erstmals Zugang zu einem Verständnis ihrer körperlichen Beschwerden als Ausdruck eines inneren oder äußeren Konflikts. Sie lernten, genauer zu spüren, zu erinnern und zu benennen.

Nach der Euphorie der Pionierzeiten setzte eine gewisse Ernüchterung ein: die Fragen nach dem theoretischen Fundament, dem Selbstverständnis und dem Stellenwert im Team wurden neu diskutiert. Mit der gesellschaftlichen Anforderung der Qualitätssicherung im Gesundheitswesen in den 90er Jahren stellte sich die Frage nach empirischen Nachweisen der Wirksamkeit der KBT als leibspezifische gruppentherapeutische Methode in der Klinik.

Auf dieser historischen Folie konnte ich als Diplom-Mathematikerin mit Berufserfahrung als Wissenschaftlerin in der Wirksamkeitsforschung für Arzneimittel in den 80er Jahren die Weiterbildung in der Konzentrativen Bewegungstherapie durchlaufen und in der Klinik als Psychotherapeutin mit der KBT arbeiten. Nach 10 Jahren therapeutischer Berufspraxis und 5 Jahren zusätzlicher Tätigkeit im Bereich Dokumentation und Statistik entwickelte sich mein persönliches Anliegen, einen Beitrag zur Wirksamkeitsforschung der KBT mit dem Handwerkszeug der medizinischen Statistik und der eigenen therapeutischen Erfahrung zu leisten.

Ich schreibe diese Arbeit in meiner Doppelrolle als Forscherin und Therapeutin. Der Mehrwert dieser Doppelperspektive, von Strauß (1999) als ›online‹-Forschung bezeichnet, liegt in einem vollständigen Zugang zum psychotherapeutischen Geschehen. Ich bin sowohl den PatientInnen als auch der Wissenschaft verpflichtet und verknüpfe damit zwei durchaus divergierende Blickwinkel.

Ich habe zunächst die Theorie zur KBT als stationäre Gruppentherapie gesichtet und dann ein empirisches Studiendesign entwickelt, um die klinische Praxis im Licht dieser Theorie zu untersuchen. Hierzu bot sich ein naturalistisches Design an, das den klinischen Alltag spezifisch abbildet, ohne ihn durch Versuchsbedingungen einzuschränken oder völlig zu verändern.

Die Hypothesen und ihre Prüfung sind deshalb im Sinne einer explorativen Datenanalyse entwickelt. Es gibt bisher keine klinische Gruppenprozeß-Untersuchungen in der KBT. Deshalb muß der erste Schritt empirischer KBT-Forschung sein, die theoretisch und klinisch beschriebenen Wirkfaktoren der Methode zu extrahieren, zu konzeptionalisieren und nach ihrer empirischen Relevanz zu forschen. Methodisch orientiere ich mich an Konzepten der aktuellen Gruppentherapieforschung, die sich mit der Komplexität des Gegenstandes konfrontieren: weder gibt es in der Klinik nur ein therapeutisches Agens, noch gibt es in der Gruppe nur die Zweierbeziehung, noch gibt es in der KBT nur das gesprochenen Wort. Ein Wirksamkeitsnachweis, modelliert nach dem medizinischen Modell der Arzneimittelprüfung als randomisierte Studie mit Behandlungs- und Kontrollgruppe und mit nur einem Zielkriterium, kann der Behandlungsaufgabe der psychotherapeutischen Klinik nicht gerecht werden und wäre somit ein Artefakt. Verfahrensadäquat ist die Forschungsmethode, die den multidimensionalen Prozeß in einem naturalistischen Design sorgfältig beschreibt.

Im Mittelpunkt steht das Erleben der einzelnen PatientInnen. Ihre Wahrnehmung ihres körperlichen Prozesses und des Gruppenprozesses sind Untersuchungsgegenstand. Mein Interesse für sie und meine Neugier auf sie haben sie wahrgenommen und mit Interesse und Neugier für meine Arbeit beantwortet. Mein Dank gilt ihnen allen, ohne deren aktive Mitwirkung diese Arbeit nicht hätte zustandekommen können! Der subjektiven Wahrnehmung des Erlebens der PatientInnen in der KBT Gruppe stelle ich klinische Befunde zur Symptomatik, zur Persönlichkeit und zu interpersonalen Problemen bei Behandlungsbeginn und -ende gegenüber. Die Veränderungen des Mikro-Outcomes der einzelnen Gruppenstunden werden in Beziehung gesetzt zu den Veränderungen durch die gesamte stationäre Psychotherapie. So kann die spezifische Wirksamkeit der KBT im stationären integrativen Setting sichtbar werden.

## 1.1 Einordnung in die aktuelle Psychotherapie-Forschung

Die Konzentrative Bewegungstherapie versteht sich als eine tiefenpsychologisch orientierte Psychotherapie, die spezifische leiborientierte Behandlungstechniken verwendet. Die therapeutische Bedeutung der KBT ist in der klinischen Praxis unbestritten. Es fehlt bisher an Studien, die empirische Belege für ihre Wirksamkeit liefern. Da die KBT als Methode speziell in Deutschland und Österreich, und da vor allem an psychosomatischen/psychotherapeutischen Kliniken verbreitet ist, kann sie nicht auf empirische Forschungsarbeiten aus dem anglo-amerikanischen Raum zurückgreifen.

Mit der folgenden Untersuchung liegen für die KBT zum ersten Mal Material und Ergebnisse vor, die den Anforderungen der modernen Psychotherapie-Forschung genügen, um im Literaturvergleich den Standort der KBT in der Psychotherapie-Landschaft zu bestimmen.

Historisch begann eine Diskussion um die Wirksamkeit von Psychotherapie in den 50er Jahren, als Eysenck 1952 anzweifelte, ob Psychotherapie überhaupt einen Effekt habe, der über die Spontanremission hinausgehe. In Deutschland wurde auf Grund der positiven Ergebnisse von Dührssen (1962) die Psychotherapie in das System der Krankenkassenleistungen aufgenommen. Dührssen konnte in einer katamnestischen Untersuchung zeigen, daß der gesellschaftliche Nutzen von Psychotherapie im Sinne eines veränderten Krankheitsverhaltens sich auch in einer Kostenreduktion für die Krankenkassen niederschlug.

In der Folgezeit wurden eine wachsende Zahl an Studien zur Frage der Effektivität von Psychotherapie angelehnt an das Modell der Arzneimittelprüfungen durchgeführt. Die Veränderungen von Beschwerden unter Nicht-Behandlung oder ›Placebo‹-Kontrollgruppen wurden den Psychotherapien gegenübergestellt. Vergleichende Untersuchung verschiedener psychotherapeutischer Ansätze sollten die Überlegenheit spezifischer Methoden nachweisen.

Viele Studien im unversitären Rahmen untersuchten ein studentisches Klientel, setzten studentische Mitarbeiter als Therapeuten ein, wodurch eine Übertragbarkeit der Resultate auf Krankenbehandlung im medizinischen Versorgungssektor erschwert war.

Um die Studien zur therapeutischen Wirksamkeit zu vergleichen, wurden in den letzten 20 bis 25 Jahren Standards für eine Methodik der Meta-Analyse entwikkelt (Bergin & Garfield 1994). Nun ist es möglich, die unterschiedlichsten Studien durch Berechnung eines globales Erfolgsmaßes zu vergleichen: Die Effektstärke, berechnet als Differenz zweier mittlerer Behandlungsresultate in Relation zur Streuung der Gruppe, dient als cäsarischer Daumen, der über Sieg oder Niederlage entscheidet. In einer Übersichtsarbeit von Lambert, Weber und Sykes (1993, nach Lambert & Bergin (1994), werden 1080 Studien mit Vergleichen von verschiedenen Psychotherapien mit ›Placebo‹ und Nicht-Behandlung zusammengefaßt. Die

Autoren finden Effektstärken von 0.48 von Psychotherapie gegenüber Placebo und 0.82 von Psychotherapie versus Nicht-Behandlung. Übersetzt in Patientenzahlen (auf der Basis von Normalverteilungsannahmen), fühlten sich 68% der Psychotherapie-PatientInnen am Ende besser als die Placebo-Behandelten, 79% besser als die Nicht-Behandelten.

Lang (1994) zitiert eine meta-analytische Studie von Smith, Glas & Miller (1980), die in einer Zusammenfassung von 475 kontrollierten Psychotherapie-Studien zu ähnlichen Resultaten kommen: 80% der behandelten PatientInnen fühlten sich am Ende der Zeit besser als die unbehandelte Kontrollgruppe (das entspricht einer Effektstärke von ES = 0.85). Psychotherapie ist wirksamer als Nicht-Behandlung oder Placebo. Im Vergleich verschiedener Therapie-Richtungen führten die Meta-Analysen zu einem *„Konsens, daß grob gesehen – mit Betonung auf ›grob‹ ganz verschiedene psychotherapeutische Interventionssysteme im kontrollierten Vergleich keine klaren Sieger und Verlierer erkennen lassen." (Meyer 1990)*

Diese Überzeugung, von Luborsky, Singer & Luborsky (1975) als ›Dodo-Bird-Verdict‹ (nach Alice im Wunderland, wo es nach einem Wettbewerb heißt: „All have won and all must have prizes") bezeichnet, charakterisiert heute den Mainstream der Psychotherapieforschung und wird auch in der Übersichtsarbeit von Lambert & Bergin (1994) vertreten.

Die Methodologie der Meta-Analysen ist nicht unumstritten (May 1997), da bei der Bemühung, die Vielfalt der Studien mit einer einzigen Maßzahl zu vergleichen, eben diese Vielfalt auf der Strecke bleibt. Auch können die besten Meta-Analysen mangelhafte Designs der einzelnen Studien nicht ausgleichen. Vor dem Hintergrund dieser Bedenken fassen Lambert & Bergin ihren Überblick über Effekte der Psychotherapie, wie sie in Meta-Analysen beschrieben sind, zusammen:

*„Many psychotherapies that have been subjected to empirical studies have been shown to have demonstrable effects on a variety of clients. These effects are not only statistically significant but also clinically meaningful. Psychotherapy faciliates the remission of symptoms. It not only speeds up the natural healing process but also often provides aditional coping strategies and methods for dealing with future problems." (Lambert & Bergin a.a.O., S. 180)*

In den untersuchten Meta-Analysen wurden verschiedenste Therapieformen verglichen (Verhaltenstherapie, kognitive, tiefenpsychologische, psychoanalytische und humanistische Therapien, klientenzentrierte Gesprächstherapie sowie Familientherapie). Es scheint wenig Unterschiede in der Effektivität der Therapieformen für ›moderate outpatient disorders‹ zu geben, bei schweren Zwängen, Panik und Phobien scheinen behaviorale und kognitive Methoden hilfreicher zu sein.

Allerdings trifft der Vergleich von Behandlungs›techniken‹ nur einen Teil des Problems, da die Bedeutung von interpersonalen, sozialen und affektiven Faktoren vernachlässigt wird. Die Forschung hat gezeigt, daß die therapeutische Beziehung, charakterisiert durch „trust, warmth, acceptance and human wisdom" einen wesentlichen Anteil zum Behandlungserfolg beiträgt.

*„Research suggest not only that clients would be wise to pick therapists on the basis of their ability to relate, but also that training programs should emphasize the development of the therapist as a person in parity with the aquisition of therapeutic technics."(Lambert & Bergin a.a.O., S. 181)*

Studien zur Behandlungspraxis der PsychotherapeutInnen haben gezeigt, daß mit zunehmender Erfahrung die rigide Anwendung nur einer Methode in den Hintergrund rückt zu Gunsten eines mehr eklektischen Umgangs mit Techniken, die zum Problem des jeweiligen Patienten passen. Bergin und Garfield halten deshalb weitere Forschung nach allgemeinen schulenübergreifenden Wirkfaktoren der Psychotherapie für notwendig.

Die umstrittenste Meta-Analyse der letzten Jahre im deutschsprachigen Raum legten Grawe, Donati und Bernauer (1994) vor, in der sie, entgegen der bisher herrschenden wissenschaftlichen Schlußfolgerung, die Verhaltenstherapie der psychoanalytisch-psychodynamischen Therapie als deutlich überlegen bezeichneten. Die Heftigkeit der zum Teil sehr polemisch geführten Debatte um diese Studie (exemplarisch Tschuschke, Kächele & Hölzer, 1994) läßt sich nicht nur wissenschaftsimmanent (einer wagt es, der herrschenden Lehrmeinung zu widersprechen) erklären. Vielmehr hat der gesundheitspolitische Zusammenhang einerseits mit der Debatte um das Psychotherapeuten-Gesetz im Bundestag sowie andererseits mit Sparmaßnahmen im Gesundheitswesen der Polemik Vorschub geleistet.

In einer kürzlich veröffentlichen kritischen Re-Analyse der Berner Studie (Tschuschke et.al. 1998) wird auf Grund methodischer Mängel das Berner Ergebnis zurückgewiesen. Eine ExpertInnen-Gruppe hatte unter Berücksichtigung von Angaben zur Therapiedosis, Therapeutenkompetenz und Realisierung des beabsichtigten Behandlungskonzepts nur fünf bzw. acht der 22 zugrundeliegenden Studien für eine Meta-Analyse als geeignet erklärt. Diese zeigten jedoch keine kohärente Überlegenheit einer Behandlungsform. Damit bleibt das ›Dodo Bird-

Verdikt‹ der vergleichenden Psychotherapie-Forschung nach Meinung der AutorInnen vorläufig bestehen. Die Ergebnisse englischsprachiger Studien lassen sich nicht direkt auf deutsche Verhältnisse übertragen, da es eine umfassende stationäre Psychotherapie, wie sie in Deutschland etabliert ist, in den USA nicht gibt. Studien über stationäre Behandlungen dort sind überwiegend mit psychiatrischen PatientInnen durchführt worden.

In die psychotherapeutische Krankenhausbehandlung kommen überwiegend multimorbide PatientInnen, bei denen psychische und körperliche Erkrankungen in vielfältiger Weise überlagert sind. Die meisten Studien haben aber aus forschungslogischen Gründen gerade solche PatientInnen ausgeschlossen. Viele Studien beziehen sich hauptsächlich auf ambulante Einzeltherapien, während speziell in der stationären Behandlung häufig gruppentherapeutisch gearbeitet wird.

Daraus resultiert ein spezifischer Forschungsbedarf im Feld der stationären Gruppentherapie, den der bundesweite Arbeitskreis ›Stationäre Gruppentherapieforschung‹ aufgegriffen hat, der aus der Mainzer Werkstatt zur Psychotherapieforschung hervorgegangen ist. Auf Fragestellungen und Ergebnisse gehe ich in Kapitel 4.2 ein.

Die Konzentrative Bewegungstherapie ist meines Wissens in Meta-Analysen bisher nicht berücksichtigt worden. Auch bei Grawe wird sie mangels geeigneter Studien nicht beurteilt. Neben den historischen Ursachen für dieses Fehlen (keine amerikanische, keine akademische, keine medizinische Tradition) mag das auch an den besonderen Anwendungsfeldern liegen.

Die Konzentrative Bewegungstherapie wird bevorzugt in psychosomatisch/psychotherapeutischen Kliniken als Gruppenbehandlung für das spezifische multimorbide Klientel dieser Kliniken angewandt (neurotische Störungen oder Persönlichkeitsstörungen, konfundiert mit vielfältigen organischen Erkrankungen). Die Kliniken haben sich in ihrer noch recht jungen Geschichte häufig als hermetischer Raum gegenüber externen Forschungsbemühungen abschirmen und die Intimität der psychotherapeutischen Behandlung vor dem Beobachter von draußen schützen können. In diesem Schutzraum konnten neue Behandlungskonzepte entwickelt und erprobt werden, die jetzt reif genug sind, sich der wissenschaftlichen Prüfung zu stellen. Die Komplexität der Forschungsaufgabe ist enorm, da nicht eine Zweierbeziehung, sondern ein Netzwerk von BehandlerInnen und PatientInnen gemeinsam evaluiert werden muß.

Die stationäre Psychotherapie gewinnt ihre Stärke durch die interdisziplinäre Zusammenarbeit verschiedener TherapeutInnen in einem Behandlungs-Team. Die Zusammenarbeit ist keine additive. Vielmehr kommen hier Synergie-Effekte zum Tragen, die Therapieerfolge ermöglichen. Die Messung von Veränderungen, die durch ein spezifisches Behandlungselement wie die KBT bewirkt werden, kann daher nicht durch globale Effektstärken, sondern durch Untersuchung des Mikro-Outcomes der einzelnen Behandlungsstunde beschrieben werden. Die Beschreibung von Forschungsstrategien und Studienergebnissen in diesem Feld erfolgt unten (Kapitel 4).

Mit der Untersuchung der KBT als stationärer Gruppentherapie will ich die Qualitäten dieses Behandlungsanteils im Rahmen der Gesamtbehandlung beschreiben. Damit ist die Studie prinzipiell nicht als methodenvergleichende Untersuchung angelegt. Viellmehr geht es um eine detaillierte Erfassung der spezifischen vor dem Hintergrund der generellen Behandlungseffekte.

Auf dem Turnierplatz der Psychotherapien als neue Mitstreiterin aufzutreten, erfordert Mut und Vertrauen in die eigene Sache. Ich halte die KBT in der stationären Gruppentherapie für erfolgreich und stark genug, daß sie sich aus ihrer bisherigen Nische herauswagen und dem Wettbewerb stellen kann. Die Rahmenbedingungen für eine Studie ergeben sich aus dem vorgegebenen Behandlungsauftrag stationärer PatientInnen.

In meiner Studie werde ich die Effekte der KBT prozeßorientiert in den einzelnen Gruppenstunden untersuchen und mit den Effekten der gesamten stationären Behandlung vergleichen. Ich habe auf eine Kontroll-Gruppe aus verschiedenen Gründen verzichtet: ein ethischer Grund liegt in der Behandlungsbedürftigkeit der schwerkranken Klinik-PatientInnen. Ihnen eine Nicht-Behandlung oder eine Placebo-Behandlung aus Forschungsgründen anzubieten, wäre eine Vernachlässigung des Behandlungsauftrags. Eine Vergleichsgruppe mit einer anderen Therapieform (z. B. Kunsttherapie) hätte zu einem unsymmetrischen Design geführt, da die Fragebögen spezifisch nach dem Körpererleben fragen, das in anderen Therapieformen nicht von entsprechend zentraler Bedeutung ist wie in der KBT.

In der hier vorliegenden Studie entschied ich mich für keine Einschränkung bezüglich der Diagnosen des stationären Klientels. Es ist ein Einstieg in das ›Turnier‹ unter naturalistischen Bedingungen. Nur so kann die Methode zeigen, was sie leistet. Am Ende wird das Dodo Bird entscheiden, ob sie auch einen Preis bekommt.

# 2 Grundlagen der KBT

## 2.1 Historische Entwicklung

Die Konzentrative Bewegungstherapie hat ihre Wurzeln in der Gymnastik-, Kunsterziehungs- und Frauenbewegung der Jahrhundertwende. Die Befreiung vom Korsett, der Ausdruckstanz, neue Gymnastikschulen, die die Entwicklung der eigenen Bewegung statt des wiederholenden mechanischen Übens förderten, kennzeichnen die damalige Aufbruchstimmung.

Elsa Gindler entwickelte in Berlin nach dem ersten Weltkrieg eine Methode der Gymnastik, in der es nicht um ›schöne‹, ›richtige‹ und ›gekonnte‹ Bewegung ging, sondern vielmehr um das Erreichen von ›Konzentration‹ (1926, in Stolze 1984, S. 227). Sie unterstützte ihre SchülerInnen darin, den eigenen Ausdruck in der Bewegung zu finden und Veränderungen geschehen zu lassen. Mit den Mitteln Atmung, Entspannung und Spannung regte sie die Aufmerksamkeit für körperlichen Prozesse an und hatte dabei auch die Bedeutung für das Psychische im Sinn.

Nach 1933 wurde der Deutsche Gymnastikbund, in dem sich die gymnastische Reformbewegung organisiert hatte, zwangsweise aufgelöst und damit eine Weiterentwicklung in Deutschland bis zum Kriegsende blockiert (Hilker 1961, in Stolze 1984, S. 138).

Gertrud Heller, eine in den 40er Jahren nach England emigrierte Gindler-Schülerin, arbeitete als erste mit neurotischen und psychotischen PatientInnen mit der ›Gindler-Arbeit‹.

*„Wenn es einem Patienten gelingt, sich auf seine einfache sinnliche Erfahrung zu konzentrieren, kommt es zu einem wirklich funktionellen Zusammenspiel von Körper und Geist. Ein solches Zusammenspiel vermittelt ein Gefühl persönlicher Identität und einer Hier-und-Jetzt-Realität.“ (Heller 1949, in Stolze 1984, S. 246)*

Der psychotherapeutische Aspekt der Gindler-Arbeit wurde durch die erste und zweite Schülergeneration Gindlers entwickelt. Helmuth Stolze, Arzt und Psychoanalytiker, lernte die Arbeitsweise Hellers kennen und prägte 1958 den Namen ›Konzentrative Bewegungstherapie‹ (KBT).

Die Behandlungswege, die sich mit dem Körper-Erspüren befaßten, verbreiteten sich nur langsam. Stolze nennt mehrere Schwierigkeiten (1984, S.279ff): die Objektivierung des Körpers, die Mißachtung des rein Subjektiven durch exakte Wissenschaften, die wissenschaftstheoretische Einordnung, die fehlenden schriftlichen Zeugnisse der Pioniere, sowie die Schwierigkeit, die Methoden zu lehren. Schließlich weist er darauf hin, daß die körpereinbeziehenden Behandlungswege ausschließlich durch Frauen, unter ihnen viele Autodidaktinnen entwickelt wurden, die ihre Erfahrungen in der Praxis sammelten, aber nicht damit in die öffentliche Fachdiskussion gingen.

Seit 1959 wird die Konzentrative Bewegungstherapie auf den Lindauer Psychotherapiewochen gelehrt, zunächst durch Stolze und Gertrud Heller, später von Miriam Goldberg. Die Arbeit fand zunehmend Eingang in psychosomatisch-psychotherapeutische Kliniken und Praxen. 1977 wurde schließlich auf Initiative von Ursula Kost der Deutsche Arbeitskreis für Konzentrative Bewegungstherapie gegründet, der die Entwicklung der Methode und der Ausbildung zur Aufgabe hat. Mit über 500 Mitgliedern hat er sich zu einem großen Fachverband entwickelt, der TherapeutInnen unterschiedlicher Grundberufe (Medizin, Psychologie, Pädagogik, Krankengymnastik und Ergotherapie) eine Weiterbildung in KBT anbietet.

1958 begann Christine Gräff erstmals mit der KBT unter klinischen Bedingungen zu arbeiten, heute ist die KBT im ganzen Bundesgebiet in rund 100 psychosomatischen, psychotherapeutischen und psychiatrischen Kliniken als leiborientiertes psychotherapeutisches Verfahren fest etabliert.

## 2.2 Definition

„Die Konzentrative Bewegungstherapie ist eine leiborientierte psychotherapeutische Methode, bei der Wahrnehmung und Bewegung als Grundlage von Erfahrung und Handeln genutzt werden. Auf der Basis entwicklungs- und tiefenpsychologischer sowie lerntheoretischer Denkmodelle werden unmittelbare Sinneserfahrungen verbunden mit psychoanalytisch orientierter Bearbeitung". (DAKBT, 1999) Entlang dieser Definition entwickle ich die theoretischen Grundlagen der Konzentrativen Bewegungstherapie.

### 2.2.1 Leiborientiert

Das Wort *Leib* gehört etymologisch zur selben sprachlichen Wurzel wie Leben (Kluge, 1989). Die alte Bedeutung des Wortes meint die ganze Person, erst später wurde dic Bedeutung zu ›Körper‹ reduziert.

*Körper* ist nach Kluge entlehnt aus dem Lateinischen 'corpus' und ersetzt das ältere Wort 'Leiche', was nordisch Körper, Fleisch, Leiche bedeutete und dessen Bedeutung sich zur heutigen verengt hat. Leib und Leben – Körper und Leiche, hier der lebendige, der beseelte Leib, dort das (tote) Fleisch.

Das Wort Leib findet sich im Sprachgebrauch noch in Leibspeise, Leibschmerzen, Leibarzt, sich etwas vom Leibe halten, der Leibhaftige. Damit ist jeweils mehr gemeint als der Körper, es ist der Mensch in Anerkennung seiner materiellen Existenz. Der Satz: „Ich bin mein Leib, aber ich habe meinem Körper" (Dürckheim 1982) faßt den Unterschied der Begriffe prägnant zusammen. In der neueren wissenschaftlichen Literatur finden sich häufig Begriffsbildungen wie Körpererleben, Körperbild, Körperschema, Körpertherapie. Damit wird unbewußt die Reduktion des Lebendigen auf das Fleisch mitgetragen, die die naturwissenschaftliche Medizin prägt.

Philosophisch befinden wir uns mit dieser Begriffsklärung in dem uralten Leib-Seele-Problem, der Frage nach der Seinsweise von Leib und Seele, von Materie und Geist, schon von Schopenhauer als ›Weltknoten‹ bezeichnet. Für den therapeutischen Ansatz der KBT weist Cserny auf die Beschreibung des Leib-Seele-Problems bei Gabriel Marcel hin:

*„Es ist mein Leib, der meine besondere und von keinem einzunehmende Form begründet, mich der Welt einzufügen. (...) Wenn ich das Wort existieren gebrauche, beziehe ich mich überhaupt nicht auf ein Objekt, sofern es nur als Objekt betrachtet wird, sondern auf meinen Leib, insofern dieser mehr und etwas anderes ist als ein Instrument, das heißt, insofern ich mich vom Leib gar nicht trennen und unterscheiden kann. Wird dieser Leib, als der ich inkarniert lebe, objektiviert, so erscheint mein Körper, das Mißverständnis des Leibes. Dieser Körper kann, wie die imaginäre Seele, die ihn informieren soll, in beliebiger Weise objektiv betrachtet, klinisch untersucht und chirurgisch amputiert werden. Diesen Körper habe ich; ich bin aber mein Leib." (Marcel, zit. in Cserny 1989, S. 15)*

Spätestens im Falle der Krankheit wird deutlich, daß der Leib, der ich bin, mir nicht restlos zur Verfügung steht. In der Krankheit wird mir die Unverfügbarkeit meines Leibes bewußt. Stolze beschreibt 1953 in seinem Band ›Das obere Kreuz‹ seine Grundhaltung zum Leib-Seele-Problem: *„Wir führen aus, daß Leib und Seele auch eine wechselseitige Vertreterfunktion haben. Das heißt aber nicht, daß ein bestimmtes seelisches Geschehen eine bestimmte körperliche Symptomatik verursache und umgekehrt; die Vertreterfunktion unterliegt keiner kausalen Abhängigkeit, sondern einem Sinnzusammenhang. Die Frage lautet nicht: woher?, sondern wozu?" (S. 81)*

Stolze führt weiter aus, daß der Mensch, das Selbst, die Einheit ist, die sich in zwei Erscheinungsformen, Leib und Seele, äußert. Er folgert, daß es eines Standortwechsels bedarf, um Zusammenhänge zwischen körperlichen Symptomen und seelischem Geschehen zu erkennen: Die Frage des ›Wozu‹ müsse für den ganzen Menschen gestellt werden. Dazu gehört auch, so Stolze, ›der ganze Mut zur Subjektivität‹ einer körpersymbolischen Betrachtungsweise. Hier trifft sich ein subjektiver Ansatz, der im Individuum begründet ist, mit dem subjektiven Ansatz der tiefenpsychologisch orientierten Psychotherapie, die mit Blick auf das Übertragungsgeschehen die Beziehung zwischen TherapeutIn und PatientIn in dem Mittelpunkt rückt.

Küchenhoff betont in seinem Buch ›Körper und Sprache‹(1992) als Besonderheit des Leibes, daß er zugleich Empfindender und Empfundenes sein kann. Der eigene Leib ist von mir untrennbar. Der Leib vermittelt zwischen Selbst und Welt, ist Gelenkstelle und Artikulationspunkt beider. Zwischenleiblichkeit (intercorporéité bei Merleau-Ponty) wird diese dritte Dimension zwischen Subjekt und Objekt, Seele und Körper genannt. Der Leib wird in der körpertherapeutischen Literatur unterschiedlich konzeptualisiert; die Vorstellung vom ›sprechenden Körper‹ steht der vom ›beschrifteten Körper‹ gegenüber: *„Einmal wird die Ursprünglichkeit leiblichen Ausdrucks, zum anderen die Entfremdung des Eigenleibes durch gesellschaftliche Einflüsse überbetont."(Küchenhoff, a.a.O., S. 28)*

Findet sich die Idee der Ursprünglichkeit des Leiblichen in Sätzen wie ›der Körper lügt nicht‹ und in Alltagsvorstellungen eingegangene Ideen von einfach entzifferbarer Körpersprache, so ist dagegen die historisch-soziale Bedingtheit des Leiblichen z. B. bei Norbert Elias beschrieben. Die Grenzziehungen für Leiblichkeit in den letzen 400 Jahren haben erst, so Küchenhoff, den ›psychischen Apparat‹ sensu Freud entstehen lassen. Die Leistung des Individuums ist es nun, in diesem Spannungsfeld von Ursprünglichkeit und Fremdbestimmtheit des Leiblichen zu stehen. In der kreativen Aneignung des Fremden kann Eigenes entstehen.

Im Leiblichen läßt sich die *Geste* als Ausdruck verstehen, der sich im Gegenwartsbezug erschöpft, dagegen erzählt das *Symptom* die Geschichte vergangener traumatischer Situationen mit, die in der aktuellen therapeutischen Situation reaktiviert werden. Die Sprache des Leibes ist nicht eindeutig, und der Leib ist schneller als das Bewußtmachen. So können wir immer erst im nachhinein rekonstruieren, welche unbewußten Prozesse abgelaufen sind.

Wenn die komplexe Körper-Seele-Außenwelt-Beziehung aufgespalten, oder ein Bereich eliminiert wird, kommt es zu Erkrankungen. Küchenhoff (1992a, S.53) nennt beispielhaft die Hypochondrie, wo die Außenwelt eliminiert wird zugunsten einer objektbeziehungshaften Sorge um den Körper. In der Anorexie wird der Körper versucht zu eliminieren und damit die a priori gegebene Leiblichkeit geleugnet. Im extremen body building zählt nur noch der körperliche Ausdruck gegenüber der Außenwelt – die Seele verschwindet. Ein Gleiten zwischen den drei Bereichen Körper, Seele und Außenwelt ist nicht mehr möglich, die Freiheit der Oszillation ist verloren gegangen, um ›die persönlichen Konflikte zu bannen‹. (a.a.O., S.53)

Küchenhoff hebt vier Aspekte der dialektischen Verbindung von Leib und Seele hervor: die Intersubjektivität, die Symbolhaftigkeit, die Vieldeutigkeit und die Unverfügbarkeit (Tabelle 1).

Tabelle 1: Dimensionen des Leibes (erlebten Körpers) in der Psychoanalyse und Psychsomatik

| | |
|---|---|
| Intersubjektivität | Der Leib entsteht aus intersubjektiven Erfahrungen und bleibt auf andere bezogen |
| Symbolhaftigkeit | Der Leib ist nicht nur biologisch sondern auch symbolisch bestimmt |
| Vieldeutigkeit | Durch die symbolische Bedeutung ist der Leib vieldeutig |
| Unverfügbarkeit | Durch die biologische Bestimmtheit ist der Leib subjektiv nicht verfügbar |

Aus J. Küchenhoff: Einige Dimensionen des vergessenen Körpers in Psychoanalyse und Psychosomatik (1992a)

Mit ›leiborientiert‹ wird in der KBT ein therapeutischer Zugang zum erkrankten Menschen beschrieben, in dem er in seinem leibhaftigen So-geworden-sein ernst genommen wird und die Komplexität des leib-seelischen Geschehens von der Wahrnehmung und Bewegung des Leibes aus begriffen wird.

### 2.2.2 Wahrnehmung und Bewegung im Gestaltkreis Victor von Weizsäckers

Weizsäcker lieferte mit seiner Gestaltkreis-Lehre die Grundlagen für ein Verständnis des Zusammenhangs von Wahrnehmung und Bewegung, aus dem heraus Stolze den theoretischen Ansatz der KBT entwickelt.

Bewegung und Wahrnehmung existieren niemals als gesonderte Vorgänge. Weizsäcker hat den Zusammenhang in seinem Buch ›Der Gestaltkreis‹ (1940) beschrieben: folgen wir etwa mit dem Blick einem Schmetterling, bis er aus dem Blickfeld gerät, so verbinden wir uns aktiv mit diesem Teil der Umwelt, bis eine Störung die Verbindung zerreißt. Um den fliegenden Schmetterling zu sehen, ist eine Bewegung der Augen bzw. des Kopfes notwendig.

Wahrnehmung ist ein aktiver Prozeß: Sie ist eine biologische Leistung, alles andere aus der Wahrnehmung auszuschließen, und nur das eine Interessierende einzuschließen. So lassen sich auch Sinnestäuschungen oder das Ausblenden von Erlebnissen als Versuch des Subjekts verstehen, kohärent mit dem Gegenstand der Aufmerksamkeit zu bleiben. Es ist eine aktive Leistung, die ›Selbigkeit‹ des Gegenstandes aufrechtzuerhalten.

Hier sei nur angedeutet, daß in der KBT die Aufmerksamkeit nun bewußt auf die ausgeblendeten Dinge gerichtet wird und damit eine Kohärenz im Erleben eines ›kranken‹ Zustandes unterbrochen werden kann. Eine Schmerzpatientin – schon dieses Wort zeigt die Einengung – entdeckte beim Abrollen des Leibes mit einem Igelball, daß an der Stelle, die der Ball berührt, für einen Moment die Schmerzen nachließen. Sie erlebte, daß sie Einfluß nehmen kann auf den Schmerz, der, wie sie sagt, immer da ist, daß er veränderbar ist.

*„Die biologische Integration der Wahrnehmung des Raumes/ der Gegenstände/ der Bewegung erfolgt in der Zeit; der Akt der Integration ist somit eine andauernde Spannung von ›soeben gewesen und wird sogleich sein‹. Die Integration dieses Erlebens bezeichnet Weizsäcker als sensomotorischen Akt, als Prinzip der Sensomobilität: Bewegung ist nur durch Mitwirkung der Sinne möglich, und die Sinne sind abhängig von der Bewegung." (Hochgerner 1995, S. 8)*

Da immer mehrere Sinne an einer Wahrnehmung beteiligt sind, ist die Wahrnehmung eine komplexe biologische Leistung des Gehirns, in der aus der Fülle des Wahrnehmbaren ausgewählt wird, die verschiedenen Sinneseindrücke verbunden werden und ein Gegenstand trotz seiner Veränderung in der Zeit als konstant erkannt wird. Wahrnehmung ist mit Weizsäcker immer Selbstbewegung. Die biologische Leistung der Wahrnehmung läßt sich formal vergleichen mit dem Begriff der Verdrängung in der Psychoanalyse und auch mit den ›Hintergrund‹ der Gestaltpsychologie: Eines kann nur deutlich werden, indem anderes ausgeblendet wird.

*„Der Lebensvorgang ist nicht eine Succession von Ursache und Wirkung, sondern eine Entscheidung. Das Gleichgewicht etwa ist in jeder Körperhaltung (liegen, sitzen, stehen, gehen, springen) nicht gegeben, sondern ›aufgegeben‹, d.h. es muß von Moment zu Moment durch Innervation von Bewegung (bzw. Haltung) hergestellt werden. Also ist das Körpergleichgewicht eine aktive biologische Leistung.“ (Weizsäcker a.a.O., S. 138)*

Jede Form des Wahrnehmens und Bewegens ist ein subjektives Konstrukt, eine Entscheidung der handelnden Person. Darüber hinaus hat jede Bewegung die Qualität eines Bewegungserlebnisses, wenn die Aufmerksamkeit darauf gerichtet ist. Die bewußte Wahrnehmung, die bewußte Bewegung führt dann zum Prozeß des Begreifens und Verstehens.

*„Die Chance des Menschen, sich am Leben zu erhalten und sein Leben zu entfalten, gründet in seiner Fähigkeit, sich zu bewegen, zu atmen, saugen, zu schlucken, zu greifen. »Greifen« meint aber mehr als nur Zufassen, Zupacken, also das Ergreifen; es meint auch das Begreifen als Wahrnehmen, Aufnehmen und Erfassen.“ (Stolze 1972, S. 72)*

Stolze faßt nun das Begreifen als einen größeren Gestaltkreis, in dem das Ich Bewegen und Wahrnehmen mit Denken und Sprechen verbindet. Auf die damit gewonnene Einsicht in das eigene Sein und Verhalten zielt die KBT als tiefenpsychologisch fundierte Psychotherapie.

Wahrnehmen und Bewegen dienen der Bewältigung der Eindrücke von außen und der Impulse von innen. Sie bilden die Grundlage für Selbstbewahrung, Selbsterfahrung und Selbstentfaltung des Ich. An dieser Stelle weist Stolze darauf hin, daß „das Ich als von der späteren Triebentwicklung primär unabhängige Instanz“ (a.a.O., S. 72) zu denken ist, ein Gedanke, der sich in der neueren Säuglingsforschung (Stern 1994) wiederfindet.

Menschen, die Eindrücke von außen und Impulse von innen ständig als überwältigend und störend erfahren, die also Wahrnehmung und Bewegung nicht angemessen zur Bewältigung nutzen können, nennt Stolze nach Balint Menschen mit einer Grundstörung, die – das ist wichtig für die Psychotherapie – auch an einer unzulänglichen sensu-motorischen Ausstattung des Kindes und nicht nur am ablehnenden mütterlichen Verhalten liegt. Hier kann die KBT über das Anregen neuer Wahrnehmungsinhalte und Bewegungsmöglichkeiten basale Hilfen geben, das Selbst handelnd zu entfalten.

Wenn z.B. in der KBT-Gruppe ein einfacher Bewegungsablauf wie ›gehen mit geschlossenen Augen‹ in langsamem Tempo und mit innerer Achtsamkeit erprobt wird, so erleben PatientInnen oft zunächst eine Verunsicherung, da die gewohnte primäre Orientierung durch den Sehsinn wegfällt. Hier wird in therapeutischer Absicht die Kohärenz der (optischen) Wahrnehmung unterbrochen. Mit der Zeit können die PatientInnen entdecken, daß die anderen Sinne ebenfalls eine Orientierung im Raum ermöglichen. Hören, Tasten, Riechen, Wärmeempfinden übernehmen die biologische Leistung der Orientierung, und eine neue Sicherheit ist gewonnen. Wir haben mehrere Sinne zur Verfügung, um eine Aufgabe zu erfüllen (Konsensualität bei Weizsäcker).

Wenn eingeengte Wahrnehmungsmuster unterbrochen und andere Sinnesbahnen geöffnet werden, so führt dies zu mehr Sicherheit und Ich-Stärke. Versteht man Krankheit als einen Prozeß, der für den Menschen einen Verlust an Handlungsmöglichkeiten mit sich bringt, so dient die therapeutische Anregung, sich selbst handelnd zu erfahren und auf die Welt zuzugehen, dem erkrankten Menschen, die Grenzen seines Einflußbereichs wieder hinauszuschieben.

*„Psychologisch gesagt heißt das: die krankheitsbedingte Regression wird durch Förderung der Aggressivität (hier im Sinne des ad-gredi) überwunden.“ (Stolze a.a.O., S. 75)*

Grundlegend für die Wahrnehmung beschreibt Weizsäcker, daß etwa beim Sehen oder Hören der Mensch immer seine Selektion aus der Fülle des Seh- oder Hörbaren in einem Moment vornimmt.

*„Alles zugleich zu sehen und zu hören ist unmöglich. Die Wahrnehmung zeigt also eine konstituierende Einschränkung. Was aber wird nun herausgesehen und herausgehört? Wir sagen: das Wesentliche, oder das Interessierende, oder das Sinnvolle. Wofür aber wesentlich, für wen interessierend, inwieweit sinnvoll?“ (Weizsäcker 1940)*

Jeder Mensch hat seine ganz eigene Geschichte, und damit seine individuelle Wahrnehmung und Sinnesempfinden. Das jeweils Erlebte und Erlittene bildet den individuellen Erfahrungs- und Verstehenszusammenhang für das aktuelle Erleben eines jeden.

*„Die Realisation des Wahrgenommenen leitet sich nicht aus der Umwelt oder dem Sinnesapparat ab, sondern aus den subjektiven ›Lebensordnungen‹, die das Individuum in der Gemeinschaft erlebt hat, basiert auf Gefühlen, Wünschen, Einstellungen, Erfahrungen. (...) Der Mensch ist somit einerseits seiner Umwelt erlebend, erleidend ausgeliefert, andererseits in jedem Moment seines Lebens auch bewertende, entscheidende und handelnde Person." (Hochgerner 1995, S. 7)*

In der anthropologischen Medizin Weizsäckers steht also der Mensch als erleidendes und handelndes Subjekt im Mittelpunkt. Das Verhältnis zur Umwelt wird als kreisartiges gedacht, die Verbundenheit von Individuum und Umwelt in biologischen Akten in andauernder Wechselwirkung im Begriff des Gestaltkreises gefaßt. Damit ist die Spaltung von Subjekt und Objekt im descartesschen Sinne überwunden.

*„Nimmt man es ernst, daß Körper und Seele einander darstellen (Darstellungsprinzip) oder einander vertreten (Stellvertreterprinzip), so gibt es erstens keine Möglichkeit mehr, einfache Kausalitätsbeziehungen zwischen Körper und Seele zu denken. Eine zweite Konsequenz ist der Wandel in den Wertfragen, also in ethischen Dimensionen. Radikal gedacht ist damit der prinzipielle Vorrang rationaler Lebensbewältigung vor körperlich-unbewußten Lösungen (dies ist für von Weizsäcker der Leib: unbewußt beseelter Körper) in Frage gestellt. Körperliche Darstellung ist nicht per se defizienter Ausdruck: von Weizsäcker ergänzt Freuds ›wo Es war, soll Ich werden‹ durch eine Umkehrung ›Wo Ich war, soll Es werden‹. D. h. es gibt auch heilsame Verleiblichung von Konflikten". (Küchenhoff 1992a, S. 27f)*

Ich verstehe Weizsäckers Hinweis so, daß durch die körperliche Erkrankung zuviel Aufmerksamkeit (›Ich‹) beim Körper liegt und es dann heilsam ist, wenn der Körper mit seinen Funktionen wieder ins Unbewußte sinken darf.

### 2.2.3 Ordnung und Chaos

Die moderne naturwissenschaftlich fundierte Systemtheorie und speziell die Chaostheorie haben die konstruktivistischen Gedanken Weizsäckers aufgegriffen: Um in der Komplexität der Welt Sicherheit zu gewinnen, ist es notwendig, redundante Erfahrungen zu machen, d.h. im Fluß der Zeit Ähnliches wiederzuerkennen. Dazu komplettiert das Bewußtsein die Sinneswahrnehmung nach bekannten Mustern, Störendes wird ausgeblendet, Fehlendes ergänzt.

Der Strom der Ereignisse vom Urknall bis heute ist ein ›chaotischer‹ Prozeß, erst die Entdeckung von Ordnung in diesem Strom ermöglicht Chaos-Reduktion und damit Voraussagbarkeit und Planbarkeit.

Kein Morgen ist in der Geschichte der Welt derselbe gewesen, und doch kann ich sinnvoll von Ereignissen reden, die am Morgen geschehen. So wie der Säugling von Anfang an die Mutter wiedererkennt, sucht der Mensch faktisch vom ersten Lebenstag an nach Regelmäßigkeiten in der erfahrbaren Welt (Dornes 1993).

Redundante Erfahrungen dienen aber nicht nur der Ordnung der Welt sondern und vor allem auch der Angstreduktion.

*„In der Tat gibt es wohl kaum etwas, das für den Menschen beängstigender ist, als wenn die Strukturen seiner Lebenswelt sich auflösen, wenn jedwede Ordnung zusammenbricht und er sich dem Unvorherseh- und Unvorhersagbaren ausgeliefert erleben muß."(Kriz 1997, S. 133)*

Die Spaltung in gut und böse bei Borderline-Patienten kann als ein solcher Ordnungsversuch verstanden werden (Rohde-Dachser 1986). Die Suche nach Regelhaftem im Einmaligen des Lebensprozesses strukturiert Chaos, reduziert Unsicherheit und ermöglicht Prognosen. Kriz beschreibt zwei Extreme, der Welt zu begegnen: Wer sich auf die Einmaligkeit der Prozesse einläßt, hat weniger Kategorien zur Hand, Angst vor Unberechenbarkeit ist größer, aber die Möglichkeit, Neues, Überraschendes, Kreatives wahrzunehmen, ist gegeben. Wer dagegen auf der anderen Seite mehr Regelmäßigkeiten (er-)findet, ist auf der sicheren Seite, jedoch werden die Dinge starrer, gleichförmiger, langweiliger.

Ding und Prozeß stehen hier als Begriffe gegenüber: die Verdinglichung (›Reifizierung‹) ist ein weit verbreiteter Mechanismus zur Kategorisierung. ›Der Zwang‹, ›die Angst‹, ›der Schmerz‹ sind solche geronnenen Kategorien, die uns bei erkrankten Menschen begegnen, die es gilt, in der Therapie wieder zu verflüssigen, prozeßhaft werden zu lassen.

Die Begegnung, die Auseinandersetzung mit der Welt ist immer ein Prozeß: eine Patientin ertastet einen Stein und dadurch wird er für sie zu ihrem Stein durch ihre persönliche Wahrnehmung und Besetzung. Aus ›dem Schmerz‹ wird für einen anderen Patienten im genauen Hinspüren ein Prozeß unterschiedlicher Empfindungen bei verschiedenen Bewegungen. Und in dieser Begegnung mit dem Stein, mit dem Schmerz können neue, überraschende und kreative Aspekte ins Bewußtsein kommen.

In der Konzentrativen Bewegungstherapie ist mit der Aufforderung, einfache Bewegungen des Alltags (den Stein in den Händen ertasten, Gehen durch den Raum) bewußt zu vollziehen und nachzuspüren, eine prozessuale Erfahrung möglich. Phänomene, die sonst nicht mit bewußter Aufmerksamkeit betrachtet werden, kommen ins Erleben. Damit wird Prozeßhaftes eingeführt für Menschen, die oft in ihrer Erkrankung die Wahrnehmung reduziert haben auf ›die Krankheit‹, und in Regelhaftem eingeengt sind. Durch die Aufforderung zu neuem Wahrnehmen wird der Unumstößlichkeit der Regeln (›der Schmerz ist immer da‹) eine neue Erfahrung gegenübergestellt und damit die krankmachenden Regeln als veränderbar erkannt.

## 2.3 Stolzes Fundierung der KBT als psychotherapeutische Methode

Die Leistung Stolzes war, die Theorieentwicklung der KBT durch die Rückbindung an Weizsäckers Gestaltkreislehre auf ein Fundament zu stellen, das erlaubt, die spezifischen Elemente der KBT in der Praxis, nämlich die Einbeziehung von Wahrnehmen und Bewegen als therapeutische Erfahrung, in einem sinnvollen Behandlungsmodell zu begründen.

Stolze nennt vier Punkte als Kernstücke einer ›Bewegungspsychotherapie‹:

1. Förderung des Selbstverständnisses und des Selbstbewußtseins
2. Vermittlung von Sinnhaftigkeit
3. Berücksichtigung psychodynamischer Faktoren
4. Anregung von Lernprozessen im sozialen Feld (1972, S. 75).

Zu 1: Eine zentrale Möglichkeit in der KBT liegt darin, im Spiel mit sich, den Dingen und den Anderen umzugehen. Mit Erikson (1974) betont Stolze die Bedeutung des Spiels in der menschlichen Entwicklung. Im Spiel ist es möglich, in besonderer Weise das Ich zu erkennen, im absichtslosen Tun bei voller Aufmerksamkeit ist es im Spiel auch dem Erwachsenen möglich, sich zu erfahren und zu einem neuen Selbstverständnis zu gelangen.

Das Selbstbewußtsein kann in der Konzentrative Bewegungstherapie z.B. durch die Erfahrung des Stehens, in dem der Mensch seinen Standpunkt erfährt, gefördert werden. Im Gehen gewinnt er Raum, mit Gegenständen erprobt er das Geben und Nehmen. Die Erfahrungen auf der leiblichen Ebene helfen bei einer Veränderung des gestörten Selbstbewußtseins.

Zu 2.: Sinnhaftigkeit ist hier gemeint in der doppelten Bedeutung als Sinnenhaftigkeit und Sinn als Richtigkeit, Planmäßigkeit, Ordnung auf überindividueller Ebene. Über die bewußte Wahrnehmung mit allen Sinnen entwickeln erlebnisgestörte PatientInnen neue Möglichkeiten, die Sinne als Instrument zur Aufnahme von Beziehungen zu nutzen. Sinnvolle Bewegung dient auch der Erinnerungsarbeit in der Therapie. Sie wird leicht mit sinnlosem Agieren verwechselt. Erinnerungen, vor allen auch jene aus vorsprachlicher Zeit, sind in Gebärden, Gerüchen, Sinneseindrücken gespeichert, die sich in der therapeutischen Situation wiederbeleben und bearbeiten lassen.

Zu 3: In der bewegungstherapeutischen Gruppe sind die gruppendynamischen Faktoren genauso wirksam wie in einer Gesprächsgruppe. Die Übertragung und Gegenübertragung, der Widerstand und die Abwehr gehören in die Aufmerksamkeit des Therapeuten/ der Therapeutin und lassen sich bei entsprechender Erfahrung in bewegungstherapeutische Deutungsarbeit umsetzen.

Zu 4: Die KBT eröffnet einen Spielraum im Sinne Winnicotts für Lernprozesse im sozialen Feld. Der Spielraum in der Mutter-Kind-Beziehung ist der Raum, der um das Kind entsteht, in dem es ungestört spielen kann, wenn die Mutter anwesend ist, ohne ständig im Dialog mit ihm zu sein. Die KBT-Gruppe eröffnet einen solchen Spielraum, der darüber hinaus durch den Umgang mit den anderen ein Erproben und Vergleichen erlaubt, durch das die einzelnen PatientInnen neurotische Fixierungen überwinden können und wieder wählen und entscheiden lernen. Mit diesen Überlegungen wird das Modell des Gestaltkreises vom Einzelnen auf die Gruppe erweitert: Der Einzelne verbindet Wahrnehmung und Bewegung sowie Sprechen und Denken in einem Kreisprozeß zum Begreifen. Er bringt sich mit seinem Bewegen und Sprechen in die Gruppe ein und erfährt von ihr eine Rückmeldung.

*„Probleme können in der Bewegung auftauchen und wahrgenommen werden, und diese Wahrnehmung kann wieder in der Bewegung verarbeitet werden. Das Bewegungserlebnis kann auch berichtet werden und dann über die Wahrnehmung des Gesprochenen zur Bewegungsverarbeitung zurückführen, wenn es nicht vorher verbal durchgearbeitet wird. Probleme können aber auch im verbalbewußten Bereich auftauchen und dann auf die eine oder andere schon gezeigte Weise im Feld von Wahrnehmung und Bewegung therapeutisch gestaltet werden.“ (Stolze a.a.O., S. 81)*

In dieser Arbeit von 1972 sind wesentliche, noch immer gültige Grundlagen der KBT beschrieben. Im Weiteren möchte ich neuere theoretische Ansätze streifen, die diese Grundgedanken vertiefen, bestätigen oder weiterführen.

Auf der neurobiologischen Ebene beschreibt Damasio (1994) neue Überlegungen zum Verständnis dessen, was in der KBT Körpererinnerung heißt, Krause (1992a) untersucht im Rahmen der Affektforschung die Bedeutung von Beziehungen für das Körpererleben, Cserny (1989) wendet Piagets Entwicklungspsychologie für die KBT-Prozesse an, und Becker (1989) bettet die KBT in die psychoanalytische Theorie ein, Stern (1994) gibt mit seinen Befunden aus der Säuglingsforschung neue Denkmodelle für die Entwicklung in der präverbalen Zeit und schließlich entwickelt Schmidt (1994) einen erkenntnistheoretischen Zugang zum Leiblichen auf dem Hintergrund der Theorie der symbolischen Transformation von Langer.

## 2.4 Neurobiologische Fundierungen für den Ansatz der KBT gemäß Damasio

Metaphorisch wird in der KBT vom Leibgedächtnis oder der Körpererinnerung gesprochen. Im Einnehmen spezieller Körperhaltungen, im Erproben von Gebärden und Bewegungsabläufen werden durch das Richten der Aufmerksamkeit auf die jeweiligen Körperempfindungen Erinnerungen freigesetzt, die lebensgeschichtlich bedeutsame Situationen des Patienten ins Bewußtsein, und im therapeutischen Gespräch auch in die Sprache bringen. Naturwissenschaftliche Erklärungsmodelle für das Leibgedächtnis finden sich etwa bei Ledoux (1998) oder Damasio (1994).

Exemplarisch erläutere ich Damasios neurobiologischen Ansatz. Dazu zunächst ein Beispiel aus einer KBT-Gruppe:

Beim Liegen auf einem besenstieldicken, 1,80 Meter langen Stab erinnert der Ein-Druck am Gesäß einen Patienten an die Stange von Vaters Fahrrad, auf der er als kleiner Junge mitfahren durfte. Ihm fällt dazu ein, daß er sich zwischen den Armen des Vaters geschützt und in guter Verbindung zu ihm gefühlt hat. Der Patient, der bisher in der Therapie mit der Wut auf seinen Vater beschäftigt war und ihm negativ gegenüber stand, konnte durch diese Körpererinnerung beginnen, auch positive Seiten am Vater zu entdecken.

### 2.4.1 Wie kommt diese Körpererinnerung zustande?

Nach Damasio bilden Körper und Gehirn ›einen unauflöslichen Organismus‹ (a.a.O., S. 129), der über mehrere Wege miteinander verbunden ist: die einzelnen Körperteile schicken über die peripheren Nerven Signale zum Gehirn, chemische Stoffe, die durch Körperaktivität erzeugt werden, erreichen das Gehirn über den Blutkreislauf, andersherum wirkt das Gehirn über die Nerven und über chemische Stoffe auf die Organe.

Die Verbindung kann viele Zwischenschritte aufweisen. Ein wesentlich geistiger ist, „Vorstellungsbilder zu erzeugen und sie in einem Prozeß zu ordnen, den wir als Denken beschreiben" (a.a.O., S. 131). Diese Vorstellungsbilder können visuell, akustisch, olfaktorisch usw. sein. Sie erlauben, das Verhalten zu beeinflussen und zu planen. Als zentrale Information benötigt das Gehirn Wissen über Vorgänge im übrigen Körper, im Gehirn selbst und in der Umwelt, so daß geeignete Anpassungsprozesse zwischen Organismus und Umwelt vorgenommen werden können.

Wichtig bei der Architektur des Gehirns ist nun, daß die Verbindung von Signalen der Sinnesorgane und der motorischen Zentren nicht direkt ist, sondern durch verschiedenen Zwischenschritte, z. T. mit Rückkopplungsschleifen gekennzeichnet ist.

*„Zwischen den fünf wichtigsten sensorischen Eingabefeldern und den drei wichtigsten Ausgabefeldern liegen die Assoziationsfelder, die Basalganglien, der Thalamus, die Rindenabschnitte und Kerne des limbischen Systems sowie der Hirnstamm und das Kleinhirn. Dieses ›Organ für Information und Steuerung‹, dieser gewaltige Systemkomplex, hält sowohl das angeborenes wie das erworbenes Wissen über den Körper im engeren Sinne, die Außenwelt und das Gehirn selbst bereit." (a.a.O., S. 136)*

Es ermöglicht die motorische oder geistige Ausgabe, die Vorstellungsbilder zu ordnen und zu handhaben. Damasio nennt diesen Vorrat an Fakten und Strategien ›dispositionelle Repräsentationen‹, die empirisch in vielen verschiedenen Abschnitten des Gehirns angesiedelt werden. Diese Verteilung hat den Vorteil, daß aktuell in kurzer Zeit Verbindungen hergestellt werden können. Notwendig ist dafür, *„eine fokussierte Aktivität verschiedener Gehirnregionen solange aufrechtzuerhalten, daß sinnvolle Kombinationen hergestellt werden und Denk- bzw. Entscheidungsprozesse stattfinden können". (a.a.O., S. 139)*

Dafür ist das Arbeitsgedächtnis zuständig. Das Gehirn konstruiert auf verschiedene Art Vorstellungsbilder: es konstruiert Wahrnehmungsbilder, Erinnerungsbilder einer realen Vergangenheit und Erinnerungsbilder von Plänen für die Zukunft.

*„Vorstellungsbilder beruhen unmittelbar und ausschließlich auf jenen neuronalen Repräsentationen, die topographisch organisiert sind und in frühen sensorischen Rindenfeldern stattfinden.“ (a.a.O., S. 142).*

Erinnerte Vorstellungsbilder (das Kind auf Vaters Fahrradstange) sind also nach Damasio nicht wie ein Faksimile gespeichert, sondern entstehen durch eine vorübergehende synchrone Aktivierung weitgehend der gleichen neuronalen Entladungsmuster in den frühen sensiblen Rindenfeldern wie einst bei der Wahrnehmungsrepräsentation (damals als Kind auf Vaters Fahrradstange). Das Gehirn rekonstruiert die Erinnerungsbilder. Die Dispositionen, die erinnerbaren Vorstellungsbildern entsprechen, werden durch Lernen erworben. (Die Fahrradtour muß körperlich stattgefunden haben). Sie liegen in potentiellem Zustand vor und sind auf Aktivierung angewiesen, die durch einem z.B. körperlichen Aspekt (der Druck der Stange) ausgelöst werden kann.

*„Neues Wissen erwerben wir durch ständige Abänderung dispositioneller Repräsentanzen.“ (a.a.O., S. 151)*

Der Vater war von dem Kind in der Folgezeit eher als negativ erlebt worden. So wurde diese gute Erinnerung überlagert durch viele folgende schlechte. Aber durch die gemeinsam neuronal verankerte Körperwahrnehmung konnte das andere Vorstellungsbild wiederbelebt werden. Entwicklungsgeschichtlich scheint es ein komplexes Zusammenspiel von anlagebedingten zerebralen Schaltkreisen und Teilen des Gehirns zu geben, deren Strukturen sich in der Auseinandersetzung mit der Umwelt entwickeln.

*„Mithin sind die Schaltkreise nicht nur empfänglich für die Ergebnisse frühester Erfahrungen, sondern auch durch nachfolgende Erfahrungen wiederholt form- und änderbar.“ (a.a.O., S. 160)*

Hier ist eine neurobiologische Grundlage für den therapeutischen Ansatz der KBT zu sehen: Vorstellungsbilder vom Körper und von der Umwelt, die für den Patienten Krankheitswert haben, können über neue körperliche oder emotionale Erfahrungen geformt und verändert werden.

Damasio gibt das Beispiel des Phantomgliedes bei Menschen mit amputierten Gliedmaßen: Die erworbene Körperrepräsentation ist so stabil, das sie trotz Fehlen des Gliedes dieses ›konstruiert‹, so daß Bewegung, Temperatur oder Schmerz ›fühlbar‹ ist. Diese Konstruktion wird erst im Lauf der Zeit der neuen Realität angepaßt, was darauf schließen läßt, daß die Repräsentation revidierbar ist.

### 2.4.2 Wieso ist die Wahrnehmung von Körperempfindungen therapeutisch hilfreich?

Damasio erläutert seine Ideen und empirischen Forschungen zum Zusammenhang vom Gefühl, Empfindung und Denken/Entscheiden. Elementare biologische Regelmechanismen dienen der Sicherung des Überlebens (das Hungergefühl erwirkt Nahrungsaufnahme).

*„Sie helfen dem Organismus auch, Ereignisse an Hand ihrer möglichen Auswirkungen aufs Überleben als ›gut‹ oder ›schlecht‹ einzustufen.“ (a.a.O., S. 165)*

Der Organismus hat ein Grundmuster an Präferenzen. Auf Grund der Gehirnstruktur können andere Elemente, die in der Nähe eines aktivierten Regulationsmechanismus liegen, mit aktiviert werden, auch wenn sie nicht überlebensnotwendig sind. (Der Eindruck des Stabes verband sich mit der Empfindung von angenehm/geborgen). Auf die basalen Regulationen bauen die durch Umwelt und Erziehung geformten Empfindungen auf. Gefühle und Empfindungen bilden die Brücke zwischen rationalen und nicht-rationalen Prozessen, sie sind zentrale Aspekte der biologischen Regulation.

Damasio unterscheidet primäre und sekundäre Gefühle. Primäre Gefühle beruhen auf Schaltkreisen des limbischen Systems. Sie scheinen angeborene körperliche Veränderungen zu sein, um ein (fürs Überleben) nützliches Ziel zu erreichen (zum Beispiel der Fluchtimpuls beim Nähern eines fremden großen Wesens). Beim Menschen folgt der körperlichen Reaktion (zum Beispiel Aktivierung der Skelettmuskulatur zum Weglaufen) *„das Empfinden des Gefühls im Verbindung mit dem Objekt, der es erregt hat – die Verknüpfung zwischen Objekt und gefühlsbedingtem Körperzustand wird wahrgenommen.“ (a.a.O., S. 185)*

Das erlaubt dem Bewußtsein, außer der primären (zum Beispiel Fluchtreaktion) auch andere Schutzstrategien zu verwenden und damit spezifisch zu handeln. Durch die Bewußtheit der Gefühle steigt *„die Flexibilität der Reaktionsfähigkeit, die auf der besonderen Geschichte Ihrer Interaktion mit der Umwelt beruht.“ (a.a.O., S. 186)*

In der KBT kann der Patient auf Grund des haptischen Erinnerungsbildes ›Fahrradstange‹ ein positives Gefühl für den Vater wahrnehmen und braucht sich so für seinen zukünftigen Umgang mit dem Vater oder anderen Vaterfiguren nicht mehr nur von Ablehnung leiten lassen. Sekundäre Gefühle setzen sich zusammen aus *„einem geistigen Bewertungsprozeß, der einfach oder komplex sein kann, und dispositionellen Reaktionen auf diesen Prozeß, meist gegenüber dem Körper im engeren Sinne, was zu einem emotionalen Körperzustand führt, aber auch gegenüber dem Gehirn selbst (...), was weitere geistige Veränderungen bewirkt.“ (a.a.O., S. 193)*

Die Erfahrung all dieser Veränderungen nennt Damasio ›Empfindung‹.

### 2.4.3 Empfindungen

Der Beschreibung der aktuellen Selbstrepräsentation dienen die Hintergrundempfindungen. Es kann eine gute, eine neutrale oder eine schlechte ›Stimmung‹ vorliegen, die nicht von aktuellen Gefühlen ausgelöst ist. Sie ist somatischer Natur, über Propriozeption (Körperempfindungen in Muskeln und Gelenken) und Interozeption (Empfindung der inneren Organe) wird das Körperbild gebildet. Die Hintergrundempfindung ist als Disposition vorhanden und kann vom Bewußtsein aktiviert werden (in der KBT: das aufmerksame Hinspüren zum Körper). Die andere Arten der Empfindung sind Empfindungen von grundlegenden (Trauer, Freude, Glück, Wut, Ärger, Ekel, Furcht) oder differenzierten Universalgefühlen (z.B. Panik oder Schüchternheit als Spielarten der Furcht).

Alle Gefühlszustände werden innerlich wahrgenommen, Veränderungen von Haut, Gefäßen, Viscera, willkürlicher Muskulatur oder Gelenken bilden zusammen ein Gefühl, das im Körper in seiner ständigen Veränderung aktuell repräsentiert wird.

*„Dieser Prozeß ständiger Zeugenschaft, die Erfahrung dessen, was Ihr Körper macht, während Ihnen Gedanken über bestimmte Inhalte durch den Kopf gehen, ist der Kern dessen, was ich eine Empfindung nenne.“ (a.a.O., S. 201)*

Eine Empfindung in diesem Sinne hat zwei Anteile: die Wahrnehmung der Veränderung des Körperzustands und aktive Vorstellungsbilder. Diese beiden Ebenen sind kombiniert, aber nicht miteinander vermischt, also nicht kausal oder zwingend verbunden. Denn hier wirken auch unbewußte Prozesse mit, die die Gefühle mitgestalten.

*„Eine Empfindung bezüglich eines bestimmten Objekts beruht auf der Subjektivität der Objektwahrnehmung, der Wahrnehmung des sie hervorrufenden Körperzustands und der Wahrnehmung, daß der Denkprozeß seinen Stil und seine Effizienz ändert, während all dies geschieht."* (a.a.O., S. 204)

Empfindungen sind für Damasio genauso kognitiv wie jedes andere Wahrnehmungsbild und ebenso abhängig von zerebral-kortikaler Verarbeitung wie jede andere Vorstellung. Sie beziehen sich auf den Körper und erlauben Erkenntnis über den viszeralen und muskuloskelettalen Zustand.

*„Mit Hilfe von Empfindung vergeistigen wir den Körper, aufmerksam, wenn es sich um einen Gefühlszustand handelt, unmerklich, wenn es sich um einen Hintergrundzustand handelt."* (a.a.O., S. 218)

Die Empfindungen liefern aktuelle und erinnerte Wahrnehmungsbilder von Körperzuständen. Durch die Kombination mit anderen Vorstellungsinhalten stattet die Empfindung jene mit einer Qualität von Lust/Unlust aus und erlaubt so eine körperbasierte Handlungskompetenz in der Welt.

Der KBT-Patient hat den an sich eher als unangenehm drückend zu erwartenden Stab unter dem Rücken mit einer angenehmen Qualität aus seinem Erinnerungsbild ›auf der Fahrradstange‹ ausgestattet.

### 2.4.4 Somatische Marker

Nach Damasio sind Denken und Entscheiden im Körper über die Empfindungen verankert; er nennt diese Empfindungen, die ein Vorstellungsbild kennzeichnen, ›somatische Marker‹. Diese wirken in einem Denk- oder Entscheidungsprozeß als Warn- oder Startsignal und belegt die Denkschritte mit inneren Wohl- oder Unwohl-Zuständen. So ist etwa die Vorstellung eines langfristigen Erfolgs von einem positiven Gefühl begleitet und ermöglicht, eine kurzfristige negativ getönte Anstrengung durchzuhalten. Dennoch bleibt auch in diesem Modell dem Menschen ein Spielraum der Entscheidungsfreiheit zwischen Biologie und Kultur, zwischen inneren Ratgebern und kulturellen Werten und Normen.

Somatische Marker entwickeln sich in der Lebensgeschichte in einem adaptiven Prozeß. Sie werden durch Erfahrung erworben und die Akkumulation endet erst mit dem Lebensende. In diesem lebenslangen Lernprozeß können immer sowohl direkte als auch erinnerte (›als-ob-Zustand‹) Körperwahrnehmungen Basis für Aktivierung der Marker sein. Der KBT-Patient ist durch den Stab (direkte Körperwahrnehmung) an die Erinnerung gekommen (erinnerte Körperwahrnehmung) und hat einen in der Zwischenzeit durch schlechte Erfahrungen überformten Marker wiederbelebt. Diese Als-ob-Zustände sind gewissermaßen automatisierte Entscheidungshilfen, symbolische Verarbeitung statt Erspüren der realen Zustände.

Diese Situation taucht in der KBT häufiger auf: Eine Patientin erinnert sich beim Liegen auf dem Stab an heftige schmerzhafte und entwürdigende Prügel, die sie als Kind von der Mutter mit einem Kochlöffel erhielt. Sie verhärtet die Muskulatur gegen den Stab, um sich vor der durch den negativ getönten somatischen Marker erwarteten schmerzhaften Situation zu schützen. In der therapeutischen Situation kann sie über die Gewalterfahrungen sprechen, aber auch im Liegen durch vorsichtiges Nachlassen der Spannung eine neue Erfahrung mit den Stab machen. Er kann ihr im positiven Sinn Rückhalt geben.

Die somatischen Marker können aktiviert werden, aber sie müssen nicht in den Mittelpunkt der Aufmerksamkeit gerückt werden. Sie bilden nach Damasio den Ursprung dessen, was man Intuition nennt: zu Lösungen zu kommen, ohne darüber nachzudenken und alle Schritte logisch abzuleiten. Allerdings sind die somatischen Marker nicht nur ›gut‹: sie sind tendentiös, da sie die bisherige Lebensgeschichte repräsentieren. Also nur „auf den Körper hören" ist keine therapeutisch hilfreiche Lösung. Wir können über Entscheidungen, die wir mit Hilfe der somatischen Marker getroffen haben, mit der Sprache hinausgehen, sie überprüfen und ändern.

## 2.4.5 Descartes' Irrtum

*„Darin liegt Descartes' Irrtum: in der abgrundtiefen Trennung von Körper und Geist, (...) in der Trennung der höchsten geistigen Tätigkeiten vom Aufbau und der Arbeitsweise des Organismus. (...) Verschiedene Spielarten des cartesianischen Irrtums verstellen uns den Blick auf die Wurzeln des menschlichen Geistes in einem biologisch komplexen, aber anfälligen, endlichen und singulären Organismus. Sie verstellen uns den Blick auf die Tragik, die dem Wissen um diese Anfälligkeit, Endlichkeit und Einzigartigkeit innewohnt." (a.a.O., S. 332)*

So ist es mit Damasio Zeit, *„den Geist von seinem Podest im Nirgendwo an einen bestimmten Ort zu verlegen, ohne dabei seine Würde und Bedeutung zu beschädigen; seine niedrige Herkunft und Verletzlichkeit anzuerkennen und sich doch seiner Führung anzuvertrauen." ( a.a.O., S. 333)*

## 2.5 Der Beitrag der Affekttheorie nach Krause

Während Damasio den körperlichen Ursprung der Gefühlen betont und den inneren neurobiologischen Aufbau des Zusammenhangs von Fühlen, Empfinden, Denken und Entscheiden für das Individuum beschreibt, kommt Krause (1992) von der psychoanalytischen Theorie zur Erforschung der Affekte als ›beziehungsgestaltende Elemente‹ (nicht nur) in therapeutischen Situationen. Er untersucht die Bedeutung der Affekte in nonverbalen Interaktionsprozessen ausgehend von der Frage, wie *„der Vorgang der Projektion, also die Transposition eines seelischen Inhalts einer Person auf eine andere, vor sich geht, so daß dieser auch tatsächlich dort ankommt und unbewußt seine Wirkung zeigt."(Krause 1992a, S. 590)*

### 2.5.1 Nonverbale Interaktionsprozesse

Die Arbeitsgruppe um Krause hat dazu zunächst nonverbale Interaktionsprozesse von Gesunden untersucht (Merten 1996). In einem ersten Modell, das Sender und Empfänger unterscheidet, gibt es bei beiden Handlungsintentionen, Eigenschaften, Affekte und Triebzustände.

Als Kanäle des Sendens stehen dem Menschen die Stimme, Bewegungen der Arme und Beine, des ganzen Körpers, die Haltung und Gesichtsbewegungen zur Verfügung. Mit den Empfangssinnen Hören, Sehen, Riechen, Tasten und Wärmeempfindung kann der Empfänger diese Signale aufnehmen. Deutlich sagt Krause, daß körperliche Verhaltensweisen Teil des Affekts sind.

*„Es ist also nicht so, daß sich etwas Mentales ausdrückt, das selbst kein körperliches Substrat hat; Vielmehr sind die körperlichen Ausdrucksweisen wenigstens partiell die Affekte selber, damit ist diese Art von Informationsübermittlung nicht nur kalt und kognitiv, wie es die Metapher von Sender und Empfänger nahelegt, sondern heiß und affektiv, wie wir es für Menschen für eher zutreffend halten." (Krause 1992a, S. 593)*

Vermittler zwischen Gesandtem und Empfangenem sind die verschiedenen Ebenen des Verhaltens. Allerdings ist das Modell des Senders und Empfängers primär für sprachliche Kommunikation geeignet, da hier eine chronologische Ordnung vorliegt. Bei nicht sprachlicher Kommunikation gibt es synchrone Ereignisse. Eine weitere Einschränkung des Modells liegt in der Uneindeutigkeit: es gibt affektspezifische Entschlüsselungsregeln für soziale Interaktion. Ein Mensch im Affekt der

Angst wird ein Verhalten seines Gegenübers anders interpretieren als jemand im Zustand der Freude.

Nun geht Krause von einer hierarchischen Organisation von Verhalten aus: es gibt hochrangige und gewichtige Makro-Pläne, die sich auf fast alles andere Verhalten auswirken, es gibt Mikro- und molare Verhaltensmuster.

*„Wenn nun der Makro-Plan für die Person selbst anstößig und unbewußt ist, findet man die den anderen steuernden Verhaltensweisen im allgemeinen nicht auf der molaren Ebene, die bewußt geplant wird, sondern auf der darunterliegenden Mikroebene, d.h. wir haben diese manchmal beobachtbare merkwürdige Isomorphie von Minihandlungen und Makroproblemen, die wir ja für das sogenannte szenische Verstehen nutzen." (Argelander 1979, zit. in Krause a.a.O., S. 593)*

Das szenische Verstehen in diesem Sinne ist in der Gruppentherapie mit KBT von ganz besonderer Bedeutung, da hier Minihandlungssequenzen aufmerksam erspürt werden, die oft zur großen Überraschung der PatientInnen ihren Makroproblemen sehr genau entsprechen. Der therapeutisch nächste Schritt in dieser Logik besteht dann in der Erprobung alternativer ›gesünderer‹ Handlungssequenzen, deren Gehalt wiederum auf der Makroebene verstanden werden kann.

Hier liegt gleichsam ein holographisches Modell zu Grunde: in jedem Teilstück ist das Ganze enthalten, ein Ansatz, den der Hirnforscher Pribram (1971) schon für die Speicherung von Erinnerungen im Gehirn postulierte.

### 2.5.2 Beziehungsrelevantes Verhalten

Zwischen Sende- und Empfangskanälen liegt das Verhalten der Interaktionspartner. Krause (1992a) unterscheidet insgesamt fünf Klassen von beziehungsrelevantem Verhalten.

1. Unter Gesunden findet man ein System von Feinsynchronisationen der *Körperpositionen* im Zusammenhang mit wechselseitiger Sympathieeinschätzung. Diese Fähigkeit ist möglicherweise gegründet in von Stern (1994) beschriebenen basalen Beziehungsformen, die mit geglückter Bindung zu tun haben.

2. *Körpermanipulationen*, z. B. Bewegung eines Körperteils an einen anderen wie an der Nase zupfen oder am Kopf kratzen, treten bei Gesunden als Indikatoren für Streß und Unwohlsein auf. Sie unterliegen keiner bewußten Kontrolle und sind bei Bewußtmachung eher schambesetzt.

3. *Regulatoren* steuern gestisch-mimisch und vokal den Hörer- und Sprecherzustand. Beide Gesprächspartner informieren sich über Stimmvariation, Lautstärke, Handgestik, Blickkontakt und Kopfbewegungen, wer welche Rolle hat. Die affektive Vokalisation allerdings erfordert keinen Hörer/Sprecherwechsel: ›man weint gemeinsam, und nicht hintereinander‹.

4. *Illustratoren* sind mimisch-gestische Verhalten, die das Gesprochene zeitgleich illustrieren, strukturieren und affektiv untermauern. Bewegung und Sprechen beschreiben zeitgleich dasselbe bei Gesunden. Psychische Störungen gehen mit massiven Störungen dieses Systems einher, wie Krause für depressive, schizophrene und Colitis-PatientInnen gezeigt hat.
   In der KBT ist dieses System aktiv und wird ins Bewußtsein gehoben durch das Anspüren der jeweiligen Gebärde bzw. durch therapeutische Konfrontation der Divergenzen von Gesprochenen und Körpergeste.

   Beispiel: Bei dem Angebot, für eine Partnerarbeit einen Partner aus der Gruppe zu wählen, sitzt ein Patient mit verschränkten Armen und gesenktem Blick, sagt aber, er könne mit jedem aus der Gruppe die Übung machen. Die Gebärde drückt Angst, Ablehnung oder Unbehagen aus, das zunächst verbal verneint wird. Ein Hinweis auf die Divergenz von verbaler und Körperbotschaft durch die Therapeutin ermöglicht eine Differenzierung. Von einem bestimmten Mitpatienten will er auf keinen Fall gewählt werden. Damit kann auch auf der verbalen Ebene eine Beziehungsklärung beginnen.

5. *Embleme* sind gestisch-mimische Verhaltensweisen wie Daumendrücken oder Vogelzeigen, die an Stelle der Sprache benutzt werden. Sie sind stark kultur-, geschlechts- und schichtabhängig und kreisen vor allem um tabuisierte Themen wie Verhöhnung, Aggressivität oder Sexualität. Sie tauchen in Analysen nicht auf, auch nicht beim Setting im Sitzen. In der KBT sind sie selten, aber durch die therapeutische Versprachlichung dem Gruppenprozeß förderlich, indem der zugehörigen Affekt benannt wird.

### 2.5.3 Affekte

Während Damasio die Grundgefühle in der Physiologie ansiedelt und ihre bewußte Wahrnehmung ›Empfindung, die das Denken mit steuert‹, nennt, definiert Krause den Affekt als „den Prozeß, der die drei Lebensbereiche Physiologie, Denken und kommunikatives Handeln steuert" (a.a.O., S. 599). Hier ist vor allem jetzt der Beziehungsaspekt von Bedeutung. Als Primäraffekte werden neben den fünf Grundgefühlen Glück, Trauer, Wut, Ekel und Angst noch Überraschung, Verachtung und Interesse genannt. Negative Affekte sind Wünsche nach veränderter Objektbeziehung, positive solche nach Fortführung der Objektbeziehung. Der Prozeß des Affekts hat fünf Komponenten:

- expressive Komponente: mimisch und vokal wird dem Gegenüber signalisiert, welches Verhalten gewünscht wird
- physiologisch-hormonale Komponente: erzielt interne Handlungsbereitschaft
- spezifische Innervation der Skelett-Muskulatur bewirkt externe Handlungsbereitschaft
- das Wahrnehmen dieser körperlichen Prozesse
- das Benennen und Bewerten dieser Wahrnehmung.

### 2.5.4 Die Bedeutung der Affekttheorie für die KBT

Vor diesem Hintergrund läßt sich die Konzentrative Bewegungstherapie als eine Methode beschreiben, die mit den fünf Affektkomponenten umgeht: Die physiologisch-hormonale kann indirekt über die Zentrierung der Aufmerksamkeit auf viszerale Empfindungen wahrgenommen werden. Beschreibungen wie ›das Feuer im Magen‹ oder ›der Stein auf der Brust‹ geben anschaulich Auskunft über interne Körperzustandsveränderungen.

Die Skelettmuskulatur wird in Ruhe oder Bewegung erprobt und die Aufmerksamkeit auf den momentanen Tonus und den Bewegungsimpuls gerichtet.

Auf die mimische und vokale Ebene wird methodisch bei einem KBT-Angebot zunächst verzichtet, um Raum zu geben, für die anderen, dem Alltagsdialog ferneren Affektkomponenten.

Das Wahrnehmen der körperlichen Prozesse auf den verschiedenen Ebenen erfolgt durch focussierendes Fragen der Therapeutin, das in der Gruppe zunächst keine verbale Antwort braucht, so daß ein Schutzraum für Erkundungen des Einzelnen zunächst gewahrt ist. So kann die Zwischenebene sich erst einmal entfalten, ohne sofort in ein sprachliches Korsett geschnürt zu werden. Das Benennen und Bewerten des Erfahrenen geschieht in einem chronologisch späteren Schritt im Gruppengespräch.

### 2.5.5 Lokomotionswünsche als Teil jeden Affekts

Der motorisch-expressive Anteil ist ein wesentliches Steuerungs- und Verführungsmittel, der psychosomatischen PatientInnen oft verloren gegangen ist. Bei neurotischen PatientInnen fand Krause häufig eine Koppelung vom Affektausdruck der Freude mit Ärger, Ekel oder Verachtung.

Jedem der Primäraffekte wohnt ein Bewegungsausdruck inne. In Bezug auf den Anderen, das Objekt werden vom Subjekt Lokomotionswünsche geäußert: Freude meint, ich möchte zu dir hin. Trauer meint, du mögest zu mir kommen. Furcht meint, ich möchte weg von dir. Wut sagt, du sollst weg von mir und schließlich sagt Ekel, das Andere, was schon in mir ist, soll wieder heraus. Verachtung sagt, du bist für mich Luft. Interesse meint, ich will hin zu dir. Überraschung ist offen für die Bewegung, die da kommt.

Krause postuliert für jeden therapeutischen Prozeß, daß Veränderung des Beziehungsverhaltens für neue Einsichten notwendig ist (a.a.O., S.609). Wenn aber die bewußten oder unbewußten Phantasien über die Beziehung kein Korrelat im szenischen Ablauf haben, so gehen sie nur zu Lasten des Therapeuten.

Seine grundlegende Kritik am klassischen analytischen Setting vom Blickwinkel des Affektforschers trifft im Gruppensetting der KBT auf eine Methode, die genau auf dieser Ebene der Integration der verschiedenen Elemente der affektiven Prozesse arbeitet. Hier sehe ich eine weitergehende Grundlegung für den methodischen Ansatz der KBT.

## 2.6 Der Einbezug der Entwicklungspsychologie Piagets in die theoretische Fundierung der KBT durch Cserny

Cserny hat in ihrer Arbeit zum Leib-Seele-Problem (1989) die KBT in die Entwicklungs- und Lerntheorie Piagets eingebettet, der die sensomotorische Intelligenz als Grundlage begrifflicher Intelligenz faßt und so die Brücke vom vorsprachlichen zum sprachlich-symbolischen Raum schlägt.

Nach Piaget gibt es eine kontinuierliche Progression „von der ersten spontanen Bewegung im Liegen und den Reflexen bis zur eigentlichen Intelligenz“ (Cserny 1989, S. 19). Der Mechanismus dieses Prozesses ist im Zusammenwirken von Assimilation und Akkomodation zu verstehen. Assimilation meint dabei *„den Einbau von neuen Informationen in den bereits verfügbaren Rahmen, während Akkomo-*

*dation eine Anpassung eines Individuums an veränderte Sachlagen (bezeichnet), d.h. das bestehende System wird in Hinblick auf eine geänderte Außenwelt umstrukturiert. Beide Verhaltensweisen zusammen ergeben ein Fließgleichgewicht der Informationsverarbeitung bzw. der laufenden Systemoptimierung."(a.a.O., S. 19)*

Piaget (1973) datiert die sensomotorische Phase auf die ersten 20–24 Lebensmonate, wobei diese Zeitangaben als idealtypisch genommen werden müssen. Jede Phase der Intelligenz-Entwicklung ist nun für die nachfolgenden mitbestimmend. So bedingen sich in der weiteren Entwicklung motorische, emotionale und kognitive Entfaltung – und aber auch Behinderung – stets untereinander und beeinflussen sich gegenseitig.

### 2.6.1 Bedeutung für den therapeutischen Ansatz der KBT

Cserny sieht in der Konzentrativen Bewegungstherapie *„die einzige Therapiemethode, welche direkt mit Bezugnahme auf die entwicklungspsychologischen Phasen arbeitet, sie also nicht nur als Grundlage und Erklärungsmuster für aufgetretene Störungen benutzt, sondern sie aktiv in den Entwicklungs- und Entfaltungsprozeß des Patienten im Therapieverlauf miteinbezieht."(a.a.O., S. 67)*

Durch die Methode des aufmerksamen Hinspürens in der KBT wird die Sinnesempfindung von der damit verbundenen persönlichen Erfahrung zunächst ›dissoziiert‹ (pers. Mitteilung Cserny, Jahrestagung des ÖAKBT Wien,1996), damit wird alten hinderlichen Mustern, die so ins Bewußtsein kommen können, ihre Selbstverständlichkeit und Unbedingtheit genommen. Der Prozeß des bewußtem Wahrnehmens macht eine Trennung der in einem zusammenhängenden Bild gespeicherten Körperemfindungen und assoziierter Gedächtnisinhalte möglich.

Die neurobiologische Basis habe ich oben dargestellt. Auf der Makroebene wies Piaget als erster auf die Gleichrangigkeit von motorischer, psychisch-emotionaler und kognitiver Entwicklung hin. Dies gilt nicht nur für eine gelungene, sondern auch für eine gehemmte oder behinderte Entwicklung. Fehlgesteuerte oder behinderte emotionale Entwicklung kann mit motorischer und kognitiver Entwicklungsstörung einhergehen.

Cserny entwickelt aus diesem Gedanken heraus ihren methodischen Ansatz der Konzentrativen Bewegungstherapie: *„Wenn wir Wahrnehmung als Kombination von Sinnesempfindung und Erfahrung auffassen, so ergibt eine Veränderung* *der Wahrnehmung auch eine Bewußtseinsveränderung. So kommt die KBT zu der Forderung, in der Wahrnehmungsschulung ihr eigentliches Hauptanliegen zu sehen (allerdings entstand dieser Arbeitsschwerpunkt zunächst ohne theoretische Grundlagen allein aus der Erfahrung im Umgang mit Klienten bzw. Patienten). Hier ist zu betonen, daß die KBT nicht primär darauf aus ist, direkt auf Störungen einzugehen. Vielmehr möchte sie durch ein Wieder-Herholen von Entwicklungsschritten schrittweise die Wahrnehmung verändern, was unserer Definition nach nur im erneuten Einüben der Bewegung und der damit entwickelten Sinnesempfindung und sich daraus ergebenden neuen Erfahrungen geschehen kann… Die KBT ist also nicht symptomorientiert, sondern versucht auf der körperlichen Ebene zu neuen Bewegungsmustern zu gelangen." (a.a.O., S. 67)*

Diese Bewegungsmuster sind im Unterschied zu Übungsprogrammen in der Gymnastik immer höchst individuell. Es geht darum, wie schon Elsa Gindler (1926) beschrieb, den ganz eigenen Bewegungsausdruck zu finden.

Heute gibt es nun dank der neuen Entwicklungen in der Grundlagenforschung auf den Gebiet der Emotionen und der Erforschung nicht-verbaler Interaktion (s.o.) Erklärungsansätze auf der Mikroebene der Abläufe im Gehirn und im motorischen Verhalten, die diesen Ansatz der KBT wissenschaftlich untermauern. Diese Entwicklung war erst möglich durch die Entwicklung nicht-invasiver bildgebender Verfahren zur Untersuchung des Gehirns, aber auch durch Mehrkanal-Videoaufzeichnungen von Interaktionssequenzen (Merten 1996), die erlauben, mehrere Beobachtungen simultan aufzuzeichnen und auszuwerten.

Aus der von Piaget beschriebenen wechselseitigen Abhängigkeit und Beeinflussung von Motorik, Emotion und Kognition ist ein therapeutischer Zugang auch über jeden der drei Bereiche möglich.

*„So lassen sich auch Krankheiten im Bereich des Psychosomatischen durch eine leiborientierte Therapie angehen, auch wenn ihre Ursache im emotionalen oder kognitiven Bereich liegt." (Cserny, a.a.O., S. 68)*

Dieser Ansatz liefert eine Begründung für das Behandlungskonzept der symptomgemischten Gruppe in der Klinik. Der Schwerpunkt der leibtherapeutischen Arbeit liegt hier nicht bei der Behandlung des Symptoms im engeren Sinne, sondern in der Entwicklung einer Wahrnehmungsfähigkeit, die erlaubt, das Symptom anders zu verstehen, zu erleben und letzlich aufzugeben. In symptomgemischten Gruppen helfen sich die PatientInnen gegenseitig sehr, da ihre Wahrnehmungsmuster krankheits- und individuumspezifisch eingeengt oder verzerrt sind, so daß ein Lerneffekt in der Gruppe durch die Erfahrung der Andersartigkeit der Anderen entsteht.

## 2.7 Die psychoanalytische Fundierung der KBT durch Becker

Becker (1989) kommt der Verdienst zu, vor allem für die klinische Arbeit mit der KBT den psychoanalytischen Hintergrund entfaltet zu haben.

*„Der therapeutische Rahmen der KBT versucht, den Störungen, die mit Fixierungen und Regression auf Entwicklungsphasen einhergehen, die vorwiegend im präverbalen Bereich liegen, eine Ausdrucks- und damit Kommunikationsmöglichkeit zu geben."(a.a.O., S. 53)*

Er weist darauf hin, daß die Konzentrative Bewegungstherapie auch für andere PatientInnen den Anspruch habe, *„einen wichtigen und ergänzenden Beitrag zur oft kopflastigen, aufs Verbale beschränkten (...) Psychotherapie und zur leib-seelischen Integration zu leisten."(a.a.O., S. 53)*

In der psychotherapeutischen Klinik, wo der Anteil an sog. frühen Störungen unter den Symptombildern hoch ist, ist das integrative Zusammenarbeiten von verbalen (analytischen) und KBT-Therapeutinnen sinnvoll und notwendig, um der Schwere der Krankheitsbilder gerecht zu werden. In der Zusammenarbeit des Teams kann von einen gemeinsamen Therapieprozeß in den kombinierten Therapieformen ausgegangen werden (Mattke & Schreiber-Willnow 1988).

### 2.7.1 Ausgangspunkt

Beckers Ausgangspunkt liegt in dem entwicklungspsychologischen Konzept, daß neurotische und z.T. psychosomatische Symptome in Beziehung zu einem frühkindlichen Konflikt, vorwiegend der ersten sechs Lebensjahre stehen. Die Symptome kommen zum Ausbruch, wenn in einer aktuellen Krise eine auslösende Situation, die in einem Sinnzusammenhang mit der frühkindlichen Situation steht, den Konflikt wieder aufleben läßt. Gemäß der psychoanalytischen Theorie ist eine Behandlung nicht durch Erklären, sondern durch Wiederbeleben des kindlichen Konflikts im Übertragungsgeschehen und eine korrigierende emotionale Erfahrung möglich.

In der klassischen analytischen Situation geht die Erinnerung über die Sprache. Wiederholen des frühkindlichen Konflikts über Handlung wird als Agieren abgelehnt. Die vorangegangenen Überlegungen zur Architektur von Gedächtnis und Gefühl zeigten nun, daß Emotionen unmittelbar verknüpft sind mit dem Körpererleben, und daß Erinnern nicht primär in der Sprache, sondern über Sinneswahrnehmung, Gebärden und Handlung stattfindet. Das Wiederholen als Tat statt als Erinnerung kennzeichnet die frühen Störungen, wo die konflikthafte oder traumatische Erfahrung in präverbaler Zeit stattfand.

*„Das Vorgehen in der KBT ermöglicht die Annäherung an eine konkrete Reinszenierung des frühkindlichen Geschehens. Das Übertragungsgeschehen ist nicht auf die duale Situation zwischen Therapeut und Patient beschränkt, es ist erweitert auf Szenen und belebte und unbelebte Objekte. Erinnerndes Wiedererleben wird dadurch eher gefördert. Hier stehen wir im Widerspruch zu Freuds Vorstellung.“ (Becker, a.a.O., S. 54)*

Für Freud stand dieses Wiederholen in der Tat im Widerspruch zur Erinnerung. In der Konzentrative Bewegungstherapie wird diese Erinnerung in der Handlung gerade genutzt, da sie im Sinne einer ›szenischen Assoziation‹ unbewußtes Material zugänglich machen kann.

## 2.7.2 Entwicklungspsychologische Grundlegung

Becker erläutert an Hand der entwicklungspsychologischen Modelle Eriksons (1974) und Mahlers (1975) die Bedeutung des gezielten ›Spielangebots‹ des Therapeuten und des spontanen ›Spieleinfalls‹ des Patienten für die Überwindung der oft beobachteten Initialhemmung in Therapien. Der spontane Spieleinfall des Patienten wird ähnlich wie der Traum und die freie Assoziation als die ›via regia‹ zum Unbewußten gesehen.

*„Akzeptieren wir die Analogie des Geschehens der frühkindlichen Entwicklung mit dem im therapeutischen Prozeß der KBT, eröffnet sich die Möglichkeit eines Zugangs zum frühkindlichen Konflikt, und der therapeutische Prozeß impliziert auf gleicher Ebene eine emotionale korrigierende Erfahrung. Hier müssen jedoch nach Aufzeigen und Konfrontation Deuten und Durcharbeiten einsetzen. Deuten und Durcharbeiten sind sowohl auf verbaler als auch auf nonverbaler Ebene möglich.“ (Becker, a.a.O., S. 55)*

Becker ordnet den verschiedenen Entwicklungsphasen nach Mahler bzw. Erikson KBT-Angebote zu, die ermöglichen, das jeweilige Grundthema der Entwicklungsphase leibhaftig wiederzuerleben (Tabelle 2). Diese Angebote sind nicht als Vorschrift für eine therapeutische Abfolge zu verstehen, da sich der KBT-Prozeß immer am aktuellen Geschehen orientiert. Sie erlauben aber eine Einordnung des jeweiligen Gruppen- oder Einzelthemas.

Die Haltung der KBT-Therapeutin orientiert sich an der mütterlichen Haltung dieser frühen Entwicklungsphasen. So wird sie (im Sinne der ersten Phase) bewußt stützend und schützend anregen, daß jede/r GruppenteilnehmerIn sich einen eigenen Raum/Platz einrichtet und sich dort niederläßt, wobei die Therapeutin eine Basis und einen Rahmen für die Entwicklung von Urvertrauen gibt. Der Wechsel von mißtrauischem Rückzug und vorsichtigem Sich-Anvertrauen kann hier erprobt werden.

Budjuhn betont, daß „eine ausreichend zugelassene Regression eine erstaunliche Stabilisierung des Patienten zur Folge hat" (1992, S.43). Sieht man mit Winnicott (1973) die Ursache früher Störungen auch in einer gestörten ›primären Mütterlichkeit‹, so ist für die therapeutische Situation für die PatientInnen wichtig, die ›holding function‹ nun durch die Therapeutin zu erleben. Dies ist in der KBT durch das Bereitstellen einer Atmosphäre möglich, in der die PatientInnen sich angenommen fühlen und ihre Wünsche und Bedürfnisse als etwas zu ihnen Gehöriges erleben können.

So bietet sich die Konzentrative Bewegungstherapie *„in einem hohen Maße an, Entwicklungs-zeit-raum früher Erfahrungen in der Beziehung zu belebten und unbelebten Objekten, zu Raum und Zeit zu sein, und die Verbindung von Emotion und Kognition in handelnden Bezügen zu fördern."(Budjuhn, a.a.O., S. 43)*

Die Haltung der KBT-Therapeutin in der 2. Phase ist mehr von Anregung zur aktiven Erkundung geprägt, wobei die Verweigerung, das Ablehnen des Angebots auch als Autonomieschritt gewürdigt werden kann. Hier würde also nicht eine Deutung des Widerstands, sondern eine Klärung des momentanen eigenen Anliegens im Gespräch aufgegriffen, wobei die Therapeutin auch als jemand zur Verfügung steht, dessen Angebot abgelehnt werden kann. Daraus erwächst oft ein Entdecken des eigenen Handlungsimpulses in der Abgrenzung gegen des Angebot.

In der 3. Phase steht die Eigenbewegung, die Initiative, die Erkundung des Raumes, der Dinge, die Begegnung mit den Anderen im Zentrum. Hier wird die Therapeutin durch freie Angebote Raum für Eigeninitiative geben.

Tabelle 2: Entwicklungspsychologisches Modell nach Erikson als therapeutische Basis für das Geschehen in der KBT

| Modell nach Erikson<br>Grundgefühl: | KBT-Arbeit |
|---|---|
| Urvertrauen gegen Urmißtrauen entsprechend der oralen Phase im erstenLebens-jahr. „Ich bin, was man mir gibt." | Entspanntes Liegen, Sich-Verlassen-Dürfen, Nehmen, Einverleiben, Bekommen, Sehen, Tasten. Von anderen gehalten, gewärmt, angelächelt, angesprochen werden. Später über Identifikation selbst geben können, Liegen, Sitzen, Stehen. |
| Autonomie gegen Scham und Zweifel Entsprechend der analen Phase im 2. und 3.Lbj. | Festhalten, loslassen, Spannung-Entspannung, Ergreifen, wegwerfen, Ablehnen, erster Umgang mit der Objektwelt, auf eigenen Füßen stehen, Dinge erforschen, Betasten, eigene Autonomie und Autonomie der Anderen akzeptieren lernen. |
| Initiative gegen Schuldgefühl Entsprechend der ödipalen Phase vom 4.-6.Lbj.„Ich bin, was ich mir zu sein vorstelle." | Sich frei und kraftvoll bewegen, Laufen als Mittel zum Zweck, in den Raum, in das Ungewisse eindringen, Nachahmen, Identifizieren, durch Sprache verstehen und fragen, in das Ohr eindringen, Zuwendung zur Dingwelt, Leistung, Unabhängigkeit. |

Aus: Becker 1989, S. 56

Da in der klinischen Gruppentherapie selten feste Gruppen zustande kommen, sondern immer Neue und Alte zusammenkommen, sind die Entwicklungsphasen selten eindeutig zu identifizieren, deshalb sind diese Überlegungen nicht als für die Therapeutin handlungsleitend in der einzelnen Stunde zu verstehen, sondern als theoretischer Hintergrund, aus dem sich ein KBT-Angebot erklären läßt.

### 2.7.3 KBT und Spiel

Becker begründet ein therapeutisches Spielangebot mit der Möglichkeit, unterdrückte oder verlorengegangene Potenzen wiederzuerlangen. Die schöpferische Kraft des Spiels ist zuerst von Winnicott in ihrer Bedeutung für den Erwachsenen betont worden: *„Gerade im Spielen und nur im Spielen können das Kind und der Erwachsene sich kreativ entfalten und ihre ganze Persönlichkeit einsetzen, und nur in der kreativen Entfaltung kann das Individuum sich selbst entdecken." (Winnicott nach Becker, a.a. O., S. 63)*

In der KBT ist so eine Wiedergewinnung und Bereicherung auch durch Einbezug von Primärprozeßhaftem und Körperlichkeit möglich. Sie trägt damit zu dem therapeutischen Ziel einer realitäts- und lustgerechten Verfügbarkeit von Primär- und Sekundärprozeßhaftem bei.

### 2.7.4 Sprache, Verbalisieren

In den Anfangszeiten der KBT war die Haltung eher verbreitet, daß die neue und aufmerksame Bewegungserfahrung an sich schon therapeutisch wirksam ist und es keine weiteren verbalen Aufarbeitung bedarf. Diese Haltung hat sich mit zunehmendem klinischen Einsatz der KBT verändert. Sie findet sich noch bei Winnicott, der vom Spielen sagt, es sei an sich schon Therapie. Allerdings bezieht er sich dabei auf den schöpferischen Anteil des Spiels. Für PatientInnen in der psychotherapeutischen Klinik mit neurotischen oder Persönlichkeitsstörungen reicht dieser Teil nicht aus.

Gehen wir noch einmal zurück zu Piaget, der für die Phase der sensomotorischen Intelligenzentwicklung beschreibt, daß die Koordination von eigenen Bewegungen und Wahrnehmungsqualitäten im Vordergrund steht. Dabei geht es immer um reale Bewegungen und Wahrnehmungen, es gibt nach Piaget noch kein zusammenhängendes inneres Bild. Dieses entsteht erst in der nächsten Entwicklungsphase der begrifflichen Intelligenz, in der logisches Denken, Sprache und Vorstellungsbilder helfen, der Wahrnehmung und der Motorik eine neue bewußte Bedeutung zu geben.

Wenn es in der Therapie darum geht, mehr Erkenntnisse und Bewußtheit über sich selbst zu gewinnen, so sind Sprache und Denken gefragt. Aber die Sprache muß nicht unbedingt das Verbalisieren von Inhalten sein, Gebärdensprache oder ›privatsprachlicher Ausdruck‹ helfen auch weiter. Gerade PatientInnen, die ihre Gefühle und Empfindungen nicht verbal äußern können, finden in der Gebärde, im symbolischen Ausdruck über Gegenstände oder Szenen leichter einen ersten Zugang zu ihrem Innenleben. Hier sieht Becker eine ausdrückliche Indikation für die KBT.

Für eine analytische Behandlung wird ein relativ hohes Niveau an Intelligenz, Differenzierungs- und Introspektionsfähigkeit vorausgesetzt, das PatientInnen, die in die psychotherapeutische Klinik kommen, nicht immer haben, entweder auf Grund ihrer Störung oder auch auf Grund ihrer Zugehörigkeit zur Unterschicht. Diese PatientInnen verfügen eher über einen restringierten sprachlichen Code. Becker machte die Erfahrung, daß in klinischen KBT-Gruppen die Schichtzugehörigkeit und die Ausprägung sprachlicher Eloquenz nicht oder viel weniger hinderlich war als in verbalen Gruppen, da die bewegungs- und wahrnehmungsorientierten Angebote schicht-unspezifischer aufgenommen werden konnten.

## 2.7.5 Symbol und Prozeß des Symbolisierens

In der KBT kommt Gegenständen wie Stab, Ball, Seil, Decke oder Sandsäckchen eine bedeutende Mittlerfunktion im Erleben und Erlernen des Umgangs mit dem ›Anderen‹ zu, wie Gräff (1983) eindrücklich beschreibt.

Die Gegenstände können ganz unterschiedliche Funktionen haben: sie sind reale Wahrnehmungsobjekte mit benennbaren physikalischen Qualitäten, sie sind auch Übergangsobjekte im Sinne Winnicotts und ermöglichen den Übergang von der realen Außenwelt zu einer inneren Repräsentanz und sie sind symbolische Ausdruck von Verdrängtem, dem durch den Gegenstand eine Form gegeben werden kann.

*„Ich glaube, daß mit der wesentliche Schlüssel nach der Frage der Wirkungsweise und Effektivität im therapeutischen Geschehen bei der KBT in der Möglichkeit der ›Nachreifung im Symbolisierungs-, Abstrahierungs- und damit Trennungs- und Individuationsprozeß‹ besteht. (...) Die Praxis der KBT kommt sowohl über ihren Akzent im konkreten Handeln und über den Umgang mit den Objekten in ihrer realen wie symbolischen Bedeutung im Angebot der Entwicklungsphase um den Symbolisierungsprozeß entgegen, d.h. das Angebot setzt zunächst keine vollständig bewältigte Symbolisierungsfähigkeit voraus. Sie bietet eine Nachreifungsmöglichkeit in einem Bereich, den die klassische Analyse in beträchtlichem Maße bereits voraussetzt." (Becker, a.a.O., S. 71)*

## 2.7.6 Agieren

Oft wird im therapeutischen Kontext alle unerwünschte Ausdrucksform des Patienten als Agieren disqualifiziert, da es in Sinne Freuds die Erinnerung hemmt. Becker betont im Gegensatz zu Freud, daß Agieren als aktuelle Tat vielmehr der erste Schritt zur Erinnerungsarbeit sein kann.

Für die Konzentrative Bewegungstherapie wird das Potential des Agierens als ein Abkömmling des Unbewußten benutzt, das *„im Sinne der freien Körper- und Handlungsassoziation sekundärprozeßhaft, ich-dyston der emotionalen Erfahrung und Erinnerungsarbeit dienen kann. In der Tendenz kann man beobachten, falls parallel zur KBT eine analytische Gruppe läuft, daß sich die Seite der Abwehr oft im Sprachlichen und die Seite der Wunscherfüllung im Nonverbalen zeigt." (Becker, a.a.O., S. 76)*

Die Kunst der KBT-Therapeutin in diesem Setting ist es, nicht bei der realen Wunscherfüllung zu bleiben, sondern im Verbalen die aktuelle Bedeutung oder den lebensgeschichtlichen Bezug des körperlich Erlebten herzustellen.

In den fast 20 Jahren seit der Veröffentlichung von Beckers Grundlagenbuch hat sich auch im Umgang mit der ›Wunscherfüllung‹ die klinische KBT weiterentwickelt. Im empirischen Teil wird sich zeigen, daß die PatientInnen des hier untersuchten Settings allerdings in der KBT-Gruppe wenig Unzufriedenheit mit der Therapeutin und einen guten Zugang zum körperlichen Erleben und ihren Empfindungen beschreiben, anders als die PatientInnen in der KBT-Gruppe mit kombinierter Einzeltherapie (s. u.).

## 2.7.7 Übertragung in der KBT

In der KBT liegt ein anderes Übertragungsgeschehen vor als im klassischen analytischen Setting. Die Therapeutin hat eine aktive Rolle, ist als reale Person sichtbar, sie stellt sich auch handelnd im Körperdialog zur Verfügung. Dadurch wird einerseits die Übertragungsbereitschaft gemindert, andererseits weist Becker auf die Erhöhung der Übertragungsbereitschaft durch das Augenschließen bei der Körperwahrnehmung hin. Er erweitert den analytischen Begriff auf ein *„Übertragungsgeschehen auf Szenen und unbelebte Objekte im Sinne des Übergangsobjekts (…), aber auch der Symbolhaftigkeit unbelebter Objekte“* und empfiehlt, *„primär eine Atmosphäre für eine positive Übertragungssituation zu fördern“. (a.a.O., S. 78)*

Erst auf dieser Grundlage wird es den PatientInnen mit den ›frühen Störungen‹ später möglich, negative Übertragungsgefühle der Therapeutin oder den MitpatientInnen gegenüber wahrzunehmen und zu äußern.

Die Therapeutin verhält sich also zu Beginn der Therapie annehmend und gewährend, um eine vertrauensvolle Beziehung aufzubauen, insbesondere bei den PatientInnen, die frühe Traumata erlebt haben oder nur mangelndes Urvertrauen entwickeln konnten. Dieses Verhalten soll nicht verwechseln werden mit unreflektiertem Verwöhnen oder Gewähren. Ein ausreichendes Maß an Klarheit und Grenzsetzung muß den Rahmen geben für die therapeutische Arbeit.

Im Verlauf der Therapie ist dann zunehmend mehr dosierte Frustration möglich und nötig, um den PatientInnen die Ablösung, Abgrenzung, Bildung einer eigenen Identität zu ermöglichen. Das geschieht immer wieder auf der Ebene der KBT über ein aufmerksames Anspüren von Körpersensationen.

Becker hält die Konzentrative Bewegungstherapie für ein notwendiges Behandlungsinstrument in der klinischen Behandlung von ›Frühstörungen‹, von PatientInnen mit Schwierigkeiten im verbalen Ausdruck, aber auch für PatientInnen, die die intellektualisierende Sprache als Abwehr benutzen. Er sieht vor allem eine Indikation für die Anfangsphase der Therapie, die dann in einer analytischen Behandlung fortgesetzt werden sollte.

Hier ist die Entwicklung inzwischen deutlich weitergegangen. Die KBT hat sich als klinische Behandlung, in der Regel in Kombination mit analytisch orientierter Therapie bewährt, sie ist nicht nur in der Initialphase hilfreich, sondern ermöglicht PatientInnen während der gesamten Behandlung, ihre unbewußten Konflikte zu erkennen und neue Handlungsmöglichkeiten zu erproben.

## 2.8 Die Bedeutung der Säuglingsforschung für das Entwicklungsmodell der KBT

Die Bedeutung der Säuglingsforschung und den Wandel der Sichtweise des Säuglings vom autistischen zum kompetenten und ihre Konsequenzen für die Konzentrative Bewegungstherapie hat Grothe (1991) beschrieben. Hier interessieren vor allen zwei Aspekte:

1. die Kompetenz in der Sinneswahrnehmung,
2. die Entwicklung von Bezogenheit, Beziehung und Bindung.

Bezieht sich Becker noch auf die entwicklungspsychologischen Phasen nach Erikson und Mahler, die lange Zeit Bezugssystem für körpertherapeutische Interventionen waren, so ist durch die Arbeiten der Säuglingsforscher wie Lichtenberg und Stern eine Änderung des Blickwinkels auch für die KBT möglich geworden. Grothe nannte seinen Artikel „Weder Autismus noch Symbiose“ (1991) und beschreibt damit den grundlegenden Wandel in der entwicklungspsychologischen Anschauung der ersten Lebensmonate und -jahre.

Stern geht davon aus (1994), daß das menschliche Neugeborene nicht ein passives Reflexbündel sondern ein kompetenter Säugling (Dornes, 1995) ist, der von Geburt an aktiv mit seiner Umwelt in Kontakt tritt. Der Säugling hat eine Grundausstattung, die sowohl Bezogenheit als auch Neugier und eine gewisse Unabhängigkeit umfaßt.

### 2.8.1 Entwicklungsthemen in den ersten drei Lebensjahren

Grothe unterscheidet nach Sander sieben Entwicklungsthemen, die zwischen Kind und Mutter beziehungsweise Vater in den ersten drei Lebensjahren ausgehandelt werden müssen.

1. Grundregulation (0–3 Monate):
   Mutter und Kind handeln in wechselseitiger Abhängigkeit. Bei einer gelungenen Begegnung erfährt das Kind die Basis für Grundvertrauen. Schon in dieser Zeit kann der Säugling für kurze Momente, wenn seine Grundbedürfnisse gestillt sind, mit sich sein in Anwesenheit der Mutter und sein eigenes personales Leben entdecken. Kann dieses Vertrauen nicht entstehen, sondern ist Kontrolle vorherrschend, so ist die Grundregulation gestört, wie es später bei manchen psychosomatischen PatientInnen auftaucht.

   Stern nennt die Einstimmung von Säugling und Mutter aufeinander ›affect attunement‹ (Affekt-Einstimmung).

2. Gegenseitige Aktivierung (3.–6. Monat):
   Nach Stern steht in dieser Phase der Blickkontakt und die freudige Begegnung im Vordergrund. Grothe definiert mit Blick auf den alten Begriff der Symbiose hier neu: *„Ein ›symbiotisches‹ oder ›paradiesisches‹ Glück besteht nicht in der wunschlosen Geborgenheit, sondern im aktiven Austausch mit einem Partner, im Verschmelzen zweier Blicke". (Grothe, a.a.O., S. 25)*

   Da der Säugling nur kurz die Aufmerksamkeit halten kann, kann der Dialog entgleisen, wenn das ›Abschaltbedürfnis‹ (Grothe) nicht erkannt und beachtet wird.

3. Initiative (7.–9. Monat):
   Das Kind beginnt mit der Weg- und wieder Hinbewegung zur Mutter, was bei ihr ambivalente Gefühle weckt. Das Kind kann seine Eigeninitiative wahrnehmen oder von der Mutter daran gehindert werden.

4. Fokalisierung (10.–15. Monat):
   Das Kind löst sich zunehmend und fordert von der Mutter, zeigt aber gleichzeitig auch Fremdenangst. Hier ist die Kunst der Mutter, dem Kind nicht nur Wünsche zu erfüllen, sondern auch Grenzen zu setzen.

5. Selbstbestätigung (14.–18. Monat):
   Das Kind kann jetzt laufen und Raum erobern, Ich und Nein sagen. Durch die motorische Aktivität kann es sich selbst entfernen, bedarf aber immer wieder noch der Spiegelung durch die Mutter.

6. und 7. Erkennen und Kontinuität und Selbstkonstanz (18.–36. Monat):
   Zwischen schützender Geborgenheit und grenzensprengender Aktivität lernt das Kind hin und her zu pendeln. Beschreibt Mahler die Bewegung zur Mutter hin als ›Auftanken‹, so betont Sander (nach Grothe), daß das Kind auch seine inneren Wahrnehmungen (sprachlich) mitteilen möchte und spricht von ›shared awareness‹ (geteiltes Gewahrsein).

   *„Durch die von der Mutter geteilte Wahrnehmung der inneren Gefühle wird erstmals eine Selbstwahrnehmung und die Wahrnehmung eines selbstorganisierenden Kerns im eigenen Inneren möglich. Damit wird die Grundlage für ein Gefühl von Kontinuität gelegt, d.h. das Kind kann sich mit diesem geteilten ›Ur-Wissen‹ wieder der weiteren Umwelt zuwenden.“ (Grothe a.a.O., S. 27)*

## 2.8.2 Bedeutung für die KBT

Shared awareness und affect attunement sind Begriffe, die den Übergang von körperlichem Verhalten und Erleben zu reflektierendem Bewußtsein in seiner zwischenmenschlichen Bezogenheit beschreiben.

*„Nur das an inneren Befindlichkeiten und Zuständen der Frühgeschichte gewinnt Wirklichkeit, was gezeigt und gespiegelt, mitgeteilt und geteilt, wahrgenommen und für wahr genommen wurde. Affektive Reaktionen und Reaktionen des autonomen Nervensystems werden dadurch, daß die Mutter sie erfaßt und versteht, benennt und auf sie eingeht, allmählich zu Gefühlen (…) Das Gefühl, nicht wirklich, nicht lebendig zu sein, das wir bei manchen Patienten finden, hat seine Ursache in fehlender ›shared awareness‹. Etwas hat keine Resonanz gefunden.“(L. Köhler in Grothe, a.a.O., S. 28)*

Hier ist zu den bisherigen Überlegungen zur Entwicklung von Gefühlen beim Einzelnen und die Bedeutung der Affekte für die Beziehung der elementar wichtige Aspekt der Entwicklung von Bezogenheit in der frühen Kindheit hinzugekommen. Menschenkinder sind als Neugeborene ›physiologische Frühgeburten‹, sie können nicht alleine überleben. So haben sie evolutionär eine Grundausstattung an sozialen Kompetenzen mitbekommen, die ihr Überleben sichert und die eine Entwicklung in der Beziehung ermöglicht.

Für die therapeutische Beziehung in der KBT bedeutet das auch, daß diese Fähigkeiten des *affect attunement* und der *shared awareness* therapeutische Qualitäten beschreiben, die für eine Umwandlung alter krankmachender Verknüpfungen von Wahrnehmung und Bedeutung Voraussetzung sind.

Im therapeutischen Umgang der KBT läßt sich das affect attunement am ehesten mit einer gemeinsamen Suchbewegung nach der Bedeutung von Wahrnehmungen beschreiben und als Haltung der klassischen Deutung im analytischen Sinn gegenüberstellen, die ein Wissen über den anderen impliziert.

## 2.9 Leiblichkeit und Sprache. E. Schmidts Ansatz der Symbolischen Transformation nach Langer

In Beckers Entwurf der analytischen Grundlagen für die therapeutische Bedeutung der Leibwahrnehmung sind verbaler und Handlungsteil in der KBT noch sehr stark getrennt. Ich verstehe die KBT als ganzheitliches Verfahren, wie es schon Stolze, auf Weizsäckers Gestaltkreis aufbauend, nahelegte. Die neue neurobiologische Forschung zur Architektur und Arbeitsweise des Gehirns ermöglicht, Wahrnehmen, Empfinden, Denken und Handeln als ineinanderwirkende, leiblich verankerte Tätigkeiten zu beschreiben.

Evelyn Schmidt (1994) hat diese Überlegungen auf erkenntnistheoretischer Ebene fortgeführt. Sie bezieht sich auf die philosophische Theorie von Suzanne Langer (1984), die mit dem Begriff der symbolischen Transformation Sprechen und Bewegen als Möglichkeiten des Menschen, sich schöpferisch mit der Welt auseinanderzusetzen, erfaßt.

### 2.9.1 Symbolische Transformation

Langer versteht den Menschen als schöpferischen, der sich und seine Umwelt beständig erschafft. Diesen Schaffensprozeß nennt sie Symbolisierung, die mathematischer, praktischer oder mystischer Art sein kann.

*„Die Bildung von Symbolen ist eine ebenso ursprüngliche Tätigkeit des Menschen wie Essen, Schauen oder sich Bewegen. Sie ist der fundamentale, niemals stillstehende Prozeß des Geistes.“ (Langer 1984, S. 48)*

*„Alle symbolischen Formen gründen auf der Fähigkeit des Menschen zur symbolischen Transformation, also der Fähigkeit, die im Kontext mit innerer und äußerer Welt entstehenden Sinnesreize in Formen, Gestalten umzuwandeln. Bereits Wahrnehmungsprozesse wie das Zuordnen etwa visueller Sinnesreize zu Formen beim Erkennen von Gegenständen begreift Langer als symbolische Formulierung, als Verwandlung von Sinnesdaten in Formen." (Schmidt 1994, S. 4)*

Sie sieht es als eine Besonderheit des Menschen an, Ideen ausdrücken zu können und zu wollen, sei es im Bereich der Kunst, des Rituals, im Lachen oder Weinen, in der Sprache, im Aberglauben, in der Wissenschaft. Die symbolische Transformation erlaubt es, aus dem Chaos der Sinneseindrücke zu wählen, zu sortieren und ihnen eine jeweils angemessene Form zu geben. Sprache ist eine mögliche Form, Gesten, Gefühlsausdruck, Bewegungen sind andere symbolische Formulierungen, die helfen, dem stetigen Fluß der Wahrnehmungen eine Gestalt zu geben.

Langer unterscheidet präsentative und diskursive Symbolisierung: Letztere ist zum Beispiel die Sprache, die in einem zeitlichen Nacheinander abläuft. Verschiedene Gedanken können nicht gleichzeitig ausgesprochen werden. Präsentativ ist die Symbolisierung durch ein Bild, durch eine Emotion, eine Phantasie. Alle Bestandteile werden gleichzeitig dargeboten und erfaßt. Das Schaffen von Skulpturen oder das Raumverständnis über den Gesichts- und Tastsinn sind Beispiele für präsentative Symbolisierung.

*„In einem Bild geht es um unendlich viele unterschiedliche Bezüge – Abstufungen, Schattierungen, Qualitäten – die nicht diskursiv in festgelegten Bedeutungseinheiten erfaßt werden können. Sie treten zu einer simultanen integralen Präsentation zusammen. Der diskursive Symbolismus hat dagegen eine klare Zuordnung von Begriff und Symbol. Das ist in der Sprache das Lautsymbol, kann aber auch anders erscheinen, wie etwa in der Mathematik oder Logik als mathematisches Symbol. Hier läßt sich ein ›Vokabular‹ aufstellen. Begriff und Bedeutung sind einander fest zugeordnet und diese Zuordnung hat Allgemeingültigkeit." (Schmidt a.a.O., S. 7)*

### 2.9.2 Bedeutung für die KBT

Vor diesem Hintergrund entwickelt Schmidt einen erkenntnistheoretischen Zugang zur KBT. Das Verständnis von Symbolisierung als die beständige und schöpferische Tätigkeit des Geistes bei Langer *„ermöglicht, die ganze Bandbreite* *unseres Handelns – von der sinnlichen Wahrnehmung über das gestisch-mimische Ausdrucksgeschehen bis zum Sprechen begrifflich zu fassen und als im Wesentlichen symbolisches Handeln bzw. symbolerzeugendes Handeln zu verstehen (…) Aus dieser Sicht erscheint die KBT als ein Gleiten durch verschiedene Formen des symbolischen Vorgangs oder auch in einigen Fällen, als ein Verweilen und Ausgestalten einer Form." (Schmidt a.a.O., S. 9)*

Also wird beispielsweise die Tastempfindung eines Gegenstandes schon als symbolischer Vorgang verstanden. Es wird nach dem inneren Bild gefragt, nach dem Bewegungserleben und auch nach Worten dafür. In der KBT wird die Möglichkeit eröffnet, die verschiedenen Ebenen miteinander zu verknüpfen. Wir ›werfen so gleichsam ein symbolisches Netz aus‹.

Haben wir bei Damasio (1994) gesehen, daß schon auf der neuronalen Ebene Verknüpfungen von Körpersensationen mit Sinneseindrücken und alten Vorstellungsbildern unser Empfinden und Denken gestalten, und haben wir bei Cserny (1989) die Notwendigkeit gesehen, in der (KBT-) therapeutischen Situation alte (ungünstige) Verknüpfungen wieder zu dissoziieren, so beschreibt Schmidt den nächsten Schritt, daß durch die Methode des aufmerksamen Hinspürens in der KBT neue Netze geknüpft werden können. Einen großen Teil der Erfahrung nehmen wir in Eindrücken, Bewegungen und Bildern auf. In einem fortlaufenden Prozeß der Formung werden *„Körper- und Umgebungseindrücke (…) aus den chaotischen fließenden Erfahrungsstrom herausgefiltert, oder vielmehr zu bestimmten Formen gestaltet." (Schmidt a.a.O., S. 10)*

Durch die Sprache wird diese Gestaltung kommunizierbar, verliert aber dabei einen Teil ihrer Einzigartigkeit. Geht der Prozeß auf der sprachlichen Ebene weiter, so kann nach einer Verdichtung durch das Benennen der Erfahrung dann wiederum eine Entfaltung in assoziativen Verknüpfungen angeregt werden. In der sprachlichen Symbolisierung wird ein mitteilbarer Sinn dargestellt. Schmidt weist darauf hin, daß manches aber auch nicht gesagt werden darf, *„nämlich dann, wenn die gesellschaftlichen Regeln eine Erfahrung verbieten und wenn ein Aussprechen ein gesellschaftliches Tabu verletzen würde. Hier kann ein Konflikt entstehen; eine Erfahrung findet keine Worte und bleibt außersprachlich. Sie ist damit in präsentativer Form weiter vorhanden und weiter wirksam, äußert sich vielleicht in Körper- oder Handlungssymptomen. Krankheitssymptome lassen sich so als präsentative Symbolschöpfungen verstehen." (a.a.O., S. 12)*

Im therapeutischen Prozeß geht es darum, zunächst eine Empfindung wahrzunehmen, ggf. ein Bild zu finden, Worte dafür zu finden und eventuell den sprachlichen Assoziationen zu folgen. Schmidt betont, daß dann der Prozeß der Neuorganisation auch auf der Ebene der Empfindungen angestoßen werden muß, damit sich eine neue körperliche Erfahrung bilden und einschreiben kann.

So erinnerte etwa eine Patientin, die jeden Berührungskontakt in der Gruppe ablehnte, daß sie als Kind viel geschlagen wurde, also Berührung nur in Verbindung mit Schmerz erlebte. Diese Entdeckung und die Trauer und Wut über das in der Kindheit Widerfahrene sind Schritte der ›Verdichtung‹, dann aber folgte in der KBT der nächste Schritt, neue sinnliche Berührungserfahrungen, zunächst mit Gegenständen zu machen und unterschiedliche Tastqualitäten zu erkunden. Im Anschluß an die Entdeckung, daß ein Sandsäckchen sich warm, weich und wohlig anfühlte, konnte sie erstmals wagen, die Hand eines Gruppenmitglieds zu fassen und zu spüren und so den Weg bahnen, daß es auch Berührung ohne Schmerz geben kann.

Diese Patientin machte so neue körperliche Erfahrungen, die sich in der Wiederholung einschreiben können. Die präsentative Symbolbildung in ihren berührungsablehnenden Verhalten wurde ihr bewußt und über den Weg neuer Berührungserfahrung heilsam verändert.

### 2.9.3 Leiblichkeit

*Die sinnliche Symbolisierung ist für die KBT die Ausgangsbasis, von der aus Sinnhaftigkeit gesucht wird. Schmidt beschreibt diesen Prozeß als Aneignungs- und Verwandlungsarbeit. Damit bekommt das Dückheimsche Wort vom ›Körper, den wir haben zum Leib, der wir sind‹, noch einen weiteren Hintergrund. Gerade in der therapeutischen Situation in der Klinik erleben wir Menschen mit ›frühen Störungen‹, für die der fundamentale Sinnbezug gestört ist. Sie nehmen die Welt und sich selbst funktional und ohne Sinn wahr. Sprache und Körper bleiben unverbunden, sie fühlen sich fremd und leer. Hier kann die KBT über den Ansatz der Sinneswahrnehmung beginnen, Selbstbeschreibungen zu finden, die dann als Metaphern für die Lebenssituation dienen:*

Eine Patientin wählt in der ersten Therapiestunde auf die Frage, welcher der Gegenstände so ist, wie sie sich zur Zeit fühlt, eine Holzkugel. Sie ertastet die Mahagonikugel eine Weile und hebt dann plötzlich die Hand mit der Kugel mit dem Impuls, sie zum Fenster rauszuwerfen, hält aber mit erhobener Hand erschrocken inne. Bewußt war ihr zur Wahl der Kugel ihre Ängstlichkeit und depressive Gestimmtheit eingefallen. Die Zuwendung zur Kugel brachte auf der Handlungsebene einen ihr (noch) nicht bewußten großen Ärger hervor, den sie sich nicht eingestehen konnte. Die Entdeckung und der Umgang mit ihrem Ärger wurden zum zentralen Thema ihrer relativ kurzen, aber erfolgreichen Therapie.

Die Holzkugel wurde so zur gemeinsamen Metapher von Patientin und Therapeutin für ihren festgehaltenen Ärger und gab damit den Weg frei, die depressive Symptomatik aufzulösen, in der der Ärger bisher symbolisiert war.

*„Mit anderen Worten, wenn wir uns auf der metaphorischen Ebene bewegen, können wir in erweiterte Sinnbezüge kommen. Wir können uns allerdings auch in diesen Sinnbezügen verirren: Die bildhaften oder sprachlichen Bedeutungen überlagern unsere ursprüngliche Wahrnehmung bis zur Unkenntlichkeit. In der therapeutischen Praxis finden wir dieses Phänomen in vielen neurotischen Körper- oder Verhaltenssymptomen. Hinter Lähmungen, Zwängen, Schmerzen, Phobien stehen oft komplexe Bedeutungszusammenhänge, magische oder mythische Symbolwelten, die das sinnlich-sinnhafte Erleben weitgehend außer Kraft setzen." (a.a.O., S. 15)*

Als spezifische Symbolisierungsformen in der KBT nennt Schmidt die sinnliche Wahrnehmung in Form von Körper-, Bewegungs- und Umgebungseindrücken, die inneren Bilder als Phantasien und Vorstellungen und die sprachliche Äußerung im Benennen, Begreifen und Erzählen. Die KBT als ein Verfahren, das den ganzen Menschen meint, muß Symbolisierungen in allen Formen ermöglichen.

*„Der Gewinn für den Patienten liegt bei einem Zuwachs seiner symbolischen Möglichkeiten in einer größeren Sicherheit und Unabhängigkeit von den Wechselfällen des Lebens. Er kann seine eigene Lebenssituation umfassend deuten und sie sich dadurch aneignen. Er ist stärker in der Welt beheimatet, weniger ausgesetzt."(a.a.O., S. 17)*

So komme ich hier noch einmal zu einer Beschreibung der Leiblichkeit :

*„Der Körper scheint durchzogen und umhüllt von symbolischem Gewebe (...) Der Körper, den ich habe, wird zum Leib, der ich bin, durch die Durchdringung der ›reinen‹ Körperlichkeit der physischen Existenz mit Symbolisierungen mit unterschiedlichem Abstraktionsniveau und unterschiedlicher Verdichtungsleistung." (a.a.O., S. 21)*

Der Leib mit seinen Symbolisierungen wird ständig geschaffen und überarbeitet, dieser Prozeß ist ein grundsätzlich kreativer menschlicher Akt, kein Abrufen von einmal festgelegten inneren Repräsentanzen. Auf diese Dynamik gründet die KBT ihr therapeutisches Handeln.

## 2.10 Leitlinien zum therapeutischen Ansatz der KBT

Ich fasse die vorangegangenen Überlegungen in vier Leitlinien zum therapeutischen Vorgehen in der Konzentrativen Bewegungstherapie zusammen.

1. Körperwahrnehmung
   KBT richtet die Aufmerksamkeit auf Körperempfindungen in Ruhe und Bewegung im Liegen, Sitzen, Stehen und Gehen.

2. Körpererleben
   Im Erleben des eigenen Körpers sowie im handelnden Umgang mit der Welt und den anderen Gruppenmitgliedern können alte Handlungsdialoge nachvollzogen werden und verdrängte, im Körper gespeicherte Gefühle und Erinnerungen bewußt werden.

3. Nonverbale Symbolisierung
   Über den Weg der sinnlichen Wahrnehmung von Gegenständen kann der Patient/die Patientin haptische Symbole, über die Wahrnehmung von Bewegungsabläufen und Gebärden Bewegungssymbole lebensgeschichtlich bedeutsamer Situationen finden.

4. Sprachliche Symbolisierung
   Durch das aufmerksame konzentrative Hinspüren werden Körpersensationen dem Bewußtsein zugänglich und können im therapeutischen Gespräch ihre sprachliche Form finden und so der verbalen Bearbeitung zugänglich gemacht werden. Es können aber auch neue körperliche Erfahrungen gemacht werden. Konzentrative Bewegungstherapie ermöglicht ein Gleiten durch verschiedene Symbolisierungsebenen: Körper, Bilder, Handlung und Worte.

# 3 Konzentrative Bewegungstherapie im stationären Rahmen

## 3.1 KBT als Gruppentherapie in der Klinik

Zur Illustration der Arbeitsweise, die sich aus den vorangegangenen Überlegungen ergibt, seien zunächst die idealtypischen Phasen einer klinischen Gruppenstunde dargestellt. Eine KBT-Gruppenstunde von 90 Minuten gliedert sich in vier oder fünf Abschnitte:

*1. Eingangsszene:* Mit Betreten des Gruppenraums, in dem keine feste Sitzordnung vorgegeben ist, konstelliert die Gruppe eine Eingangsszene, die als Bewegung im Raum gestaltet ist.

*2. Eingangsgespräch:* Die Therapeutin fragt aktiv nach aktuellen Anliegen, nach der Befindlichkeit der PatientInnen oder einer der PatientInnen spricht sein Thema für diese Stunde an. Die Therapeutin führt das therapeutische Gespräch so lange, bis sie auf Grund ihres Verständnisses des aktuellen Gruppenthemas, ihrer körperlichen Empfindungen und Gegenübertragungsgefühle ein KBT-Angebot formuliert.

*3. KBT-Angebot:* Die Therapeutin formuliert ein Wahrnehmungs- oder Bewegungsangebot mit Aufforderungscharakter. Die PatientInnen lassen sich auf ihre je persönliche Weise darauf ein und beginnen, in dem Zustand ›konzentrativer Wachheit‹ zu spüren, was sie beim jeweiligen Tun körperlich wahrnehmen, empfinden, fühlen, erinnern.

*4. Therapeutisches Gespräch:* Z. T. während aber hauptsächlich nach Abschluß des Angebotsteils werden die Erfahrungen in Worte gefaßt. Bei der Benennung des Erlebten klarifiziert die Therapeutin durch präzisierende Fragen nach dem ›wie und wo im Körper‹ der Erfahrungen. Sie kann auch konfrontieren durch die Mitteilung ihrer Wahrnehmung, wenn diese von der der PatientInnen abweicht. Zu Beginn der Therapie ist das Gespräch eher dual und leiterzentriert, im Laufe der Gruppenentwicklung fördert die Therapeutin das Gespräch der Gruppenmitglieder untereinander. Das Gespräch ist immer fokussiert auf die je konkrete Körpererfahrung. Der Zusammenhang mit aktuellen Konflikten oder lebensgeschichtlich bedeutsamen Erfahrungen wird hergestellt. Alle PatientInnen sollen die Möglichkeit haben, ihre Erfahrungen des Angebotsteils zu ›versprachlichen‹.

5. *Neues KBT-Angebot:* Das verbale Durcharbeiten kann durch ein neues Erfahrungsangebot abgelöst werden, mit dem die Gruppenleiterin ihre Deutung der jeweiligen Gruppensituation durch eine Transformation in den Bewegungsraum gibt.

Schmidt (1999) nennt vier spezifische Elemente der KBT-Gruppentherapie: die Rolle der Gruppenleiterin, die Betonung der körperlichen Dimension von Erfahrung, den Umgang der PatientInnen mit sich und den anderen und den Ebenenwechsel zwischen Leiblichem und Verbalem.

## 3.2 Die Rolle der Gruppenleiterin

Konzentrative Bewegungstherapie ist ein leiterzentriertes Verfahren in dem Sinne, daß die Entwicklung und Formulierung des KBT-Angebots, d.h. die Deutung der jeweiligen Gruppensituation und ihre Übersetzung in ein Wahrnehmungs- und Bewegungsthema, zentrales Gestaltungselement der Stunde ist. Dem Übungsvorschlag können die GruppenteilnehmerInnen folgen oder nicht.

Die Therapeutin läßt sich in der Gestaltung des Angebots von der Gruppe leiten: ein Angebot, das nicht ›paßt‹, wird von der Gruppe abgelehnt. Passen ist hier gemeint im Sinne des Unterschieds, der Unterschiede macht (Watzlawick, 1977): Die Bewegungsdeutung muß zum rechten Zeitpunkt kommen, ein Minimum an Neugier wecken, einen Schritt in die Abwehr hineinführen, den Weg in gefürchtete Regionen öffnen, ohne zu viel Angst zu erzeugen. Die Verweigerung einer Gruppe, sich auf ein Angebot einzulassen, kann ein Widerstand in der Beziehung zur Therapeutin sein, häufig ist sie jedoch ein Ausdruck einer zu großen Ängstigung durch die erwarteten oder befürchten Körpererfahrungen.

Die Gestaltung des Angebots kann variieren zwischen sehr frei und stark strukturiert. Je autonomer eine Gruppe ist, um so freier können die Angebote sein. Ein Satz kann die Gruppe in eine Erfahrungsphase von einer Zeitstunde hineinführen. Je mehr strukturelle Störungen vorliegen, um so mehr ist eine verbale Begleitung des Bewegungsgeschehens nötig.

Das Ausmaß an Strukturierung hängt weiterhin von der intendierten Ebene der Körpererfahrung ab: Arbeit am Körperschema, an der Wahrnehmung des Körpers in seiner muskulären, knöchernen und Bewegungsgestalt wird eher strukturiert angeleitet. Steht das Körpererleben in seinen zwischenmenschlichen und biographischen Anteilen im Vordergrund, so ist die freie Bewegungsassoziation Mittel der Wahl.

Die Therapeutin bewegt sich innerlich mit – sie spürt durch die Wahrnehmung der eigenen Leiblichkeit, ihrer Empfindungen und Gefühle die aktuelle Beziehungs- und Übertragungssituation auf. Die KBT-Therapeutin hat auch die Möglichkeit, sich im Bewegungsvollzug der Gruppe mitzubewegen, in einen Körperdialog mit der Gruppe einzutreten. In welchem Ausmaß das hilfreich ist, hängt wiederum vom Entwicklungsstand der Gruppe ab. Sie stellt sich somit bei Gelegenheit als leibhaftes Gegenüber zur Verfügung. Die Methodik und das Handwerkzeug hat z.B. Gräff (1983) dargestellt.

### 3.2.1 Die körperliche Dimension von Erfahrung

*„In einer KBT-Gruppe geht es wie in anderen Gruppen auch um die Beziehungserfahrungen der Teilnehmer untereinander. Die andernorts zu erlebende Gruppendynamik spielt hier gleichermaßen eine Rolle. Anders ist, daß diese Beziehungen durch die Betonung der Leiblichkeit, der körperlichen Präsenz und Sichtbarkeit beeinflußt sind. Beziehungen werden z. B. durch die Gestaltung der räumlichen Nähe und Distanz deutlich". (Schmidt 1999)*

In Patientengruppen wird zu Beginn vielfach die Angst geäußert, daß durch die Aufmerksamkeit, die der Körper bekommt, die Anderen oder die Therapeutin etwas sehen, was nicht gezeigt werden soll. Die befürchtete Aufdeckung von unbewußten Inhalten, die sich in der Bewegung ›verraten‹, führt zu einem Rückzug, der sich durch die Erfahrung der ersten Gruppenstunden in freundliche Neugier verwandeln kann. Therapeutische Interventionen sind in dieser Phase eher von Ermutigung und Verständnis geprägt.

Als Vorteil der Verkörperung beschreibt Schmidt die Möglichkeit spielerischen Ausprobierens: Die Therapeutin kann zu Experimenten anregen, etwa einen Platz im Raum auszuprobieren, sich den Platz mit Gegenständen abzugrenzen und so im Spiel den eigenen Raum sichtbar zu machen. Das Spiel erleichtert einerseits ein unbefangenes Ausprobieren („es ist ja nur Spiel"), andererseits können ich-syntone pathologische Verhaltens- und Anschauungsweisen sichtbar und in Frage gestellt werden, zu ich-dystonen Anschauungen werden.

Auf diese Weise werden in der KBT-Gruppe Phantasien über Beziehungen zu anderen oder zum eigenen Körper konfrontiert mit der realen leibhaftigen Erfahrung in der Gruppenstunde. In einem nächsten Schritt können neue, befriedigendere Möglichkeiten der Beziehungsgestaltung nicht nur phantasiert sondern auch erprobt werden.

### 3.2.2 Der Umgang der PatientInnen mit sich und anderen

Während in der Gesprächsgruppe die verbale Auseinandersetzung der Gruppenmitglieder untereinander und zur Therapeutin im Mittelpunkt steht, kommt bei der KBT-Gruppe als weiteres zentrales Element der Umgang mit dem eigenen Körper in der Gruppe hinzu. Die Selbstbezogenheit wird durch die Intervention des Augenschließens gefördert. Jedes Gruppenmitglied hat so die Möglichkeit, sich seinen eigenen Empfindungen, Gefühlen, Gedanken, Erinnerungen und Bildern zuzuwenden, und wird dabei sprachlich von der Therapeutin begleitet.

Die Anwesenheit der Gruppe gewährt für diesen inneren Erforschungsprozeß einen Rahmen, der vielfach als Sicherheit erlebt wird. Man ist nicht allein der Therapeutin ausgeliefert, die Gruppe gewährleistet Schutz vor befürchteten Übergriffen oder vor Verlorenheitsgefühlen.

Mit sich allein zu sein in Anwesenheit anderer ist eine Erfahrung, die im Sinne des Übergangsraums von Winnicott (1973) eine Grundlage der Kreativität und der Symbolbildung liefert. Die Möglichkeiten des Alleinseins, des Mit-sich-seins, ohne die Angst vor Verlassenheit gleichzeitig bewältigen zu müssen, die im Spiel des Kleinkinds miteinander verbunden sind, können in der KBT-Gruppe wieder oder neu entdeckt werden. Diese Fähigkeit gibt Sicherheit und Ich-Stärkung. Ein Spielraum wird neu gewonnen.

*„Und in der Bewegungstherapie haben wir die Möglichkeit, diesen Spielraum als sich allmählich erweiternden Freiheitsraum konkret zu gestalten. Das heißt aber, daß eine psychotherapeutische Bewegungstherapie danach verlangt, die Zwei-Personen-Beziehung: Patient–Therapeut auszudehnen auf die Mehr-Personen Beziehung einer Gruppe. Bewegungstherapie, so wie wir sie verstehen, ist*

*ihrem Wesen nach also eine gruppenpsychotherapeutische Methode. Denn hauptsächlich im Feld der Gruppe kann jenes Erproben und Vergleichen stattfinden, durch das vom einzelnen Patienten in allmählicher Überwindung der neurotischen Fixierung die Möglichkeit zurückgewonnen wird, zu wählen und zu entscheiden.“ (Stolze 1972, S. 79)*

Auf der Basis einer derart sicheren Beziehung zu sich selbst kann in der Gruppe der Kontakt mit den Anderen gestaltet werden. Hierhin gehören Angebote der Therapeutin, Erfahrungen mit einem Anderen zu machen, zum Beispiel räumlich die stimmige Nähe bzw. Distanz durch Schritte aufeinander zu und voneinander weg zu erproben. Der Kontakt durch Bewegung, Spiel, vermittelt über Gegenstände (wie Seil, Stab oder Ball) und zunächst ohne Worte erfordert doppelte Aufmerksamkeit – sich der eigenen Empfindungen und des Gegenübers gewahr zu werden. Die verbale Reflexion ermöglicht ein Feedback, das Einsichten fördern und Beziehungsphantasien korrigieren kann.

### 3.2.3 Der Ebenenwechsel zwischen Leiblichem und Verbalem

In der KBT-Gruppe geschieht die Zuwendung zum Leiblichen durch die Methode des ›Spürens‹, womit ein besonderer Bewußtseinszustand konzentrativer Aufmerksamkeit gemeint ist.

*„Es läßt sich beschreiben als ein Eintauchen in einen Erfahrungsstrom, eine Selbstbegegnung auf der Ebene von bildhaften Vorstellungen und Empfindungen, eine Art wacher Körpertraum“. (Schmidt 1999)*

In der Entwicklung der klinischen Arbeit mit der Konzentrativen Bewegungstherapie wurde deutlich, daß diese Erfahrungen versprachlicht werden müssen, so weit das möglich ist. Nur dann kann der leibliche Prozeß zu neuen Einsichten führen und therapeutisch hilfreich werden. Kathartische Erlebnisse sind auch auf der non-verbalen Ebene möglich, die reflektierende Verarbeitung braucht das Gespräch.

In der integrativen Zusammenarbeit auf der psychotherapeutischen Station werden die Erfahrungen der KBT-Stunde oft auch in den folgenden Therapiestunden im Einzel- oder Gruppengespräch weiter durchgearbeitet und führt so in einem größeren Bogen zu neuen Erkenntnissen, die dann in die KBT-Gruppe zurückfließen.

## 3.3 Phasen des KBT-Gruppenprozesses

Die Prozeßforschung hat für die analytische Gruppentherapie Phasenmodelle aufgestellt und empirisch überprüft (z.B. Tschuschke, 1993). Soweit als allgemeine Gesetzmäßigkeiten von Therapie-Gruppenverläufen angesprochen sind, läßt sich vermuten, daß diese Gesetzmäßigkeiten auch in KBT-Gruppen wirksam werden.

Hochgerner (1995a) hat ein Modell des Gruppenprozesses für klinische KBT-Gruppen vorgestellt, in dem er vier Phasen des Gruppenprozesses unterscheidet: Vertrauen, Regression, Progression und Abschied.

### 3.3.1 Erste Phase: Vertrauen

Der Beginn der Behandlung ist einerseits von Skepsis gegenüber der unbekannten körperorientierten Therapie gekennzeichnet. Andererseits ist durch das Erstgespräch schon eine Beziehung zur Therapeutin entstanden, in der sich die PatientInnen nach ihren Möglichkeiten geöffnet haben, persönliche Erlebnisse oder Gefühle mitgeteilt haben, über die sie noch nie oder selten gesprochen haben. In der ersten Gruppenstunde kann sich zeigen, wie weit eine Bereitschaft da ist, sich auf das Wagnis des Neuen einzulassen. Zu Beginn der Behandlung muß ein Gruppenklima geschaffen werden, das ein Gefühl von Akzeptanz und Aufgehobenheit vermittelt. Durch eine wohlwollende therapeutische Haltung werden Beziehungsaufnahmen gefördert. Die PatientInnen kommen in die KBT-Gruppe mit ihren persönlichen Überzeugungen über Pathogenese und Bedeutung ihrer Symptomatik. Sie brauchen in der Anfangsphase einerseits Verständnis für ihr Leiden, andererseits werden sie mit neuem und anderem Selbst- und Symptomverständnis durch Therapeutin und Gruppe konfrontiert. Das kann (und soll) zunächst zu einer Verunsicherung führen, die dann fruchtbar werden kann, wenn ein grundsätzliches Vertrauen in die Therapie aufgebaut werden kann.

### 3.3.2 Zweite Phase: Regression

In der Phase der Regression ist ein Anvertrauen verbunden mit Idealisierung und Übergabe der Verantwortung an die Gruppenleiterin. Hier wird ›gespürt‹, frühere leibliche Zustände wiederbelebt, Phasen der Kindheitsentwicklung noch mal eingefühlt. Diese Phase ist gekennzeichnet durch Arbeit an den ›Problemen‹: Durch körpernahe Angebote, z.B. beim gründlichen Spüren des Körperschemas/Körperbildes werden negative Körperbesetzungen, abgespaltenen Körperwahrnehmungen erstmals wieder bewußt. Dies geht oft einher mit schmerzlichen Erfahrungen und unter großer affektiver Beteiligung, Wut auf das Mißglückte, Trauer um Vergangenes prägen diese Phase des Gruppenprozesses.

In dieser Phase wird die pathologische Verstrickung in frühe Interaktionsmuster sichtbar und spürbar, die Ursprungsfamilie wird reinszeniert. Negative Körper-, Selbst- und Objektrepräsentanzen werden allmählich oder kathartisch umgestimmt. Diese Phase kann bis in eine Krise etwa in der Behandlungsmitte hineinführen, in der die nun bewußt gewordenen negativen Beziehungsmuster im subjektiven Erleben zu einer Verschlechterung führen. Die Schmerzen werden gefühlt, die negativen Affekte wahrgenommen, ohne daß die psychosomatische Symptomatik sich schon aufgelöst hat.

Dies ist auch eine Phase, in der Körperwahrnehmung neu gelernt wird, in der die Dissoziation von Wahrnehmung und Phantasie oder Erinnerung geprobt wird (vgl. Cserny 1989), in der ein präzises Beschreiben der gerade erlebten Körperphänomene geübt wird. Die therapeutische Haltung ist jetzt geprägt von geduldigem Klarifizieren und konfrontierendem Nachfragen. Halt und Widerstand, Begleitung und Übertragungsfigur – in diesem Spannungfeld bewegt sich die Therapeutin.

### 3.3.3 Dritte Phase: Progression

Durch die Krise hindurch geht dann der Prozeß des Aufbaus, Neues wagen, alte Lasten ablegen kennzeichnen den dritten Teil des stationären Prozesses. Es geht jetzt um die verbesserte Gestaltung der sozialen Beziehungen, des Stationsalltags sowie des Umgangs mit dem familiären Umfeld.

Die Progressionsphase ermöglicht den PatientInnen korrigierende Erfahrungen im Leiblichen sowie in der Gruppe auf interpersoneller Ebene. Sie erproben Veränderungen in ihrer Beziehungsgestaltung zu sich und den Anderen. Das oft überstrenge Ideal-Selbst kann korrigiert und das Real-Selbst mehr akzeptiert werden. KBT-Angebote in dieser Phase fokussieren auf die Begegnung mit einem oder mehreren anderen, zum Beispiel mit den Themen: geben und nehmen, öffnen und verschließen.

In positiv verlaufenden Therapien wird es den PatientInnen möglich, in der KBT-Gruppe positive Körper- und Beziehungserfahrungen zu machen und diese auf den Stationsalltag und ihr familiäres Umfeld zu übertragen. Bei negativen Verläufen gelingt dieser Sprung vom Leid am eigenen Schicksal zur aktiven Veränderung der Einstellungen und Verhaltensweisen nicht in dem Maße.

### 3.3.4 Vierte Phase: Abschied

Diese Phase der Progression geht über in die Phase des Abschieds, in der resümiert wird, die Trennung thematisiert und bearbeitet wird. Diese Zeit geht klinisch gelegentlich einher mit einem Wiederauftauchen der Symptomatik.

Im Gruppenprozeß geht es jetzt um Themen wie Trennung, Loslassen, Hergeben, sich wieder Annähern und Verabschieden. Es werden Ambivalenzen erlebbar, aber auch aktive Gestaltungsprozesse wie Wählen, Entscheiden, Verantwortung für das eigene Handeln übernehmen. Von besonderer Bedeutung für viele PatientInnen, deren Biographie durch frühe Trennungstraumata gekennzeichnet wird, ist jetzt die Gestaltung des Abschieds in einer verträglichen Form. Sie können die Erfahrung machen, daß Abschied schmerzhaft ist, aber nicht traumatisch sein muß. In der KBT-Gruppe wird der Abschied ›rituell‹ gestaltet: der Patient darf sich für diese Stunde etwas wünschen, was er noch braucht in seiner letzten Gruppenstunde. Die Wünsche sind unterschiedlich wie die PatientInnen. Wichtig ist, daß hier ein Gestaltungsspielraum bereitgestellt wird, in dem die eigene Kompetenz spürbar werden kann.

Diese Skizze der Phasen eines KBT-Gruppenverlaufs ist als Modell zu verstehen, an dem sich das Verständnis und der Umgang mit dem Einzelnen orientiert. Da die klinischen Gruppen in der Regel halb offene Gruppen sind, kann die Therapeutin nur jeweils für das einzelne Gruppenmitglied lokalisieren, in welcher der Phasen es sich bewegt, die Gesamtgruppe bietet ein gemischtes Bild aller Phasen. Die Wahl der Angebots und der Ebene der körpertherapeutischen Intervention muß von daher sorgsam austariert werden. Der verbale Dialog mit den PatientInnen in der Anfangsphase unterscheidet sich von dem der letzten Stunde.

Die Phaseneinteilung für klinische KBT-Gruppen hat Hochgerner einerseits aus der klinischen Erfahrung entwickelt, andererseits orientiert sie sich an den Ergebnissen der Psychotherapieforschung über Gruppenprozesse in der stationären Psychotherapie sowie der Theorie von Gruppenprozessen in analytischen Gruppen (z. B. Fürstenau 1992).

# 4 Empirische Ergebnisse

## 4.1 Empirische Ergebnisse zur KBT

Da die KBT eine Therapiemethode ist, die aus der Praxis entwickelt und weitergegeben wurde (Gindler 1926, Goldberg 1984, Gräff 1983), und die sich außerhalb von Hochschul-Instituten und z.T. auch in Opposition zu ihnen entwickelte, ist die Dokumentation und empirische Forschung erst sehr spät in die Aufmerksamkeit der Therapeutinnen gerückt. Auch ist die KBT eine Entwicklung im deutschsprachigen Raum, sie ist in psychosomatischen und psychotherapeutischen Kliniken verbreitet, sie hat keine angloamerikanischen Wurzeln wie andere körpertherapeutische Verfahren.

In den 60er und 70er Jahren war die persönliche Mitteilung, in den 80er Jahren der Fallbericht mit einer ausführlichen Schilderung des KBT-Angebots und des Behandlungsprozesses die zentrale Methode der Präsentation. (Lechler 1985, Koch 1986, Budjuhn 1987, Gräff 1988, Döhnisch-Seidel 1989, Schmidt 1989, Mattke & Schreiber-Willnow 1988, Heuer & Schurmann-Walker 1990, Eimler 1991, Schwarze 1991, Rother 1992, Gierden-Charura 1994, Lechler 1996, Hochgerner 1996, Knoff 1998).

Konzepte für spezielle Krankheitsbilder wurden entwickelt und veröffentlicht (Urban 1988, Kluck-Puttendörfer 1994, Carl 1995, Werner 1998).

Einen Überblick über empirische Forschung zur KBT haben Cserny, Hochgerner und Pokorny (1995) zusammengestellt.

Meyer konnte 1961 zeigen, daß die Zuwendung der Aufmerksamkeit zu einem bestimmten Körperabschnitt mit einer Veränderung der Eigenreflexe einhergeht. Im Elektromyogramm konnte unter Zuwendung zu einer Extremität eine ›Tonisierung‹ gefunden werden. Er interpretiert die „Reflexsteigerungen in den Entspannungsübungen nach Elsa Gindler (als) gesteigerte Aktionsbereitschaft durch Intensivierung des Körperraumbildes“ (Meyer in Stolze 1984).

Ermann und Lermer (1977) verglichen Weiterbildungsgruppen (Psychodrama, psychoanalytische Selbsterfahrungsgruppe, Balint-Gruppe, KBT und autogenes

Training ) mit dem Stuttgarter Bogen. TeilnehmerInnen von KBT-Gruppen gaben signifikant höhere Werte auf der Aktivitätsskala an als TeilnehmerInnnen an analytischen Selbsterfahrungsgruppen, während die Unterschiede in den Dimensionen Reaktive Emotionalität und Selbststärke gering waren.

Badura-MacLean und Stolze (1981) setzten den Stuttgarter Bogen in KBT-Gruppen ein und fanden höhere Werte in allen drei Dimensionen (Aktivität, Reaktive Emotionalität und Selbststärke) im Vergleich zu analytischen Selbsterfahrungsgruppen.

Carl u.a. (1985) untersuchten an der Freiburger Universitäts-Klinik gruppendynamische Prozesse in der kombinierten Behandlung von KBT und Analytischer Gruppentherapie. Sie konnten die Kontinuität und Komplementarität des Gruppenprozesses nachweisen und damit den engen Zusammenhang von verbaler und körperorientierter Therapie zeigen, wobei Phänomene zuerst in der KBT-Gruppe auftauchten und dann in der analytischen Gruppe weiter bearbeitet wurden.

Seidler (1995) stellt mit dem GEB-KBT ein Instrument zur Untersuchung des Gruppenerlebens in KBT-Gruppen vor, das den GEB (Eckert 1996) um methodenspezifische Items erweitert. Faktorenanalytisch wurden sechs Dimensionen des Gruppenerlebens identifiziert, die sowohl allgemeine als auch verfahrensspezifische Erfahrungsbereiche abbilden.(s.u.)

Cserny u.a.(1995) berichten über zwei Katamnesestudien zur Effektivität und Effizienz in der Psychosomatik mit gleichsinnigen Ergebnissen zur KBT: PatientInnen schätzen die KBT als effektivsten Teil des therapeutischen Angebot. Bei der subjektiven Therapiebeurteilung wird KBT an erster Stelle als verantwortlich für die Besserung beschrieben: Gathmann (1990) findet diese Ergebnisse in einer Follow up-Studie 4,5 Jahre nach Klinikaufenthalt, Senf (1988) in einer Follow up-Studie zwei Jahre nach Aufenthalt.

Carl (1995) hat in einer Pilotstudie mit einem Fremdbeurteilungsbogen die Effektivität von KBT-Einzelbehandlungen bei magersüchtigen Patientinnen untersucht und fand einen positiven Zusammenhang zwischen befriedigender therapeutischer Beziehung, der Verbesserung des Verhältnisses zum Körper und der Gewichtszunahme.

Hamacher-Erbguth (1991) untersucht in ihrer Diplom-Arbeit das Körpererleben in der KBT. Mit einem qualitativen Forschungsansatz (Leitfadeninterviev mit narrativen Passagen) fand sie, daß die TeilnehmerInnen mit Hilfe der Konzentrativen Bewegungstherapie lebensgeschichtlich frühe Erfahrungen erinnern und durcharbeiten konnten. Sie beschrieben Zusammenhänge zwischen dem Gruppenerleben und der aktuellen Lebenssituation.

Völz (1992) untersucht in ihrer Diplom-Arbeit in einer Pilotstudie die Wirkungsweise der KBT bei neun TeilnehmerInnen einer studentischen Selbsterfahrungsgruppe mit Fragebogen und Leitfadeninterview:

*„Bei allen Teilnehmern war verstärkte Körperwahrnehmung möglich, die Körperakzeptanz und Integration des Körpers im Selbsterleben nahm zu, es kam zu Muskeltonusregulierungen, die als Entspannung empfunden wurden. Bei allen Teilnehmern kam es zum Wiedererleben lebensgeschichtlicher Ereignisse. Lernen am Modell und Probehandeln war möglich. Generell wurden mehr positive als negative Lernerfahrungen gemacht. Alle erlebten den konzentrativen Zustand als positiv und profitierten davon. Die Sensibilität für die eigenen Person und für die Beziehung zu andern nahm zu.“ (zit. nach Cserny et.al. 1995)*

Kehde (1994) wertete in ihrer Diplomarbeit Fragebögen von TeilnehmerInnen von 5 studentischen Selbsterfahrungsgruppen aus.

*„Der Vergleich mit der Kontrollgruppe zeigte, daß sich durch die Teilnahme an den KBT-Selbsterfahrungsgruppen die Berufsschwierigkeiten verringerten und die Teilnehmer/innen weniger ängstlich und spontan aggressiver wurden. Die Überprüfung der Unterschiede zwischen den Prä- und Postmessungen der Teilnehmer/innen ergab eine Verringerung der psychosomatischen Beschwerden.“ (zit. nach Cserny et.al. 1995)*

Helm-Lorenzen (1992) entwickelte einen Fragebogen zum Körperbild (KÖBI), mit den sie in ihrer Diplomarbeit das Konzept des ›basalen‹ Körperbildes untersucht.

*„Den Niederschlag aus der Gesamtheit der frühen Erfahrungen der ersten sechs Monate will ich unter dem Blickwinkel auf die Ganzheitlichkeit und demnach Leiblichkeit der Erfahrungswelt ›basales‹ Körperbild nennen (Spitz: coenästhetische Wahrnehmung, tonischer Dialog; Dolto: das Basisbild; Stern: amodale Wahrnehmung und vitale Affekte). Ich nehme an, daß mit dem ›basalen‹ Körperbild eng ein grundlegendes Daseinsgefühl (...) zusammenhängt, das alle späteren Erfahrungen mit beeinflußt und durchdringt, ohne im Normalfall bewußt zu werden.“ (Helm-Lorenzen a.a.O., S. 1)*

Helm-Lorenzen stellt Verbindungen vom basalen Körperbild zu Körperbildstörungen bei frühen narzistischen Störungen und Eßstörungen und entwickelt den therapeutischen Ansatz der KBT auf Basis dieses Konzepts.

In einer Stichprobe von N = 355 Personen mit vier Untergruppen (KBT-TherapeutInnen, ›Normale‹, psychosomatische stationäre PatientInnen und eßgestörte Frauen) wurde der Fragebogen eingesetzt. Faktorenanalytisch fand sie drei Skalen. *Skala 1:* Allgemeines Körpergefühl; *Skala 2:* Pathologisches Körpererleben; *Skala 3:* Differenziertheit bei der Körperwahrnehmung und Identifikation mit der Körperwahrnehmung.

Sie fand einen engen Zusammenhang zwischen dem Körperbild und den Selbstbild, das mit den Frankfurter Selbstkonzeptskalen (FSKN, Deusinger) erhoben wurde. Es konnte die theoretisch erwartete Rangfolge hinsichtlich der Ausprägung des Körperbildes in den vier Subgruppen gefunden werden.

Der KÖBI trennt zwischen klinischen und ›normalen‹ Stichproben. Die Rangfolge der Höhe der Korrelation zwischen KÖBI-Skalen und FSKN-Skalen entsprach nicht der erwarteten Ordnung: die Korrelationen zwischen Körperbild und Selbstbild für KBT-Therapeutinnen und Eßgestörte waren niedriger als für Normale und psychosomatische PatientInnen.

## 4.2 Empirische Ergebnisse zur stationären Gruppentherapieforschung

In ihrem Handbuch der Methoden empirischer Gruppentherapieforschung konstatieren die Herausgeber ein Forschungsdefizit im Bereich der Gruppentherapie (Strauß, Eckert und Tschuschke 1996). Als Gründe nennen sie die unterschiedliche Konzeptualisierung von Gruppentherapien selbst in einer therapeutischen Schule, die hohe Komplexität des Untersuchungsgegenstandes sowie nicht realisierbare Standards aus der Psychotherapieforschung mit Einzelnen.

Die Gruppentherapie blickt auf eine kürzere Geschichte als die Einzeltherapie zurück, speziell Konzepte und Entwicklungen stationärer Gruppentherapie sind im angloamerikanischen Raum weniger verbreitet als in Deutschland, wo sich bereits vor der Wende mit 5500 psychotherapeutischer Betten die Hälfte aller stationären Behandlungsplätze in der Welt befanden (Schepank & Tress 1988, zit. nach Tschuschke,1996, S. 54).

Die Gruppentherapieforschung fragt auf drei Ebenen: nach Indikation und Prognose, nach Ergebnissen und nach dem Zusammenhang von Gruppenprozeß und Ergebnis. Die hier vorliegende Studie untersucht den Zusammenhang des Gruppenprozesses in der KBT-Gruppe mit Ergebnissen der Gesamtbehandlung. Deshalb hier einige Hinweise zur Ergebnis- und zur Prozeßforschung.

### 4.2.1 Ergebnisforschung

Strauß faßt die Ergebnisse von Furiman & Burlingame (1994) zur Gruppentherapie-Ergebnisforschung zusammen:

- Die Gruppentherapie ist effektiv im Vergleich zu Kontrollbedingungen ohne Behandlung.
- Im Vergleich zu Einzeltherapie bzw. anderen Behandlungsformen ist Gruppentherapie ebenbürtig, wenn nicht gar überlegen.
- Im Hinblick auf spezifische Probleme (…) ist es immer noch nicht möglich, die Effektivität von Gruppen zu belegen (überwiegend auf Grund eines Mangels an entsprechenden Studien).
- Möglicherweise ist die Abbrecherrate in Gruppen höher als in Einzeltherapien.
- Insgesamt gesehen sei aber aus ca. 700 Studien der letzten zwei Jahrzehnte zu folgern, daß das Gruppensetting bei unterschiedlichen Störungsbildern mit unterschiedlichen Behandlungsmodellen konsistent positive Effekte produziert. (1996, S. 32).

Diese Ergebnisse beziehen sich ausschließlich auf den englischsprachigen Raum. Nach Strauß können aber einige 100 deutschsprachige Studien im Großen und Ganzen diese Schlußfolgerungen bestätigen. Konzeptuell besteht Übereinstimmung, daß die Ergebnisse von Gruppentherapie auf Grund multipler Kriterien beurteilt werden sollen, so lassen sich drei Bereiche unterscheiden:

- die Datenquelle (z. B. Patient, Therapeut, externer Beobachter),
- die Datenebene (z. B. Erleben, Verhalten, Leistung, körperliche Funktion) und
- der Inhalt der Erfolgsmessung (z. B. Wohlbefinden, Symptomatik, Persönlichkeit, Interpersonale Probleme).

Es besteht nach Strauß (1996) mittlerweile Konsens, daß bei der Erfassung von Behandlungsergebnissen mindestens nach der symptomatischen, der interpersonalen und der intrapsychischen Ebenen unterschieden werden sollte.

Zusammenfassend lauten seine Empfehlungen für eine fundierte Erfolgsmessung: Die Methoden sollen einen Vergleich mit anderen gruppen- oder einzeltherapeutischen Maßnahmen zulassen. Die Evaluation sollte ›kliniknah‹ sein, also naturalistische Designs aufweisen. Patientenmerkmale sollten mit der Basisdokumentation erfaßt werden. Die Effektivität sollte mit einer Anzahl Erhebungsmethoden erfaßt werden, die die verschiedenen Ebenen der Veränderung erfassen.

Die Behandlungsdauer ist zu erfassen. Negative Effekte sollen registriert werden. Als Veränderungskriterium soll nicht nur die statistische sondern auch die klinische Signifikanz (s. u.) dienen. Katamnesen sind sinnvoll. Es sollten die Effekte in einer Behandlungstheorie erklärbar sein. Prozeßkomponenten sind zu berücksichtigen. Es sollen Erfolgskriterien für den Erfolg einer Gesamtgruppe entwickelt werden.

Im Zusammenhang mit Erfolgsuntersuchungen als Wirksamkeitsnachweis wird immer wieder die dem pharmakologischen Modell entlehnte randomisierte Studie gefordert. Bei der Komplexität des Untersuchungsgegenstandes bedeutet sie aber eine unzulässige Verkürzung: das stationäre gruppentherapeutische Feld ist nicht auf quasi-experimentelle Bedingungen zu reduzieren, ohne daß die Aussagekraft des Ergebnisses gegen Null geht (zur erkenntnistheoretischen Problematik vgl. auch Kienle & Burkhardt 1983).

Krauthauser und Bassler (1997) stellten kürzlich eine randomisierte Studie zur Behandlung von AngstpatientInnen vor, in der die randomisierte Zuteilung zu ambulanter oder stationärer Behandlung nicht durchgehalten werden konnte, da das Einverständnis der PatientInnen für den jeweiligen Behandlungszweig gebraucht wurde. Sie beobachteten eine systematische Verzerrung der Vergleichsgruppen, da die leichter Erkrankten sich seltener für eine stationäre Behandlung entscheiden konnten. Sie empfehlen als Konsequenz dieser Studie, auf ›quasi-experimentelle Designs‹ ganz zu verzichten und Forschungsstrategien zu entwikkeln, die dem Forschungsgegenstand angemessen sind.

### 4.2.2 Prozeß-Ergebnis-Forschung

Die Erforschung von Gruppenprozessen erfolgt über die Untersuchung des Mikro-Outcomes der einzelnen Gruppenstunden. Es wird untersucht, ob und welche Zusammenhänge zwischen Erleben und Verhalten der PatientInnen in den einzelnen Gruppenstunden und den Behandlungsergebnissen auffindbar sind. Auf Grund der hohen Komplexität der Fragen und nicht zuletzt wegen des hohen Forschungsaufwands sind größere Prozeß-Ergebnis-Studien erst in den letzten 10 bis 15 Jahren realisiert worden (Tschuschke 1996, S. 52). Davor war das Wissen in zahlreichen Fallvignetten zusammengetragen worden, die aus Sicht der empirischen Wissenschaft ein ausreichendes Maß an Objektivität vermissen lassen.

Hier unterscheidet sich der oben referierte Stand der KBT-Forschung nicht grundsätzlich von dem der Gruppentherapie-Forschung. In der Prozeßforschung wird in der letzten Zeit die Einzelfallstudie wieder rehabilitiert, seit Methoden der ›Vollzeiterfassung‹ und externer Auswertung von Stundenaufzeichnungen entwickelt worden sind, die so zeitaufwendig sind, daß sie nur für einzelne oder kleine PatientInnenzahlen überhaupt gemacht werden können. Statt wenig Daten von vielen PatientInnen erhebt man viele Daten von wenigen PatientInnen.

Schiepek (1994) fordert für eine psychotherapeutische Prozeßforschung eine Ablösung von Modellen der pharmakologischen Effektivitätsforschung, um dem Gegenstand, Psychotherapie als ›dynamisches bio-psycho-soziales System‹ (Schiepek) gerecht zu werden. Er orientiert sich an nicht-linearer Modellbildung der Chaos-Theorie mit ihren Computersimulationen für dynamische Prozesse. Neben Makroanalysen der sozialen Kontextbedingungen empfiehlt er Mikroanalysen der Therapeut-Patient-Beziehung, wobei Makrostrukturen aus Mikroanalysen im Sinne der Synergetik erklärbar sind. Schiepek votiert für naturalistische Studien-Designs: *„Aus Gründen externer und ökologischer Validität sollten therapeutische Prozesse mit einigermaßen repräsentativen, unselektierten Klienten und Therapeuten untersucht werden. Auch das Setting sollte nicht zu Forschungszwecken entfremdet werden." (a.a.O.)*

In einer Übersicht über 14 Prozeß-Ergebnis-Studien über Gruppentherapien aus den Jahren 1981–1994 faßt Tschuschke (1996, S .58) zusammen: Erfolgreiche PatientInnen schätzen den Faktor *Einsicht* als hilfreich ein, *Wiedererleben der Primärfamilie* wird kaum im Zusammenhang mit Erfolg erwähnt. Im GEB (s.u.) wurden erfolgreiche TherapiepatientInnen in der zweiten Behandlungshälfte *selbständiger* und *weniger gehemmt*. Erfolgreiche PatientInnen bewerten *Kohäsion* schon sehr früh höher als die weniger erfolgreichen. Im Soziogramm haben *höhere Rangeinstufungen* einen Zusammenhang mit günstigen, *niedrige* mit ungünstigen Therapieeffekten. In zwei Studien mit Repertory Grids wurden frühzeitige Wahrnehmungsänderungen von Anderen in oder außerhalb der Gruppe als Prädikatoren für Therapierfolg gefunden. Frühzeitige Wahrnehmungsveränderungen und gute Beziehungsaufnahme ist in mehreren Studien mit Behandlungserfolg korreliert.

In der Prozeßforschung werden Wirkfaktoren untersucht, mit denen man das Prozeßgeschehen erfassen möchte. Yalom (1989) fand in ambulanten Gruppen (neun Untersuchungen mit 383 PatientInnen) zwölf Wirkfaktoren in der Reihenfolge der Wichtigkeit für die PatientInnen.

Tabelle 3: Wirkfaktoren in der Gruppentherapie (nach Yalom 1989)

| | |
|---|---|
| 1. | Interpersonales Lernen (Input) |
| 2. | Katharsis |
| 3. | Kohäsion |
| 4. | Einsicht |
| 5. | Interpersonales Lernen (Output) |
| 6. | Existentielle Faktoren |
| 7. | Universalität des Leidens |
| 8. | Einflößen von Hoffnung |
| 9. | Altruismus |
| 10. | Rekapitulation der Primärfamilie |
| 11. | Anleitung |
| 12. | Identifikation |

Das Konzept der Wirkfaktoren ist zur Beschreibung des therapeutischen Mediums sowie zur Beschreibung von bedeutsamen Ereignissen, die in der Gruppe stattfinden, entwickelt worden. Die Wirkfaktoren überlappen sich in ihrer Bedeutung, jedoch ist es gelungen, sich in den Forschungsstrategien weitgehend auf die Untersuchung dieser Variablen zu einigen und so zu einer gemeinsamen Sprache zu kommen.

Tschuschke stellt die Rangfolge der Wirkfaktoren in anderen Studien gegenüber und findet ein sehr heterogenes Bild. *Katharsis, Kohäsion* und *Interpersonales Lernen (Input)* rangieren meistens auf den ersten drei Rangplätzen, *Rekapitulation der Primärfamilie* und *Identifikation* eher auf den letzten Rängen. Weitere einheitliche Tendenzen lassen sich nicht finden. Tschuschke kritisiert, daß die Erhebungsmethode über Befragung der PatientInnen (z.B. über q-sort) zu subjektiv sei, um die elaborierten Konzepte, die hinter den Wirkfaktoren stehen, erkennen zu können. Er plädiert deshalb für den Einsatz ›objektiver‹ Untersuchungsmethoden wie das SYMLOG-Signierverfahren (Tschuschke 1993), bei denen externe Beobachter Videoaufzeichnungen von Gruppen nach definierten Kriterien auf das Auftreten der Wirkfaktoren auswerten.

### 4.2.3 Spezifische oder unspezifische Wirkfaktoren?

*„Die Psychotherapieforschung ist bislang grundsätzlich den Nachweis einer ›Spezifität‹ einer wie auch immer gearteten Form vom Behandlung oder Konzept schuldig geblieben. (…) Das sogenannte ›Äquivalenz-Paradoxon‹ – d.h. gleiche thera-*

*peutische Effekte durch unterschiedliche Behandlungsansätze und unterschiedliche Transaktionen zwischen Patient(en) und Therapeut – ist bislang ein Forschungsfaktum, an dem kein Weg vorbeigeht."(Tschuschke 1996, S. 65)*

Die Auseinandersetzung um die Spezifität, die vor allem Grawe (1994) angestoßen hat, indem er unterschiedliche Effektivitäten für verschiedenen Therapierichtungen angab, beantwortet Tschuschke mit der Forschungsaufgabe der nächsten Jahre, Methoden zu entwickeln, die spezifische Wirkfaktoren erfassen können.

Lang (1994) findet bei unterschiedlichen Therapierichtungen verschiedene Bewertungsmaßstäbe für das, was sie unter effektiver Behandlung verstehen. Und die PatientInnen scheinen sich den schulenspezifischen Grundannahmen anzuschließen, welche Wirkung eine Therapie zu erzielen hat. Im Vergleich der Wirksamkeit verschiedener Therapieverfahren in einer Meta-Analyse von 475 kontrollierten Studie fand Smith (1980, zit. in Lang), *„daß unterschiedliche Formen der Psychotherapie – ob einsichtsorientiert oder verhaltenstherapeutisch, psychodynamisch, klientenzentriert oder systematisch desensibilisierend – keine unterschiedlichen Arten oder Grade von Nutzen hervorbrachten."(a.a.O., S. 6)*

Weder kann man allerdings aus diesem Befund schließen, daß alle Therapieverfahren gleich wirken, noch ist es bisher gelungen, allgemeine Wirkfaktoren zu benennen, die für alle Methoden gelten.

*„Ein Ansatz, der hinsichtlich der Frage spezifischer oder unspezifischer Wirkfaktoren eine einseitige Alternative favorisiert, scheint unzutreffend. Geht man von der Wirkung unspezifischer Faktoren aus, wie sie offensichtlich auch im Placeboeffekt zum Zuge kommt, wird der Glaube des Patienten an die Effektivität der Methode eine zentrale Rolle spielen. Die Sicherheit, die der Therapeut durch seine spezifische Ausbildung erfahren hat, wird ihn und sein ›spezifisches‹ Verfahren ›glaubwürdiger‹ machen. Die ›Spezifität‹ des Verfahrens trägt auf diese Weise zur Effektivität ›unspezifischer‹ Faktoren bei. Andererseits wird diese Effektivität ein solches Klima und gutes Arbeitsbündnis schaffen und festigen, daß der Patient bereit ist, auch bei ›spezifischen‹ Interventionen, (...) mitzugehen; deren Effekt trägt dann wiederum zur Wirksamkeit allgemeiner Wirkfaktoren bei – ein positiver therapeutischer Zirkel hat sich eingespielt."(Lang, a.a.O., S. 9)*

Für die vorliegende Untersuchung stellt sich also die Frage, ob sich für die KBT neben allgemeinen Wirkfaktoren auch methodenspezifische finden lassen und wenn ja, welche. Die Ausführungen zum Leiberleben und zur symbolischen Transformation haben den Theorieansatz skizziert, nach dem KBT-Therapeutinnen arbeiten. Daraus läßt sich der *Zugang zum eigenen Körper und zu den Empfindungen* als ein methodenspezifischer Faktor benennen.

Mögliche empirische Wege finden sich in der Forschung zum Körpererleben (Bielefeld 1986, Brähler 1986, Wiedemann 1986, Strauß 1996), auf die unten genauer eingegangen wird.

## 4.3 Konsequenzen für das Studiendesign

Unter Berücksichtigung des Anforderungsprofils für Gruppentherapie-Studien und der Überlegungen zur empirischen Erfassung des spezifischen KBT-Zugangs wurde die vorliegende Studie entwickelt.

Methodisch ergibt sich aus der Forderung nach einem möglichst kliniknahen Design die Entscheidung gegen ein kontrolliertes randomisiertes Design. Die Abbildung der therapeutischen Arbeit durch eine naturalistische Studie ist dichter am Alltagsgeschehen, damit zwar im klassischen Sinne nicht so verallgemeinerbar. Das kontrollierte Design läßt sich dagegen im Klinikalltag nicht ohne den Preis hoher Künstlichkeit umsetzen, was auch wiederum keine Verallgemeinerbarkeit zuläßt.

Die hier gewählte Lösung aus diesem Dilemma besteht in einem naturalistischen Design mit präziser Beschreibung der Vorgehensweise. So können einige wenige Hypothesen zum Prozeß-Ergebnis-Zusammenhang statistisch überprüft werden und viele weitere Befunde explorativ dargestellt werden und damit als Grundlage zur neuen Hypothesenbildung und weiteren Forschung dienen. Diesen Zugang verstehe ich auch im Sinne der Forderung von Krauthauser & Bassler (1997), der Fragestellung angemessene Forschungsstrategien zu entwickeln.

Die Prä-Post-Messungen erfassen die klinische Situation der PatientInnen auf verschiedenen Ebenen (Symptome, Persönlichkeit, Interpersonale Probleme), aus verschiedenen Perspektiven (Selbst-, Fremdbeurteilung) und mit unterschiedlichem zeitlichen Blickwinkel (aktuell, retrospektiv). Die Erhebungsmethoden sind normativ (Fragebögen) und idiographisch (Grid-Erhebung in halboffenem Interview). Die Prozeßmessungen haben das aktuelle Erleben in der KBT-Gruppe zum Gegenstand.

Der Stichprobenumfang wurde gemäß dieses gruppenstatistischen Ansatzes gewählt: Ein Jahrgang (ungefähr 100 PatientInnen) sollte in die Studie kommen.

Der Weg, Prozesse mit einer Vollzeiterhebung zu erfassen, und dann nur für eine kleine Anzahl von PatientInnen, konnte in der vorliegenden Studie aus verschiedenen Gründen nicht gegangen werden: einerseits gibt es keine Notation für die Bewegungselemente in der KBT. Die vorhandenen Notationen für nonverbales Verhalten in Gesprächsgruppen machen nur einen geringen Teil des Bewegungsgeschehens in der KBT-Gruppe aus. Auch die Notation, die Merten (1996) im Rahmen der Affektforschung zur Auswertung der Gesichtsmimik in dialogischen Gesprächssituationen entwickelt hat, erfaßt speziell gesichtsmimische Bewegung, aber nicht Ganzkörperbewegungen im Raum.

Lausberg hat eine (tanztherapeutische) Bewegungsanalyse für psychosomatische PatientInnen vorgestellt (1988), mit der sie das Bewegungsverhalten (›wie es Ihnen gerade zumute ist‹) zu Beginn und zu Ende der Tanztherapie per Video aufzeichnet und von externen Ratern beurteilen läßt. Hier könnte ein Anfang einer Notation auch für die KBT sein. Jedoch liegt in der KBT der Schwerpunkt auf den (inneren) Erleben der jeweiligen Bewegung und der ganz persönlichen Bedeutungsgebung.

Andererseits sind die Gruppen auf der untersuchten Station halboffene Gruppen. Eine Änderung zu geschlossenen Gruppen für die Studie war nicht durchführbar. Auch hätte sie den klinischen Alltag nicht mehr widergespiegelt.

Untersuchungsgegenstand in der vorliegenden Studie ist das subjektive Erleben der PatientInnen von KBT-Gruppenstunden, wie es mit dem GEB-KBT erfaßt wird (s. u.). Der Vergleich mit den sichtbaren Bewegungsabläufen bleibt einer andern Arbeit vorbehalten.

# 5 KBT im integrativen stationären Setting

## 5.1 Das Behandlungskonzept der Station

Die Station der Rhein-Klinik, auf der die Studie durchgeführt wurde, hat 25 Betten. PatientInnen mit psychischen und psychosomatischen Beschwerden, die so beeinträchtigt sind, daß sie ihren Alltag nicht mehr bewältigen und eine ambulante Therapie nicht ausreicht, werden hier für durchschnittlich drei Monate psychotherapeutisch behandelt. Als allgemeines Indikationskriterium formuliert Mattke, *„daß die Patientin oder der Patient in Zusammenarbeit mit einem Behandlungsteam Erleben und Verhalten mittels vornehmlich seelischer Einflußnahme verändern und verstehen will."(Bardé & Mattke 1993, S. 19)*

Nicht aufgenommen werden PatientInnen im Zustand der akuten Psychose, mit Suchterkrankungen, die eine spezifische Suchtbehandlung erfordern und intensiver pflegebedürftige PatientInnen. Die Krankheitsbilder, die zur Aufnahme führen, sind: psychoneurotische Erkrankungen und Persönlichkeitsstörungen, häufig verbunden mit körperlichen Begleitsymptomen, Borderline-Persönlichkeitsstörungen, psychosomatische Störungen im engeren Sinne, funktionelle und vegetative Störungen, internistische Erkrankungen mit begleitender psychischer Symptomatik sowie posttraumatische Belastungsstörungen.

Das Konzept der Station (Bensch & Mattke 1996) orientiert sich an dem integrativen Team-Konzept nach Janssen (1987). Die PatientInnen nehmen Beziehungen zu Mitgliedern des multiprofessionellen Behandlungsteams auf, die im Team-Gespräch ausgetauscht und reflektiert werden. Als Grundannahme gilt, *„daß sich im multilateralen Übertragungsangebot des Klinikrahmens verinnerlichte, archaische Objektbeziehungsmuster szenisch entfalten und auf diese Weise identifiziert und zugänglich gemacht werden können. Dissoziierte Selbst- und Objektanteile sowie abgespaltene und projizierte Affekte sollen so vom Patienten als dem Selbst zugehörig erkannt und integriert werden. Auf der Basis bewußten Erlebens und zunehmender Lebendigkeit eröffnen sich bisher brachliegende Ressourcen und es können – zunächst mit Unterstützung der Gruppe, später unter*

*Rückgriff auf gute internalisierte Objekterfahrungen – neue Verhaltensweisen und Konfliktlösungen probiert werden."(Bensch & Mattke a.a.O., S. 375)*

Es gibt drei Sub-Settings auf der Station, in denen jeweils zwei TherapeutInnen für eine Gruppe von 7–9 PatientInnen zuständig sind. Im Setting A erhalten die PatientInnen 1–2 mal pro Woche analytisch-systemische Einzeltherapie und zwei Gruppenstunden (a 90 Minuten) Konzentrative Bewegungstherapie. Im Setting B erhalten die PatientInnen dreimal wöchentlich analytische Gruppentherapie und eine Gruppenstunde Konzentrative Bewegungstherapie. Im Setting C erhalten die PatientInnen zweimal wöchentlich analytische Gruppentherapie und zwei Gruppenstunden Kunsttherapie. Zusätzlich werden gelegentlich Kurztherapien als Einzeltherapien (6–7 Wochen) mit verbaler und Kunsttherapie durchgeführt.

Die Station hat einen gruppentherapeutischen Schwerpunkt: die Arbeit in Gruppen wird als sehr wichtiges klinisches Behandlungsinstrument gesehen, alle GruppentherapeutInnen verfügen über gruppentherapeutische Ausbildung und langjährige berufliche Kompetenz in ihrer Fachrichtung. Die PatientInnen der Settings B und C erhalten neben der Gruppentherapie fakultativ Einzelgespräche. Alle TherapeutInnen (Verbal, KBT und Kunst) führen Vor- und Abschlußgespräche einzeln mit den PatientInnen.

Die Zuteilung zu den Settings erfolgt in der ersten Behandlungswoche in der Team-Sitzung, wobei die Einteilung nach Maßgabe freier Gruppenplätze und Kenntnis des ambulanten Erstinterviews sowie des ersten Eindrucks auf der Station erfolgt.

Die intuitive Indikationsstellung für eines der drei Settings berücksichtigt verschiedene Aspekte: Alters- und Geschlechtszusammensetzung der Gruppe, Gruppenfähigkeit der PatientInnen, die Schwere der körperlichen Erkrankung und Notwendigkeit von konflikt- oder ressourcenorientiertem Arbeiten, den Zugang zu Symbolisierung über den Körper und die Bewegung oder über das Malen und Gestalten. All diese Dimensionen werden in einem Konzept der Passung formuliert: Patient X könnte am besten in Setting Y passen.

Die medizinische Versorgung der PatientInnen erfolgt durch den Stationsarzt und den Arzt im Praktikum. Die Aufgabe der Krankenpflege in der psychosomatischen Klinik läßt sich durch das Stichwort Beziehungspflege beschreiben: Schwestern und Pfleger sind vor Ort, im Kontakt mit den PatientInnen. Sie stehen für Gespräche über den Realraum zur Verfügung, sie sorgen dafür, daß die Stationsregeln eingehalten werden und sie übernehmen pflegerisch-therapeutische Aufgaben (unter anderem die Einführungsgruppe, Aroma-Anwendungen, Progressive Muskelrelaxation nach Jakobson, Teilnahme an Familientherapien). Der psychotherapeutische Raum für die ganze Station wird durch die Großgruppe und die Gruppenvisite (je einmal wöchentlich) aufgespannt.

Der therapeutische Prozeß im engeren Sinne findet in den kombinierten settingspezifischen Gruppen- bzw. Einzelbehandlungen statt. Modell für die Zusammenarbeit der TherapeutInnenpaare stand vor Jahren ein Familienansatz: das Therapeutenpaar als Elternfiguren, die zusammenarbeiten und gemeinsam, aber jede/r an ihrem Platz die Behandlung durchführen. (Konzept von Schmidt & Jusczak, s. Bardé & Mattke 1993).

Die unterschiedliche hierarchische Position von ›verbalen‹ und ›Spezial‹-TherapeutInnen hat immer wieder zu Reibung und Konflikten geführt. So liegt die verantwortliche Planung des Therapieprozesses einschließlich der Dokumentation bei den ärztlich/psychologischen TherapeutInnen. Das Elternmodell ist jetzt eher zurückgetreten zugunsten eines Modells von Haupt- und Spezialtherapie.

Dennoch bleibt für die PatientInnen die Möglichkeit bestehen, verschiedenen Übertragungsanteile bei den beiden TherapeutInnen unterzubringen. Eine Aufgabe der Besprechung der beiden besteht dann darin, die Übertragungsanteile wieder zusammenzubringen. Gegenseitige Wertschätzung in der fachlich unterschiedlichen Arbeit und der Person sind eine Notwendigkeit für das Gelingen der Zusammenarbeit, was für das gesamte Team gilt.

*„Integrative Therapie beruht nicht nur auf dem Zusammenspiel der verschiedenen Berufsgruppen und Mitarbeiterpersönlichkeiten, sondern sie setzt auch die Bereitschaft der Teammitglieder voraus, bei aller Unterschiedlichkeit die analytische Rahmenkonzeption zu akzeptieren. Dies beinhaltet auch die Bereitschaft, Gegenübertragungsreaktionen bei sich wahrzunehmen und diese freimütig in den Teambesprechungen und Supervisionen zu äußern. Erst auf dieser Basis können Teamprozesse nutzbringend analysiert und zum Verständnis der Prozesse innerhalb der Patientengruppe oder einzelner Patienten herangezogen werden.“ (Bensch & Mattke 1996, S. 375)*

Die 14-tägige externe analytisch-systemische Supervision dient der Klärung von Behandlungs- und Teamprozessen. Der leitende Arzt führt die wöchentliche Zimmervisite sowie Familientherapien durch, er nimmt einmal pro Woche an der täglichen Teamsitzung und an der Supervision teil.

Tabelle 4: Überblick über Aspekte unterschiedlicher Behandlungsdauer

| | **Behandlungs-dauer** | **Indikation** | **Therapeutisch** |
|---|---|---|---|
| **Ultra-Kurz-Behandlung** | 6-7 Wochen | Externe Bedingungen (Beruf, Kinder..) | Starke Ambivalenz der Behandlung gegenüber |
| **Kurz-Behandlung** | 8-10 Wochen | Externe Bedingungen auch institutionell: Begrenzung durch die Kostenträger | Mittlere Ambivalenz, aber auch schnelle Fortschritte |
| **‚3-Monats'-Behandlung** | 11-14 Wochen | Idealtypische Zeit | Notwendiger Zeitraum für den stationären Prozeß |
| **Verlängerung** | 15 – max. 19 Wochen | Wenn der Prozeß drei Wochen vor Ende der 3 Monate noch nicht abschließbar erscheint | Stärkere Regressions-neigung, längere Motiva-tionsphase zu Beginn |

Sowohl in der Supervision als auch in der Teambesprechung ergänzt die systemisch-familientherapeutische Perspektive die analytische Orientierung. Daneben finden bei Bedarf familientherapeutische Interventionen mit den Angehörigen in der zweiten Behandlungshälfte statt. Das Team ist durch relativ geringe Fluktuation und hohe berufliche Kompetenz aller Team-Mitglieder gekennzeichnet. Eine kritische Würdigung dieses Team-Konzepts findet sich bei Mattke, Janssen & Strauß (1998), die das Spannungsfeld Team ausloten.

Die Behandlungszeiten werden individuell mit den PatientInnen geplant, wobei drei Monate ein Richtwert sind. Verlängerungen über drei Monate hinaus werden spätestens drei Wochen vor Ablauf zwischen TherapeutIn, PatientIn und Team ausgehandelt. Für Kurztherapien von unter sieben Wochen wurde ein eigenes Behandlungskonzept entwickelt. In den vorher festgelegten Zeitrahmen erhalten diese PatientInnen eine einzeltherapeutische Fokalbehandlung mit Kunsttherapie kombiniert und ein intensives physiotherapeutischen Programm. Gelegentlich kommen auch PatientInnen mit kurzen Behandlungen in die anderen Settings.

## 5.1.1 Forschungsaktivitäten

1995 wurde durch den leitenden Arzt ein Begleitforschungsprojekt im Rahmen des Arbeitskreises für stationäre Gruppentherapieforschung (Leitung: Eckert & Strauß) auf der Station installiert, in dem die Bedeutung interpersonaler Probleme für

Prognose des Behandlungsergebnisses von stationärer Gruppentherapie untersucht wurde (Schreiber-Willnow 1997). Vor diesem Hintergrund konnte die vorliegende Studie auf der Station realisiert werden.

## 5.2 KBT-Behandlungskonzept

Im Rahmen dieses Team-Konzepts hat die KBT-Gruppe die spezifische Aufgabe, die Leiblichkeit der PatientInnen ins Erleben zu bringen, wie in meinen Leitlinien ausgeführt. Dabei erfordert die halboffene Gruppe eine Aufmerksamkeit auf die jeweilige Entwicklungsphase des Einzelnen, die im therapeutischen Angebot durch den Prozeß der Gruppe als Ganze moduliert wird.

Abschied und Trennung sind häufiges Thema, das für viele der PatientInnen in ihrer Geschichte mit traumatischen Erfahrungen verbunden ist. Hier können sie in der KBT-Gruppe erleben, daß Abschied schmerzt, aber nicht zerstören muß. Für jedes Gruppenmitglied gibt es in der letzten Stunde das Angebot, sich ›etwas zu wünschen, was es noch braucht von der Gruppe, von der KBT-Therapeutin‹, also seinen Abschied zu gestalten. Diese sehr individuellen Wünsche werden dann von der Gruppenleiterin aufgegriffen und in ein passendes Angebot verwandelt.

Widerstand kann sich in der Anfangsphase der KBT in einer Ablehnung der körperbezogenen Therapie äußeren. In Laufe der Therapie kann er deutlich werden in erneut auftretenden Symptomen, Verweigerung, sich auf ein KBT-Angebot einzulassen, Äußerungen wie nichts zu spüren, oder nichts zu sagen. Das Umgehen mit dem Widerstand ist eher als ein Mit-Gehen zu beschreiben: So kann der Patient, der nicht mitmachen will, aufgefordert werden, sich einen für ihn guten Platz einzurichten und die Aufmerksamkeit darauf richten, wie er mit dem Angebot der Therapeutin für sich umgehen kann. Im therapeutischen Gespräch werden dann auch seine speziellen Erfahrungen zur Sprache kommen.

So wird die Ablehnung oder Verweigerung mit den PatientInnen zusammen verstanden als ein ›ich kann nicht so, aber anders‹.

Je nach Zusammensetzung der Gruppe lassen sich eher konflikt- und ressourcenorientierte Angebote unterscheiden. Je mehr es um Krankheitsbewältigung bei chronischen degenerativen Erkrankungen geht, um so mehr steht die Arbeit an den leiblichen Ressourcen, dem, ›was noch geht‹, neben der notwendigen Trauerarbeit. Der Abschied vom unversehrten Körper und der pflegliche Umgang mit dem kranken Körper steht für diese PatientInnen im Zentrum der Aufmerksamkeit. Sind die Körpersymptome eher als Konfliktausdruck auf der präsentativen symbolischen Ebene zu verstehen, so ist die Aufgabe in der KBT-Gruppe, durch das aufmerksame Hinspüren andere Symbolisierungsformen – haptisch, bildlich und sprachlich – zu finden, um so den Körper als Symptomträger zu entlasten und den Weg zum Verständnis für den intrapsychischen oder interpersonalen Konflikt zu bahnen.

Die allgemeinen Überlegungen zur Rolle der KBT-Therapeutin sind jetzt für die spezifischen Settings zu modifizieren. Im Setting A, in Kombination mit der oft hoch idealisierten Einzeltherapeutin ist die KBT-Gruppe und die Gruppentherapeutin oft zunächst ein abgelehntes Muß. Negative Übertragungsanteile zeigen sich in skeptischer Zurückhaltung, mit der die Therapeutin zunächst gewährend umgeht. Die Konfrontation durch die Methode, sich dem abgespaltenen Körper zuwenden zu sollen, ist heftig genug. Die wohlwollende Begleitung ermöglicht es im Laufe der Zeit dann auch, mit sich selber wohlwollender umzugehen.

Im Setting B, in Kombination mit der intensiven analytischen Gruppentherapie bildet die KBT für die PatientInnen häufig einen Ort, wo sie zum ersten Mal erproben können, sich zu öffnen. Da das Gespräch über die konkreten und von allen gemeinsam erlebten Körperangebote geht, ist es bei Behandlungsbeginn für viele PatientInnen einfacher, darüber und damit über sich zu sprechen als in der analytischen Gruppe. So entsteht hier eher eine Übertragung zu einer gewährenden Mutter.

# 6 Die Studienfragestellung

Vor dem Hintergrund der theoretischen Überlegungen zur Bedeutung der Leiblichkeit im psychotherapeutischen Prozeß der KBT und dem Stand der stationären Gruppentherapieforschung untersuche ich die Frage, wie und auf welche Weise KBT als Gruppentherapie zum Behandlungserfolg des Einzelnen in der integrativen stationären Therapie beiträgt. Lassen sich spezifische Wirkfaktoren für die KBT finden? Wie erleben die PatientInnen in der KBT-Gruppe sich selbst, ihren Zugang zum Leiblichen, lernen sie, gewinnen sie Einsichten über die Methode des konzentrativen Spürens? Gibt es Zusammenhängen zwischen den methodisch postulierten Änderungen in der Körperwahrnehmung und dem klinischen Behandlungserfolg? Wie sind Leiberleben und andere Wirkfaktoren miteinander verbunden? Ist die Behandlung erfolgreicher, wenn neue Einsichten und verbesserte Leibwahrnehmung im Gruppenprozeß parallel laufen?

Wie lassen sich Gruppenprozesse in halb offenen Gruppen überhaupt erfassen? Läßt sich ein gemeinsamer Prozeß oder der Prozeß jedes Einzelnen in der Gruppe beschreiben und vergleichen? Sind die theoretisch beschriebenen Phasen des KBT-Gruppenverlaufs für den Einzelnen empirisch nachvollziehbar? Wie hängt eine Besserung des Körpererlebens mit dem Therapieerfolg zusammen?

Da in der Klinik die KBT im kombinierten Therapiesetting angeboten wird, ist die Frage nach der Wirksamkeit der KBT alleine nicht zu beantworten. Das komplexe stationäre Geschehen als Ganzes ist für die Therapieergebnisse verantwortlich. Aber über die Untersuchung des Mikro-Outcomes der einzelnen KBT-Gruppenstunden ist der Stundeneffekt im Behandlungsprozeß beschreibbar und für unterschiedliche Erfolgsgruppen vergleichbar. Auf diese Weise kann ich einen Beitrag zur Wirksamkeitsforschung der klinischen KBT leisten.

Die Untersuchung gliedert sich in verschiedene Abschnitte:

1. Evaluation des klinischen Behandlungserfolgs
2. Ergebnisse

- Veränderung des Körpererlebens Prä-Post bei verschiedenen Erfolgsgruppen
- Veränderung der Körper- und Selbstrepräsentanzen bei verschiedenen Erfolgsgruppen
- Setting-Unterschiede im Körpererleben Prä-Post

3. Prozeß
   - Entwicklung des Körpererlebens während der Behandlung
   - Entwicklung des Gruppenerlebens während der Behandlung
   - Phasen des KBT-Prozesses
   - Vergleich der Erfolgsgruppen
   - Setting-Unterschiede
   - Unterschiede bei verschiedenen Behandlungsdauern.

## 6.1 Studienhypothesen

Die Untersuchungsfragen habe ich in fünf operationalisierbare Studienhypothesen zusammengefaßt.

Tabelle 5: Studienhypothesen

| | |
|---|---|
| **H1** | Das **Körpererleben** verändert sich im Laufe der KBT bei klinisch erfolgreichen PatientInnen in eine klinisch günstige Richtung. |
| **H2** | Die Veränderung des Körpererlebens unterscheidet sich nicht in den zwei verschieden **Settings**. |
| **H3** | Die **therapeutische Beziehung** zur KBT-Therapeutin unterscheidet sich in den beiden Settings. |
| **H4** | Der Behandlungserfolg ist abhängig von der Bereitschaft, sich in den ersten Behandlungswochen in der KBT-Gruppe **einzulassen und sich zu öffnen.** |
| **H5** | Der Verlauf des **Gruppenerlebens** unterscheidet sich bei mehr und weniger erfolgreichen PatientInnen |

### 6.1.1 Hypothese 1: Das Körpererleben verändert sich im Laufe der KBT bei klinisch erfolgreichen PatientInnen in eine klinisch günstige Richtung

Aus den theoretischen Überlegungen zum Symbolisierungsprozeß und zum gestaltkreishaften Zusammenhang von Wahrnehmen und Bewegen erwarte ich, daß erfolgreiche PatientInnen im Laufe der KBT mehr Zugang zum Körper gewinnen (Skala 3 des GEB-KBT).

Als Prä-Post-Differenz erwarte ich, daß die negative Beurteilung des Körpers (Unsicherheit und Mißempfinden) abnimmt (Skala 1, FBeK) und positive Beurteilungen (Attraktivität/Selbstvertrauen) zunehmen (Skala 2, FBeK).

Weiterhin erwarte ich strukturelle Entwicklungen im Sinne einer Änderung von Selbst- und Körperrepräsentanzen (Abnahme der Differenzen von Körper-Ideal und Real-Selbst im Grid).

### 6.1.2 Hypothese 2: Die Veränderung des Körpererlebens unterscheidet sich nicht in den zwei verschiedenen Settings

Die Settings unterscheiden sich durch die Intensität der Konzentrativen Bewegungstherapie (zweimal bzw. einmal) und durch die Kombination mit verbaler Einzel- bzw. Gruppentherapie. Die Zuweisung zu den Settings erfolgt in einem Diskussionsprozeß im Team, der unterschiedliche Gegenübertragungserfahrungen mit den PatientInnen berücksichtigt.

Die einzelnen Team-Mitglieder stellen sich in ihren Behandlungsstrategien adaptiv auf den jeweiligen Patienten ein, so daß zu erwarten ist, daß der Profit nicht vom jeweiligen Setting abhängt. Daher ist auch für die KBT zu erwarten, daß sich das Körpererleben im Behandlungsprozeß in den Gruppen nicht grundsätzlich unterscheidet.

Der Einfluß des Faktors Setting wird Prä-Post in den Skalen des FBeK und im Gruppenverlauf in den Skalen des GEB-KBT untersucht.

### 6.1.3 Hypothese 3: Die therapeutische Beziehung zur KBT-Therapeutin unterscheidet sich in den beiden Settings

PatientInnen des Settings A haben zwei, im Setting B insgesamt vier Gruppenstunden pro Woche (dreimal Analytische Gruppe, einmal Konzentrative Bewegungstherapie). Die Übertragungskonstellation zur KBT-Therapeutin ist unterschiedlich:

Im Setting A entsteht häufig zur Einzeltherapeutin eine positive Übertragung, die PatientInnen öffnen sich und besprechen ihre ›Probleme‹, während sie in der KBT-Gruppe zunächst mißtrauisch und ablehnend sind. Die Öffnungsbereitschaft wächst erst mit dem Vertrauen zur Gruppe, die jedoch selten so verbunden ist wie die ausschließlich gruppentherapeutisch behandelte Gruppe B.

Hier wird das therapeutische Angebot der KBT häufig mit Erleichterung und Neugier aufgenommen, da das Angstniveau in der KBT-Gruppe niedriger ist als in der analytischen Gruppe. Die KBT hat hier vielfach die Aufgabe, die Becker (1987) beschreibt, über die handelnde Erfahrung ein erstes Aussprechen zu ermöglichen, das in der analytischen Gruppe noch nicht geht. Ich erwarte daher, daß PatientInnen aus dem Setting A eher mehr Unzufriedenheit mit der Therapeutin und Zurückgezogenheit angeben, als jene aus Setting B (Skala 4 und 6 des GEB-KBT).

Eine weitergehende Untersuchung dieser Hypothese ist mit den vorliegenden Daten nicht möglich.

### 6.1.4 Hypothese 4: Der Behandlungserfolg ist abhängig von der Bereitschaft, sich in den ersten Behandlungswochen in der KBT-Gruppe einzulassen und sich zu öffnen

Ein Ergebnis der Gruppentherapieforschung ist, daß die Öffnungsbereitschaft in den ersten Behandlungswochen ein wichtiger Erfolgs-Prädiktor ist. Im GEB-KBT wird sie indirekt über das Ausmaß an Zurückhaltung und sich nicht verstanden fühlen (Skala 6) erfaßt.

Es wird hier untersucht, ob die Zurückhaltung in der ersten Behandlungshälfte bei später Erfolgreichen geringer ist als bei den weniger Erfolgreichen und ob die Ergebnisse des GEB-KBT nach der ersten Gruppenstunde sich auch schon in diesem Sinne unterscheiden.

### 6.1.5 Hypothese 5: Der Verlauf des Gruppenerlebens unterscheidet sich bei mehr und weniger erfolgreichen PatientInnen

Ich erwarte, daß sich die Erfolgsgruppen in den Skalen des GEB-KBT unterscheiden, daß erfolgreiche PatientInnen mehr Öffnungsbereitschaft zeigen, zuversichtlicher sind und einen besseren Zugang zum Körper gewinnen. Weniger Erfolgreiche werden eher zurückhaltender und unzufriedener mit der Gruppe und der Therapeutin sein. Es ist zu erwarten, daß diese Unterschiede noch nicht zu Beginn, sondern erst im Verlauf der Behandlung deutlich werden.

Da in der KBT Lernerfahrungen über bewußte Körpererfahrung vermittelt sind, ist zu erwarten, daß diese beiden Dimensionen des Gruppenerlebens korreliert sind.

# 7 Methoden

Die Auswahl der Untersuchungsmethoden richtet sich einerseits nach den Empfehlungen für klinische Gruppentherapiestudien (Strauß, Eckert, Tschuschke 1996), anderseits nach KBT-spezifischen Erfordernissen.

In der vorliegenden Studie werden einzelne Erhebungsinstrumente neu entwikkelt (Leiberleben-Grid), andere zum ersten Mal in einer Prozeßuntersuchung eingesetzt (GEB-KBT), der FBeK wird erstmals als Prä-Post-Instrument für ein diagnosengemischtes stationäres Klientel verwandt. Im Weiteren werden klinisch bewährte Tests verwandt (Gießen-Test, SCL-90, IIP).

## 7.1 Studiendesign

In die klinische naturalistische Studie werden alle PatientInnen einer psychotherapeutischen Station aufgenommen, die in die KBT-Gruppentherapie eingeteilt wurden. Die Zuteilung erfolgt zu zwei Behandlungssettings (A und B), die als Vergleichsgruppen dienen. Es gibt keine Kontrollgruppe.

Der Erfolg der Gesamtbehandlung wird über fünf Erfolgsmaße (s. Tabelle 6) erfaßt. Sie unterscheiden sich nach der Funktionsebene (Symptomatik, Persönlichkeitsstruktur, Interpersonale Probleme), nach der Datenquelle (Selbstbeschreibung der PatientInnen bzw. Fremdbeurteilung durch den Stationsarzt) und der zeitlichen Perspektive (akute Zustandsbeschreibung, Zielfomulierung prospektiv und Veränderungsbeurteilung retrospektiv).

Die KBT-spezifische Veränderung im Leiberleben wird quantitativ mit einem Fragebogen zum Körpererleben im Prä-Post-Vergleich erfaßt. Als qualitative Methode kommt das Kelly-Grid-Verfahren zum Einsatz, in dem in einem teilstrukturierten Interview mit offenen Antwortformaten das individuelle Erleben der PatientInnen durch ihre persönlichen Konstrukte notiert wird. Das Grid wird nach sechs Wochen und bei Behandlungsende noch mal vorgelegt.

Für die Prozeßuntersuchung habe ich als Zeitfenster die einzelne KBT-Gruppenstunde gewählt. Das Körper- und Gruppenerleben wird nach jeder Gruppenstunde per Fragebogen erhoben. Mittels einer klinisch orientierten Skalierung der Erfolgsmaße werden die PatientInnen zwei Erfolgsklassen zugeordnet. Behandlungserfolg, Setting und Behandlungsdauer werden als Einflußgrößen für die KBT-relevanten Variablen untersucht.

## 7.2 Überblick über die Untersuchungsinstrumente

In der vorliegenden Studie habe ich mich für die folgenden Untersuchungsinstrumente für Prä-Post- und Verlaufsmessungen entschieden.

Tabelle 6: Übersicht über die Variablen und Instrumente zur Erfassung des Behandlungserfolgs und des KBT- Prozesses

| **Variable** | **Instrumente** | **Datenquelle** | **Erhebungszeitpunkt** |
|---|---|---|---|
| **Variable bezüglich der Gesamtbehandlung** | | | |
| Symptomatik | Symptom Check List 90R (SCL-90) | PatientIn | Prä-Post |
| Persönlichkeit | Gießen-Test (GT) | PatientIn | Prä-Post |
| Interpersonale Probleme | Inventar zur Erfassung interpersonaler Probleme (IIP) | PatientIn | Prä-Post |
| Globale Beurteilung | Abschlußrating der Befindensänderung (Basisdokumentation) | Stationsarzt | Post |
| Therapieziele | Formulierung und Abschlußrating der individuellen Therapieziele | PatientIn | Prä-Post |
| **Variable bezüglich der Konzentrativen Bewegungstherapie (Erfolg und Prozeß)** | | | |
| Körpererleben | Fragebogen zur Beurteilung des eigenen Körpers (FBeK) | PatientIn | Prä-Post |
| Beurteilung des KBT-Erfolgs | Abschlußrating durch die Therapeutin | KBT-Therapeutin | Post |
| Körper- und Selbsterleben | Leiberleben-Grid | PatientIn | Prä-Mitte-Post |
| Körper- und Gruppenerleben | Gruppenerfahrungsbogen für die KBT (GEB-KBT) | PatientIn | Nach jeder KBT-Stunde |
| KBT-Angebot, Gruppengeschehen, Gegenübertragung | Stundenprotokoll | KBT-Therapeutin | Nach jeder KBT-Stunde |

## 7.3 Erfolgsmaße

Es sind inzwischen eine Vielzahl von Instrumenten zur Evaluation des Behandlungserfolgs stationärer Psychotherapie vorgestellt und in klinischen Studien erprobt (Strauß & Burgmeier-Lohse 1994, Tschuschke 1993). Die Komplexität des Behandlungssettings läßt sich nicht mit einem Erfolgskriterium allein erfassen. Es besteht Übereinkunft, daß Psychotherapie-Ergebnisse auf verschiedenen Ebenen (z.B. Symptomatik, Persönlichkeit, interpersonale Probleme), aus verschiedenen Quellen (Selbst- und Fremdbeurteilung) und auf direkte oder indirekte Art (Global-Urteil bzw. wiederholte Gabe von Fragebögen) erhoben werden sollten (Schauenburg & Strack 1998).

Es gibt aber bisher keine allgemein gültigen Konventionen über durchschnittlich zu erwartende Veränderungen. Die Entscheidung, ob ein Fragebogenergebnis für oder gegen einen Erfolg der psychotherapeutischen Behandlung spricht, trifft der Untersucher durch die Wahl seiner Entscheidungskriterien. Auf die erkenntnistheoretischen Probleme haben im Rahmen der Diskussion um statistische Methoden in der Arzneimittelprüfung Burkhardt, Kienle und Schreiber hingewiesen (1983). Hier sei nur die Unterscheidung von klinischer und statistischer Relevanz eines Befundes erläutert.

## 7.4 Klinische und statistische Relevanz

Beschreibt man das Ergebnis eines Therapieprozesses in Zahlen, etwa als Skalenwerte eines Fragebogens, so spricht man von einer Messung. Jede Messung ist im Prinzip fehlerbehaftet, ›wahre‹ Messungen gibt es nicht (Kordy & Hannöver). Die Differenz zwischen Prä- und Postwert soll nur dann als bedeutsam im Sinne eines Therapieerfolgs erachtet werden, wenn sie größer ist, als die Ungenauigkeit der Messung erwarten läßt.

Man erhält ein *statistisch signifikantes* Ergebnis, wenn die gemessene Differenz größer ist als die *kritische Differenz,* die (wahrscheinlichkeitstheoretisch) den Meßfehler berücksichtigt. Schon bei der Wahl der Größe des Konfidenzintervalls liegt eine Entscheidung vor, wieviel Risiko für eine Fehlbeurteilung man eingehen möchte.

Als *Reliable Change Index (RCI)* wird nach Jacobson (1984) der Grenzwert genannt, den eine Messwertdifferenz Prä-Post überschreiten muß, die nicht nur aus der Meßungenauigkeit entstanden ist und in die erwünschte Richtung der Veränderung weist.

Überschreitet die gemessene Differenz den RCI, so weiß man noch nicht, ob die gemessene Veränderung auch klinisch bedeutsam ist, ob also ein ›gesunder‹ Zustand erreicht worden ist.

Eine Meßwertdifferenz wird *klinisch signifikant* genannt, wenn bei Behandlungsende die Skalenwerte denen von ›Gesunden‹ entsprechen, nachdem sie am

Anfang außerhalb des ›gesunden‹ Bereichs lagen. Da auch die Meßwerte der Nicht-PatientInnen streuen, läßt sich ein Normalbereich angeben, in dem ein definierter Prozentsatz (50, 75 oder 90) der Werte liegen. Auch dieser Prozentsatz wird vom Untersucher gewählt.

Für Gesunde und Kranke läßt sich nun jeweils eine Verteilung des Meßwerts beschreiben, die sich überlappen. Legt man nun einen Trennwert (Cut-off-Punkt) fest, der zwischen gesund und krank trennen soll, so entscheidet man wieder für einige Meßwerte falsch. Um diesen Fehler fair zu verteilen, empfehlen Schauenburg & Strack (1998), den Cut-off-Punkt an die Stelle zu legen, an der die Wahrscheinlichkeit, zur Gruppe der Kranken oder der Gesunden zu gehören, gerade 50 % beträgt.

Ich werde für die Erfolgsmaße jeweils im einzelnen angeben, welches Entscheidungskriterium ich gewählt habe in Abhängigkeit von Konventionen, vom Vorgehen in vergleichbaren Studien und mit der Vorgabe, eine Aufteilung in zwei ähnlich große und klinisch unterscheidbare Gruppen zu erreichen, die dann Vergleiche der KBT-spezifischen Resultate erlaubt.

Ich habe damit eine modifizierte Form des in anderen Studien erprobten Median-Splits gewählt, um ein gewisses Maß an klinischer Relevanz in der Gruppeneinteilung widerzuspiegeln. Nicht die Gruppe wird in eine Rangreihe gemäß der Erfolgskriterien geordnet und halbiert (Median-Split), sondern für jeden einzelnen Patienten wird eine Medianhalbierung gemacht: Wer mehr als die Hälfte der Erfolgskriterien erreicht, kommt in die erfolgreiche Gruppe.

## 7.5 Die Erhebungsinstrumente im Einzelnen

### 7.5.1 Die Symptom-Check-Liste (SCL-90)

Die Symptom-Check-Liste (SCL-90-R) von Derogatis (1977), deutsche Version von Franke (1995), *„mißt die subjektiv empfundene Beeinträchtigung durch neunzig vorgegebene körperliche und psychische Symptome der Person in einem Zeitfenster von sieben Tagen, und sie bietet eine mehrdimensionale Auswertungsstruktur mit der Möglichkeit der Meßwiederholung" (S. 5).*

Der Mittelwert über alle Symptomausprägungen (GSI: general severity index) ist ein Maß für die grundsätzliche psychische Belastung der Person. Die Items der SCL-90 lassen sich neun Skalen zuordnen, die die Symtombelastung differenzierter beschreiben: Symptome werden zusammengefaßt in den Skalen *Somatisierungsneigung, Zwanghaftigkeit, Unsicherheit im Sozialkontakt, Depressivität, Ängstlichkeit, Aggressivität/ Feindseligkeit, Phobische Ängste, Paranoides Denken und Psychotizismus.*

Die Skalenmittelwerte beschreiben Qualität und Ausmaß der subjektiv empfundenen Beschwerden. Klinische Untersuchungen im deutschsprachigen Raum zeigten, daß die SCL-90 geeignet ist, symptomatische Änderungen unter stationärer Psychotherapie abzubilden (Franke 1995, Wuchner, Eckert & Biermann-Ratjes 1993).

Auf Grund der Höhe und der Veränderung des GSI läßt sich die Studiengruppe in erfolgreiche und weniger erfolgreiche PatientInnen einteilen. In einer eigenen Untersuchungen im Rahmen des Arbeitskreises für stationäre Gruppentherapieforschung (Schreiber-Willnow 1997) an 162 PatientInnen der Rhein-Klinik fanden sich GSI-Werte von durchschnittlich 1,50 (+/- 0,67) bei Behandlungsbeginn und 0,98 (+/- 0,69) bei Behandlungsende. (Effektstärke: 0,78). In ihrer Stichprobe der Normalbevölkerung (N=1006) fand Franke (1995) einen GSI von 0,33 (+/- 0,25).

Die Einteilung in die Erfolgsgruppen erfolgt gemäß Schauenburg & Strack (1998). Bei einem Cut-off-Punkt von C=0,57 beträgt die Wahrscheinlichkeit, zur ›funktionalen‹ bzw. zur ›dysfunktionalen‹ Gruppe zu gehören, gerade 50%. Das berücksichtigt das ›Gruppen-Wechsel-Kriterium‹: *„Ein Patient gilt als klinisch signifikant gebessert, wenn er sich im Rahmen einer Therapie von einem ‚dysfunktionalen‹ in einen ‚funktionalen‹ Bereich bewegt“. (a.a.O., S. 9)*

Die Gruppe der PatientInnen mit Anfangs- und Entlassungswerten im Normbereich muß extra betrachtet werden: es können Symptome vorliegen, die mit der SCL-90 nicht erfaßt werden. Es kann eine Verleugnung von Symptomen vorliegen. Das entzieht sich einer statistischen Beurteilung. Weiterhin kann wegen der geringeren Streuung der Normal-Population eine Veränderung gar nicht in der Höhe eintreten, wie bei schwerer symptomatisch Belasteten. Sie haben schon bei geringerer Prä-Post-Differenz eine reliable Veränderung.

Bei einem Cut-off-Punkt von C=0,57 im GSI für die Unterscheidung von Normalbevölkerung und Psychotherapie-PatientInnen und einem Reliable Change Index von RCI=0,43 für die stationären Psychotherapie-PatientInnen bzw. RCI=0,16 für die Normalstichprobe, ergeben sich die in Tabelle 7 aufgeführten Definitionen.

Im Klientel der Rhein-Klinik finden sich PatientInnen mit langwierigen chronifizierten psychischen und psychosomatischen Erkrankungen (laut Basisdokumentation der Rhein-Klinik erkrankten im Jahr 1996 62% der stationär Behandelten bereits vor mehr als zwei Jahren). Bei diesem Chronifizierungsgrad ist nicht zu erwarten, daß die PatientInnen symptomfrei entlassen werden. Deswegen ist auch die statistisch signifikante Reduktion von Symptomen ein klinisch befriedigendes Ergebnis. Mit der Definition, klinische und statistische Besserung als erfolgreich zu bezeichnen, erfüllen 56,7% der Studiengruppe von 1996 das Erfolgskriterium (Schreiber-Willnow 1997), bei Schauenburg & Strack 48,7%.

Für die vorliegende Studie wähle ich die Einteilung nach Schauenburg und fasse die statistisch und klinisch erfolgreiche Gruppe zusammen.

Definition: Die Behandlung ist bezüglich der Symptomentwicklung erfolgreich, wenn der Entlassungswert GSI2 signifikant kleiner ist als der Ausgangswert GSI1. (GSI1 – GSI2 > RCI, RCI = 0.43 für GSI1>C, RCI = 0.16 für GSI1< C, mit C = 0.57).

Tabelle 7: Definition der Erfolgskriterien in der SCL-90

| | |
|---|---|
| Ein Psychotherapie-Patient gilt bezüglich seines Symptomerlebens als *klinisch-signifikant gebessert (‚geheilt')*, wenn die GSI-Differenz größer als 0.43 ist und sein GSI-Wert zum Zeitpunkt t2 (Entlassung) unter 0.57 liegt. | GSI1 – GSI2 >0.43 und GSI1 >0.57 und GSI2 < 0.57 |
| Ein Psychotherapie-Patient gilt als *statistisch signifikant gebessert*, wenn seine GSI-Differenz (t1 – t2) mindestens RCI = 0.43 beträgt. Liegt sein GSI-Wert zu Behandlungsbeginn (t1) unter 0.57 (geringe initiale Symptombelastung), so ist eine Änderung von RCI= 0.16 schon statistisch signifikant. Hier wird die Standardabweichung der Normalstichprobe herangezogen. | GSI1 – GSI2 > 0.43 |
| Das Symptomerleben ist *unverändert*, wenn die Differenz GSI1-GSI2 kleiner als 0.43 ist (bzw. bei initial wenig Belasteten kleiner als 0.16) | \|GSI1 – GSI2\| < 0.43 |
| Ein Psychotherapie-Patient gilt als *statistisch signifikant verschlechtert*, wenn GSI2-GSI1 größer als 0.43 (bzw. bei initial wenig Belasteten größer als 0.16) | GSI2 > GSI + 0.43 |
| Ein Psychotherapie-Patient gilt als *klinisch und statistisch verschlechtert*, wenn er sich statistisch verschlechtert hat und sein GSI1 unter 0.57 und GSI2 über 0.57 liegt | GSI2 > GSI1 + 0.43 und GSI1 < 0.57 und GSI2 > 0.57 |

### 7.5.2 Gießen-Test (GT)

Zur Persönlichkeitsbeurteilung wurde der Gießen-Test (Beckmann, Brähler & Richter 1991) zu Behandlungsbeginn und -ende eingesetzt. Der Gießen-Test ist ein Persönlichkeitsinventar, das auf psychoanalytischer Grundlage entwickelt wurde und im deutschsprachigen Raum vielfach verwendet wird.

Die Items des Gießen-Test fragen nach komplexen emotionellen Grundbefindlichkeiten wie Ängstlichkeit oder Depressivität, sowie nach fundamentalen Ich-Qualitäten wie Introspektion, Phantasie, Durchhaltefähigkeit, Selbstkritik, Durchlässigkeit. Die Mehrzahl der Items fragen nach sozialen Beziehungen i. S. von Nähe, Abhängigkeit, Vertrauen, sozialen Reaktionen und sozialer Resonanz. Die Items werden in sechs zweipoligen Skalen mit den Bezeichnungen *Soziale Resonanz, Dominanz, Kontrolle, Grundstimmung, Durchlässigkeit und soziale Potenz* zusammengefaßt.

Die Auswertung des Gießen-Tests orientiert sich an einer Normstichprobe. Es wird von einer positiven bedeutsamen Veränderung in einer Skala gesprochen, wenn die PatientInnen nach Beckmann et. al. (1991) eine Differenz von fünf Rohwertpunkten von Prä bis Post aufweisen und am Anfang außerhalb oder am Rande des Normbereichs von 70% (T-Werte unter 40 bzw. über 60) liegen .

Strauß (1994) wählte bei mittleren Behandlungsdauern von sechs Monaten drei Skalen mit bedeutsamer Änderung als Erfolgskriterium. Da in der vorliegenden Untersuchung bei Behandlungsbeginn im Mittel nur zwei der sechs Skalen außerhalb des Normbereichs liegen und die Behandlungen im Mittel drei Monate dauern, habe ich für eine Besserung auch nur eine Änderung zweier Skalen verlangt. Es ist bekannt, daß der Gießen-Test in der relativ kurzen Zeiträumen stationärer Psychotherapie wenig änderungssensibel ist, da er Persönlichkeitsmerkmale erfaßt, die eher stabil über die Zeit sind und sich erst in längeren therapeutischen Prozessen verändern.

Definition: Die PatientInnen haben sich in ihrer Persönlichkeitsstruktur im Gießen-Test positiv verändert, wenn sie in mindestens zwei der sechs Skalen eine bedeutsame Veränderung zeigen.

### 7.5.3 Globale Beurteilung des Behandlungserfolgs durch die Therapeuten

In Rahmen der Basisdokumentation der Rhein-Klinik (1997), die angelehnt ist an die Empfehlungen des DKPM zu einer einheitlichen Basisdokumentation (Broda, Dahlbender & Schmidt 1993), werden zwei globale Einschätzungen für den Behandlungserfolg gegeben, nämlich

Frage 32:

„*Wie hat sich das körperliche Befinden des/der PatientIn im Laufe der Behandlung verändert?*" und

Frage 33:

„*Wie hat sich das seelische Befinden des/der PatientIn im Laufe der Behandlung verändert?*"

Auf einer fünfstufigen Likert-Skala wird global eingeschätzt: deutlich gebessert, etwas gebessert, unverändert, etwas verschlechtert, deutlich verschlechtert. In der Basisdokumentation wird aus beiden Skalen eine gemeinsame Gruppeneinteilung vorgenommen:

Gruppe 1: bei beiden Fragen mindestens etwas gebessert

Gruppe 2: bei beiden Fragen mindestens unverändert

Gruppe 3: verschlechtert oder höchstens bei einer Frage unverändert.

In die Gruppe 1 fielen im Jahr 1996 insgesamt 66 % aller PatientInnen der Rhein-Klinik, 34% in Gruppe 2 und 0,2% in Gruppe 3 (Basisdokumentation, Rhein-Klinik 1997).

Kritisch ist bei dieser Globalbeurteilung anzumerken, daß PatientInnen ohne somatische Beschwerden hier in der Kategorie ›unverändert‹ auftauchen. Damit ist die Einteilung eine eher konservative, mit der eine psychische Besserung ohne körperliche Beschwerden tendenziell unterschätzt wird.

Für meine Untersuchung habe ich die Gruppe 1 noch weiter differenziert und als erfolgreich nur diejenigen bezeichnet, die sich in einer Skala deutlich und in der zweiten mindestens etwas gebessert haben, um ein trennschärferes Kriterium zu erhalten.

Definition: Ein/e PatientIn erfüllt das Erfolgskriterium, wenn er/sie in einer Frage zur Befindensänderung deutlich und in der zweiten Frage mindestens etwas gebessert eingeschätzt wird.

### 7.5.4 Individuelle Therapiezielskalierung

Die PatientInnen formulieren am Anfang der Behandlung für sich drei Therapieziele: ein erstes Ziel bezüglich körperlicher und seelischer Beschwerden, ein zweites Ziel bezüglich des eigenen Verhaltens in Beziehungen und ein drittes Ziel bezüglich konkreter Veränderungen in Familie, Wohn- oder Arbeitssituation.

Am Ende der Behandlung bekommen sie ihre Ziele noch einmal vorgelegt und schätzen nun auf einer fünfstufigen Skala (zwischen 0 und 100%) ein, wie weit sie dieses Ziel erreicht haben.

Kritisch ist hier anzumerken, daß in der Regel jene Ziele, die sich auf Wohn- und Arbeitssituation beziehen, nicht während des Klinikaufenthaltes erreicht werden können, Ziele wie mehr Zufriedenheit am Arbeitsplatz sind nicht überprüfbar. Da die Skala nur 5 Stufen vorgeben, müssen die Patienten sich zwischen 50 oder 75% entscheiden. Mit diesen Einschränkungen nenne ich ein positives Behandlungsergebnis, wenn die genannten Ziele im Durchschnitt mindestens zu 50% als erreicht eingestuft werden.

Definition: Ein positives Behandlungsergebnis bei der Therapiezielskalierung liegt vor, wenn die genannten Ziele im Durchschnitt zu mindestens 50% erreicht werden.

### 7.5.5 Inventar zur Erfassung interpersonaler Probleme (IIP-D)

Während die Symptomlisten wie die SCL-90 eher intrapsychische Beschwerden erfassen, wurde das ›Inventory of Interpersonal Problems‹ (IIP) von Horowitz et. al. (1988) entwickelt, um den Anteil an Schwierigkeiten und Problemen zu erfassen, den PatientInnen im Umgang mit anderen Menschen beschreiben. Theoretische Grundlage des IIP ist die interpersonale Persönlichkeitstheorie, die auf Sullivan (1953) und Leary (1957) zurückgeht.

*„Die Grundannahme der interpersonalen Theorie besagt erstens, daß alle interpersonalen Verhaltensweisen in einem zweidimensionalen Raum, mit den bipolaren Dimensionen Zuneigung/Fürsorge (von liebevoll-zugewandt bis feindselig-distanziert und Dominanz/Kontrolle (von dominant-kontrollierend bis submissiv-unterwürfig), beschreibbar sind. Das zweite Postulat bezieht sich darauf, daß zwei miteinander agierende Personen ihr Verhalten in der Weise beeinflussen, daß Ausgangsverhalten und die Reaktion darauf einander komplemen-*

*tär sind; die komplementären Verhaltensweisen ähneln sich im Hinblick auf die Zuneigungs- und sind reziprok hinsichtlich der Kontroll-Dimension.“ (Ziegenrücker, Junge & Ahrens 1996, S. 23)*

Leary entwickelte 1957 das Circumplex- Modell, das erlaubt, die interpersonalen Eigenschaften und Probleme in einem zweidimensionalen Raum in Form eines Kreismodells anzuordnen. Das IIP liegt in einer deutschen Fassung mit 64 Items vor (Horowitz, Strauß & Kordy 1994). Jeweils acht Items beschreiben einen Oktanten des Kreismodells. Die Konstruktvalidität wurde in verschiedenen Untersuchungen untermauert und die Eignung für die klinische Diagnostik nachgewiesen (Horowitz 1993).

Die Skalenbezeichnungen in der deutschen Version lauten: (PA) zu autokratisch, (BC) zu streitsüchtig, (DE) zu abweisend, (FG) zu introvertiert, (HI) zu unterwürfig, (JK) zu ausnutzbar, (LM) zu fürsorglich, (NO) zu expressiv. Der IIP-Gesamtwert als Mittel über alle Skalenwerte beschreibt das Ausmaß an interpersonaler Problematik.

Strauß & Burgmeier-Lohse (1994) schlagen als Effektivitätskriterium für die stationäre Psychotherapie eine kritische Differenz von Anfangs- und Endwert des IIP-Gesamtwertes von 0,59 vor. Dieses Kriterium wird in ihrer Untersuchung von 22% der PatientInnen bei Behandlungsende erreicht. Sie fanden auch, daß die interpersonalen Problematik zum Katamnesezeitpunkt noch deutlicher zurückgegangen ist.

Ziegenrücker, Junge & Ahrens (1996) finden einen signifikanten Rückgang des IIP-Gesamtwertes bei Behandlungsende, während nicht alle acht Einzelskalen sich signifikant ändern.

Eigene Untersuchungen im Rahmen der multizentrischen Gruppentherapie-Studie (Schreiber-Willnow 1997) für die PatientInnen der jetzt untersuchten Station zeigen einen deutlichen Rückgang der interpersonalen Problematik in allen Skalen: im Wilcoxon-Test ist die Gesamt-IIP-Differenz Prä-Post signifikant verschieden ($p<0.001$) als auch in allen Skalen bis auf die Skala PA ( zu autokratisch). Das Effektivitätskriterium von Strauß trifft auf 24,2% der Rhein-Klinik-Stichprobe von 1996 zu.

Kordy et.al. (o.J.) haben in einer neuen Repräsentativerhebung 1995/96 an 3047 Personen einen mittleren IIP-Gesamtwert von 1.28 (Standardabweichung: $S=0.51$) gefunden. Die Reliabilität für die Gesamtskala, geschätzt über Cronbachs $\alpha$ beträgt Rel = 0.94 (persönliche Mitteilung von W. Hannöver). Der Standardmeßfehler läßt sich bestimmen als:

SE = S $(1\text{-Rel})^{1/2}$ = 0.12. Bei einer Irrtumswahrscheinlichkeit von 5% erhält man als kritische Differenz RCI = $2^{1/2} \times 1.96 \times 0.12 = 0.33$. Dieser Wert ist kleiner als der bei Strauß angegebene, da die neue Normstichprobe größer ist und damit einen kleineren Standardmeßfehler hat. Er soll in dieser Studie zur Anwendung kommen.

Definition: Eine bedeutsame Veränderung der interpersonalen Problematik liegt vor, wenn eine kritische Differenz von Anfangs- und Endwert des IIP-Gesamtwertes von mindestens 0.33 erreicht wird.

### 7.5.6 Gruppeneinteilung

Der klinische Behandlungserfolg der PatientInnen wird auf Grund der fünf Einzelkriterien ermittelt: ›Erfolgreich‹ nenne ich die PatientInnen, die in 3–5 der Kriterien eine bedeutsame Veränderung aufweisen, ›weniger erfolgreich‹ nenne ich die PatientInnen mit 0–2 bedeutsam veränderten Kriterien.

Betont sei an dieser Stelle, daß in der Gruppe der weniger Erfolgreichen durchaus PatientInnen zufriedenstellende klinische Veränderungen zeigen können, die in der globalen Befindlichkeitsbeurteilung als etwas gebessert beschrieben werden, die aber auf Grund meines strengeren Kriteriums den Sprung in die erfolgreiche Gruppe nicht schaffen.

Tabelle 8: Übersicht über die Kriterien für einen Behandlungserfolg

| **Instrument** | **Erfolgskriterium** |
|---|---|
| Gießen- Test | 2 oder mehr Skalen zeigen bedeutsame Veränderung |
| SCL 90 | GSI2 signifikant kleiner als GSI1 |
| IIP | Differenz des IIP- Gesamtwerts Prä- Post größer als 0,33 |
| Globale Beurteilung Therapeut | in einer Fragen deutlich, in einer mindestens etwas gebessert |
| Therapieziele PatientIn | genannte Ziele im Mittel zu mindestens 50% erreicht |
| | |
| **Definition: Behandlungserfolg** | |
| ‚erfolgreiche' PatientInnen | 3, 4 oder 5 Erfolgskriterien erreicht (‚mehr als 50%') |
| ‚weniger erfolgreiche' PatientInnen | 0, 1 oder 2 Erfolgskriterien erreicht (‚weniger als 50%') |

## 7.6 KBT-spezifische Erhebungsmethoden

Unter den vorhandenen empirischen Erhebungsmethoden zum Körpererleben (Brähler 1986, Wiedemann 1986, Strauß 1986, Deusinger 1986) wählte ich den Fragebogen zur Beurteilung des eigenen Körpers von Strauß & Appelt aus, da zumindest in zwei Skalen das Erleben des Körpers thematisiert wird. Außerdem liegen schon einige Untersuchungen mit dem Bogen vor, so daß Vergleiche möglich sind.

Um den spezifischen Ansatz der KBT zu untersuchen, habe ich ein Kelly Grid (Scheer & Catina 1993) entwickelt, das einerseits in seinen Elementen KBT-spezifisch ist und andererseits in der Erhebungsmethode sich gut mit dem KBT-Erstinterview verbinden läßt.

Als Prozeßinstrument entschied ich mich für den GEB-KBT (Seidler 1995 und Eckert 1996), der sich in einer Ein-Zeitpunkt-Erhebung als geeignet gezeigt hat, methodenspezifische Faktoren abzubilden.

### 7.6.1 Der Fragebogen zur Beurteilung des eigenen Körpers (FBeK)

Der Fragebogen zur Beurteilung des eigenen Körpers (FBeK) wurde von Strauß & Appelt (1983) zunächst für eine psychoendokrinologische Studie bei Frauen mit Hirsutismus entwickelt. Es sollte untersucht werden, ob diese Patientinnen sich bezüglich Attraktivität, Identifikation mit dem Körper und Selbstwertgefühl anders erlebten als andere Frauen.

Ziel des Fragebogens war es, das Körpererleben, d.h. „die bewußte Erfahrung und Beurteilung des Körpers als Ganzes“ (Strauß 1986, S. 221) zu erfassen. Die Items sind faktorenanalytisch in drei Skalen zusammengefaßt und werden von den AutorInnen interpretiert:

*„Faktor 1, durch insgesamt 19 Items definiert, deren Inhalt eher negative Beurteilungen des Körpers umfaßt, wie z. B. Äußerungen mangelnder Empfindsamkeit, den Wunsch nach mehr körperlicher Erlebnisfähigkeit oder nach einem anderen Körper sowie Unsicherheit und Ablehnung des Äußeren und körperlicher Reaktionen. Die Skala erhielt die Bezeichnung ›Unsicherheit/Mißempfinden‹. Den Faktor 2 definieren 13 Items mit positiven Beurteilungen des Körpers (Zufriedenheit und Identifikation mit dem Aussehen, der Figur und den einzelnen Körpermerkmalen, Feststellung des Vertrauens zum eigenen Körper und der eigenen*

*Attraktivität). Diese zweite Skala erhielt die Bezeichnung ›Attraktivität/Selbstvertrauen‹. Auf den dritten Faktor luden (…) Items, die sich allesamt auf die Bedeutung des Körperäußeren und die Sensibilität für Äußerlichkeiten und Körpervorgänge beziehen, aber auch Sorgen um die Gesundheit und Leistungsfähigkeit. Die daraus gebildete Skala 3 des Fragebogens erhielt die Bezeichnung ›Akzentuierung des Körpers/Sensibilität‹." (Strauß & Richter-Appelt 1996, S. 10)*

Die drei auf diese Weise gebildeten Skalen erwiesen sich als reliabel und weitgehend valide. Die AutorInnen schlagen auch ein Vier-Skalen-Modell vor, das aber in den bisherigen Studien noch keinen Eingang gefunden hat. Ich werde deshalb, um einen Literaturvergleich zu ermöglichen, an dieser Stelle die Drei-Skalen-Version nutzen.

Der FBeK hat sich in verschiedenen Studien als geeignet erwiesen, Aspekte des Körpererlebens für klinische und nicht klinische Gruppen zu trennen: Die Skala 1 ›Unsicherheit/Mißempfinden‹ ist nach den bisherigen Befunden besonders trennscharf bei Frauen mit Hirsutismus und PatientInnen mit psychosomatischen Störungen (speziell Anorexie und Bulimie). Skala 2 ›Attraktivität/Selbstvertrauen‹ beschreibt vor allem bei niedriger Punktzahl jene PatientInnen, deren Symptomatik äußerlich sichtbar ist. Die Skala 3 erwies sich in den verschiedenen Studien als am wenigsten trennscharf.

In zwei Studien ist eine Änderungssensitivität des Fragebogens im Kontext psychotherapeutischer Maßnahmen beschrieben. Strauß & Appelt (1986) untersuchten Paare mit sexuellen Funktionsstörungen vor und nach einer dreiwöchigen Paartherapie mit dem FBeK und fanden statistisch signifikante Unterschiede in den Prä- und Post- Beurteilungen der ›Symptomträger‹.

Woerner, Lehmkuhl & Woerner (1989) fanden bei anorektischen Patientinnen nach Psychotherapie eine signifikante Veränderung im FBeK: die Unsicherheit nahm ab, Attraktivität/Selbstvertrauen nahm zu.

Diese Befunde ermutigten mich, den FBeK zur Evaluation von Veränderungen im Körpererleben während stationärer Psychotherapie einzusetzen.

Ich erwarte, daß sich im Laufe der stationären Psychotherapie speziell durch die Behandlung mittels der Konzentrativen Bewegungstherapie das Körpererleben im Sinne der Skala 1 und 2 deutlich verändern. Die Skala 3 erfaßt mehr äußerliche Aspekte des Aussehens und der Körperpflege. Hier erwarte ich keine deutliche Veränderung.

Zur Auswertung werden die mittleren Skalenwerte und Streuungen berechnet und die Prä-Werte mit den Ergebnissen anderer Studien verglichen. Zur Veränderungsmessung des Körpererlebens der Gesamtgruppe nach KBT werden die Skalenmittelwerte Prä und Post auf Unterschiede getestet (s.u., Hypothese 1). Als mögliche Einflußgrößen werden Erfolgsgruppe und Setting untersucht (s.u., Hypothese 2).

### 7.6.1.1 Das Leiberleben im FBeK

Mein spezifisches Anliegen, Veränderungen im Körper- und Selbsterleben durch die KBT zu untersuchen, wird durch den FBeK nur zum Teil abgedeckt. So sind etwa all jene Items, die sich auf das äußere Erscheinungsbild, das Aussehen oder auf erwartete Reaktionen anderer beziehen, im Rahmen der KBT nicht von zentraler Bedeutung.

Vielmehr wird durch die Methode des konzentrativen Spürens eine Sensibilität für das Innenerleben gefördert, so daß ein positives Behandlungsergebnis auch sein kann, den Körper, so wie er ist, zu akzeptieren.

Ich habe deshalb aus dem FBeK jene Items extrahiert, die im Sinne der therapeutischen Philosophie der KBT ein positives Leiberleben beschreiben. Die Auswahl der Items erfolgte auf Grund eines Expertinnen-Ratings: Ich habe drei erfahrene KBT-Therapeutinnen gebeten, aus dem Bogen die ihnen relevanten Fragen zu wählen und in einer gemeinsamen Expertenrunde ihre Wahlen zu diskutieren, theoretisch zu begründen und zu einer übereinstimmenden Liste zu kommen. Ich danke an dieser Stelle meinen KBT-Kolleginnen Ingrid Krause, Katrin Paehler und Brigitte Urban für ihre engagierte Unterstützung!

In diesem Prozeß wurde 11 Items ausgewählt, für die Übereinstimmung unter den Expertinnen herrschte (1, 40, 50, 4, 8, 36, 41, 46, 51, 6 und 28). Drei Items sind aus Skala 1, sechs aus Skala 2 und zwei aus Skala 3.

Item 40 *„Ich wünsche mir oft, mehr zu empfinden"* spricht die Empfindungsfähigkeit an, die durch KBT gefördert wird, ist in dieser Formulierung aber nicht geeignet, Veränderungen zu erfassen, da die psychosomatischen PatientInnnen zum Teil anfangs ›zu wenig‹ empfinden, zum Teil aber auch ihre Empfindung sich in heftigen körperlichen Schmerzen und Mißempfindungen äußern, so daß ein mehr davon nicht erwünscht ist. Es bleiben also zehn KBT-spezifische Items aus dem FBeK, die ich im Folgenden erläutern werde.

*Ich fühle mich in meinem Körper zu Hause (46)*

Die ist das Leit-Item für gelungenes Leiberleben im Sinne der KBT. Es impliziert ein Kennen des eigenen Körpers, ein Vertrautsein, ein ›Eins mit sich sein‹, eine positive Besetzung des Körpers, die vielen psychosomatischen PatientInnen zu Behandlungsbeginn fehlt.

*Ich bin mit meinem Körper zufrieden (41)*

Zufriedenheit bezieht sich in diesem Zusammenhang auf die Außen- und Innenwahrnehmung, es ist sowohl die äußere Erscheinung als auch das Erleben angesprochen. Zu Behandlungsbeginn besteht bei den psychosomatischen PatientInnen oft wenig Zufriedenheit mit dem Körper: die körperlichen Beschwerden und Symptome führen zu Unzufriedenheit. Zu hohe Ideale, aber auch die normalen Alterungsprozesse führen zu einer Abwertung des Körpers, so wie er ist. Durch den oft schmerzlichen Therapieprozeß werden überhöhte oder nicht angemessene Körperideale in Frage gestellt und zu Gunsten der Realität korrigiert, auf der anderen Seite entsteht mehr Zufriedenheit mit dem Körper, wenn die Beschwerden in ihren Sinn verstanden sind und eine sprachliche Symbolisierung gefunden ist. In beiden Fällen ist am Ende einer erfolgreichen Behandlung mehr Zufriedenheit zu erwarten.

*Ich achte darauf, daß mein Körper bekommt, was er braucht (51)*

Dieses Item spricht die Eigenverantwortung an, im bewußten Umgang mit dem Körper für sich zu sorgen, sich weder zu vernachlässigen, noch anderen die Sorge zu überlassen. Insbesondere bei PatientInnen mit starken regressiven Neigungen aber auch in der Depression ist die eigenständige Sorge für den Körper ein wichtiger Heilungsschritt.

*Ich berühre mich oft sehr liebevoll (36)*

Wenn es im Laufe der Behandlung gelingt, daß der vorher abgelehnte Körper, das abgelehnte Selbst, Zuwendung von den PatientInnen selbst bekommen kann, so erfolgt eine Libidinisierung des Körpers, die vor allem bei sog. früh gestörten PatientInnen in der Kindheit nicht genügend entwickelt werden konnte. Positives Selbsterleben beginnt beim Erspüren und Ertasten des Körpers im Sinne einer positiven Besetzung der Haut als Kontaktorgan (als Tastendes und Getastetes). Auch ist die liebevolle leibliche Selbst-Beziehung eine Grundlage, Beziehungen zu anderen Menschen befriedigender zu gestalten.

*Ich bin oft tollpatschig (50)*

In dieser Formulierung ist eine mangelnde Koordination, Realitätsbewältigung, evtl. auch Probleme mit dem Körperbild und im Raumerleben untergebracht. Mangelnde Koordination der Gliedmaßen, fehlende Erdung, ungenügendes ›Inkarniert sein‹ drücken sich in Tollpatschigkeit aus. Auf der Gefühlsebene kann dieses Erleben mit Scham, Verlegenheit, Peinlichkeit verbunden sein. Im konzentrativen Erspüren der Bewegungsabläufe können hier biographische Zusammenhänge erinnert und in die Sprache gebracht sowie auch neue Bewegungsabläufe erprobt werden.

*Ich möchte genau wissen, was in meinem Körper vorgeht (28)*

Wissen ist einerseits ein intellektuelles, Zusammenhänge um Körperprozesse zu verstehen, andererseits ein ganzheitliches im Erspüren und Bewußtmachen von Körperprozessen. Beides ermöglicht ein Erkennen und Veränderung von (kindlichen) Körperphantasien und führt zu einem anderen Realitätsbezug und damit einer Veränderung der psychosomatischen Symptomatik.

*Es ist mir unangenehm, wenn andere mir ansehen, was in mir vorgeht (1)*

In diesem Item ist ein Beziehungsaspekt formuliert. Damit ist einerseits ein Zusammenhang von Gefühl und dem Anderen benannt, anderseits beschreibt die Formulierung ein Abgrenzungsproblem aus der Perspektive des eigenen Innenerlebens.

*Ich bin mit meinen Geschlechtsmerkmalen zufrieden (4)*

Dieses Item gibt der gelungenen Geschlechtsidentität und der Selbstakzeptanz Ausdruck.

*Wenn mich etwas beunruhigt, greift es auf meinen Körper über (6)*

Der ganzheitlichen Philosophie der KBT zufolge ist eine Beunruhigung immer ein Geschehen, das Körper, Seele und Geist ergreift. Eine Abspaltung eines einzelne Lebensbereiches wäre daher eher als Spaltungsphänomen zu bezeichnen. Dieses Item drückt somit eine Sensibilität für leib-seelische Zusammenhänge aus.

*Auf meine Körpersignale kann ich mich verlassen (8)*

Hier wird der Gedanke des Item 6 weitergeführt: Körpersignale haben eine Bedeutung, die wahrzunehmen und zu verstehen Ziel der KBT ist. Dadurch wird mehr Selbstsicherheit und Selbstakzeptanz erreicht und der Körper als zuverlässig erfahren.

Nicht erfaßt in den Items des FBeK sind das Erleben von Raum und Platz, von Berührung, Nähe und Distanz, Bereiche, die in der KBT ebenfalls von Bedeutung sind. Zur Beurteilung des Behandlungsergebnisses erfasse ich die zehn KBT-spezifischen Items in der Skala Leiberleben gesondert. Item 1 und 50 werden umgepolt. Dann kann ich die mittlere Anzahl von stimmt-Antworten Prä und Post vergleichen.

Die Erwartung ist, daß die Anzahl positiver Antworten mit der KBT-Behandlung zunimmt. Gemäß Hypothese 1 erwarte ich, daß klinisch erfolgreiche PatientInnen auch eine Veränderung des Leiberlebens in eine klinisch günstige Richtung zeigen, d.h. in dieser Skala bei Behandlungsende deutlich mehr positive Antworten als die Gruppe der weniger Erfolgreichen aufweisen.

### 7.6.2 Globale Beurteilung der KBT-spezifischen Veränderungen

Am Ende der Behandlung schätzt die KBT-Therapeutin die Veränderungen der PatientInnen in der KBT-Gruppe auf vier Ebenen ein:

1. Wie hat sich die Körperwahrnehmung verändert?
2. Wie hat sich das Körpererleben verändert?
3. Wie hat sich die Symbolisierungsfähigkeit verändert?
4. Wie hat sich die Fähigkeit zu Versprachlichung des Erlebens verändert?

Die Beurteilung erfolgt auf einer fünfstufigen Skala:

1 – deutlich gebessert
2 – etwas gebessert
3 – unverändert
4 – etwas verschlechtert
5 – deutlich verschlechtert

Der Mittelwert der vier Einzelbeurteilungen, $KBT_{ges}$, wird als Maß für die Gesamtänderung berechnet. Die Einschätzung erfolgt durch die KBT-Therapeutin nach Entlassung der PatientInnen, also retrospektiv und spontan, ohne daß weitere Kriterien für die Beurteilung festgelegt sind. Sie hat daher einem vorläufigen, eher experimentellen Charakter und ist als erster Entwurf für die Entwicklung eines KBT-spezifischen Erfolgskriteriums zu verstehen.

Dennoch sollen die Ergebnisse des $KBT_{ges}$ hier vorgestellt werden, um Material für die Weiterentwicklung zu liefern.

### 7.6.3 Der Gruppenerfahrungsbogen für die KBT (GEB-KBT)

Seidler (1995) hat mit dem GEB-KBT den Gruppenerfahrungsbogen GEB (Strauß &. Eckert 1994, Eckert 1996) für die Untersuchung von KBT-Gruppen weiterentwickelt.

Der GEB ist ein Meßinstrument, das „die unmittelbare Auswirkung des gruppentherapeutischen Geschehens auf Patienten zu erfassen versucht" (Eckert 1996, S. 160). Im GEB werden verschiedenen Aspekte der Gruppenerfahrung erfaßt, die sich erwartungsgemäß günstig auf den Gruppenprozeß auswirken: Gruppenkohäsion, Gruppenklima, Therapieoptimismus des Patienten, Körperliche Reaktionen des Patienten auf des Therapiegeschehen, Aspekte des Therapeutenverhaltens aus der Sicht des Patienten, Identifikation, Einsicht und korrigierende Rekapitulation früher familiärer Erfahrungen, Universalität des Leidens, Interpersonales Lernen und Altruismus. (Zusammenfassung nach Eckert 1996).

Der GEB ist ein Selbstbeurteilungsbogen für das Erleben des Einzelnen in der einzelnen Therapiestunde. Eckert weist darauf hin, daß Selbstbeurteilungsbögen in der Psychotherapieforschung ihren Stellenwert haben, da sie den vergleichsweise größten Anteil an der Varianz von Erfolgskriterien aufzuklären vermögen.

Der GEB-KBT umfaßt sämtliche Items des GEB, erfragt darüber hinaus 17 Items, die sich auf KBT-spezifische Prozeßmerkmale beziehen. Hier wurden alle bis auf zwei Items übernommen, die keine eindeutige Zuordnung zu einer Skala bei Seidler hatten (siehe Anhang). Da alle Items des GEB erfaßt sind, ist eine zusätzliche Auswertung der GEB-Skalen möglich und damit ein Vergleich zu den Skalenausprägungen in anderen Therapiestudien. Der unipolaren Skalierung des GEB entsprechend wurde die Skalierung hier von 0 – *›stimmt überhaupt nicht‹* bis 5 – *›stimmt genau‹* gewählt.

Seidler hat die Items auf Grund der bei Becker (1989) und Stolze (1984) beschriebenen Prozeßmerkmale in KBT-Gruppen entwickelt. Er bezeichnet die Aspekte mit:

a: Selbst- und Körperwahrnehmung,

b: Umgang mit dem eigenen Körper und sich selbst,

c: emotionale Bewertung des Körpererlebens und

d: Körperbezogene Selbsterfahrung.

Die Items lassen sich den vier thematischen Bereichen, wie sie in den Leitlinien zur KBT formuliert sind, zuordnen.

Selbst- und Körperwahrnehmung:

Durch die Methode des aufmerksamen konzentrativen Hinspürens auf Körper- und Bewegungsvorgänge wird die Aufmerksamkeit auf die physikalische und physiologische Realität des Körpers gelenkt.

Item 8 „*Heute konnte ich bewußt die gegenwärtigen Möglichkeiten und Grenzen meines Körpers wahrnehmen*" dient der nüchternen Bestandsaufnahme. Hierunter fallen sowohl Wahrnehmungen des Selbstverständlichen wie Körpertemperatur oder Ausdehnung aber auch von Einschränkungen z. B. in Bewegungsabläufen oder Schmerzen.

Item 18 „*Heute konnte ich meinen Körper deutlich wahrnehmen*" akzentuiert die Spürfähigkeit, die im Verlauf der Behandlung erprobt und geübt wird.

Item 28 „*Während der heutigen Gruppenstunde konnte ich gut spüren, wie es mir gerade ging*" beschreibt die leibliche Ebene der Selbstwahrnehmung, die Empfindungen und Gefühle mit einbezieht.

Item 34 „*Heute konnte ich gut wahrnehmen, was ich gerade mochte, wünschte und wollte*" fragt auf der Ebene der handlungsleitenden Wünsche und Handlungsimpulse. Hier ist das Wollen im Sinne von Antrieb nach vorn in die Zukunft betont, wobei Triebkomponenten und bewußtes Wollen erfaßt sind. Damit ist der Weizsäcker'sche Gestaltkreis von Empfinden, Wahrnehmen, Denken und Handeln angesprochen, der den therapeutischen Prozeß formt.

Umgang mit dem eigenen Körper und sich selbst:

Item 3 „*Heute stören mich Gedanken, Befürchtungen oder Sorgen bei der Konzentration auf meinen Körper*" fragt nach Abwehrphänomenen, Störungen bei der aufmerksamen Zuwendung zu sich selbst.

Item 40 „*Heute war mir mein Körper mehr fremd als vertraut*" erfaßt Erlebensweisen der psychosenahen Auflösung der Ich-Identität, der Abspaltung des Leiblichen etwa bei schwer Traumatisierten oder der mangelnder Inkarnation bei narzißtischen Störungen.

Item 43 „*Heute stand ich meinem Körper sorgenvoll gegenüber*" benennt eine Haltung, die den Körper zum Gegenstand, zum Objekt macht.

Item 31 „*In meinem Körper konnte ich mich heute wohlfühlen*" gibt Aufschluß über die Möglichkeiten, mit sich (und auch seinen Mängeln) zufrieden zu sein bzw. im Laufe der Therapie sich mit sich zu versöhnen. Hier ist die leibliche Basis von Selbst-Akzeptanz und Selbstwert angesprochen.

Die emotionale Bewertung des Körpererlebens:

Item 10 „*Heute hat sich während der Gruppenstunde mein Körpergefühl für mich positiv verändert*" erfaßt einen gelungenen Therapieschritt: in der konzentrativen Hinwendung zum Leiblichen können während der Gruppenstunden schmerzhafte Erinnerungen auftauchen, können körperliche Begrenztheiten gewahr werden. Wenn es gelingt, diese Empfindungen, Gefühle anzunehmen, so können sich Schmerzen und Spannungen lösen und in einem positiven Körpergefühl äußern.

Item 37 „*Mein Körper erschien mir heute wie ein gefühlloser Gegenstand*" beschreibt eine Zustand des Nicht-spüren-Wollens, der sicherlich vor der jeweiligen Biographie der PatientInnen seinen Sinn als Konfliktlösungsversuch hatte, jetzt aber bewußt wird und damit veränderbar.

Körperbezogene Selbsterfahrung:

Item 12 „*Heute konnte ich meinen Körper so annehmen, wie er war*" beschreibt einen positiven Umgang mit der eigenen Leiblichkeit. Gerade bei PatientInnen mit progredienten körperlichen Erkrankungen, chronischen Schmerzen oder auch bei altersbedingtem Nachlassen der körperlichen Fitness können in der KBT Größenphantasien abgebaut, die Vergänglichkeit betrauert und das So-gewordensein angenommen werden. Es bedeutet einen Therapieerfolg, wenn statt der Suche nach dem jugendlichen unversehrten Körper nun der ›Leib, der ich bin‹ lebendig sein darf.

Item 15 „*Was ich heute in der Gruppe erlebt habe, läßt mich meinen Umgang mit mir oder mit anderen in neuem Licht sehen*" benennt den psycho-somatischen Erkenntnisprozeß, den Schritt vom Erleben zum Erkennen.

Item 24 „*Ich habe heute erfahren, wie sich mein seelisches Erleben körperlich äußert*" betont die andere Seite der Wechselwirkung von Psychischem und Somatischem. Nicht nur evoziert die Hinwendung zum Körper Empfindungen und Gefühle, sondern Gefühle haben ihren somatischen Anteil, auf den in der KBT fokussiert wird (im Sinne der Affekttheorie Krauses).

Item 7 „*Heute konnte ich Neues wagen und erproben*" zielt auf den Schritt von der Erkenntnis zum Handeln. Jeder therapeutische Prozeß braucht den Mut, alte gewohnte Bahnen zu verlassen und Neues zu wagen, sowohl im Denken als auch im Tun. In der Konzentrativen Bewegungstherapie ist die handelnde Erprobung Teil der Therapiestunde.

Tabelle 9: Skalen des GEB-KBT

| Skala | Titel | Items* | Anzahl Items |
|---|---|---|---|
| 1 | Körperliches Wohlbefinden und Zuversicht | 1, -3, 7, 9, 10, 12, 22 , 27, 31, -37, -40, -43 | 12 |
| 2 | Lernerfahrung und Einsicht | 5, 15, 17, 29, 32, 33 41, 44 | 8 |
| 3 | Zugang zum körperlichen Erleben und den eigenen Empfindungen | 8, 18, 21, 24, 28, 34 | 6 |
| 4 | Unzufriedenheit mit dem/der TherapeutIn und Unbehagen | 4, 19, 26, 35 | 4 |
| 5 | Unzufriedenheit mit der Gruppe | 6, 42, 46 | 3 |
| 6 | Zurückhaltung und Sich-nicht-verstanden-Fühlen | 2, 11, 23 | 3 |

*Die negativ markierten Items werden invertiert

Item 21 „*Heute bin ich sensibel mit meine körperlichen Empfindungen umgegangen*“ beschreibt einen achtsamen Umgang mit sich, sich selbst in seinen körperlichen Möglichkeiten ernst zu nehmen. Es geht nicht darum, Schmerz, Spannung, negativen Gefühlen auszuweichen, sondern sie in der bewußten Wahrnehmung und Gestaltung zu verwandeln.

Seidler hat den GEB-KBT in einer Studie mit 453 TeilnehmerInnen von KBT-Gruppen eingesetzt und faktorenanalytisch sechs Skalen gebildet (s. Tabelle 9), die auch in der vorliegenden Arbeit Verwendung finden. Als methodenspezifische Skalen können die Skalen 1 und 3 verstanden werden, Skala 2, 4, 5 und 6 bilden methodenunspezifische Wirkfaktoren ab.
Als Skalenwerte dienen die Summe der Itemwerte, geteilt durch die Anzahl der Werte. Bei missing values wird durch die Anzahl vorhandener Items geteilt.

Da die vorliegende Arbeit die erste ist, in der Gruppenverläufe mit dem GEB-KBT untersucht werden, konnte nicht auf empirisch abgesicherte Hypothesen über die Verlaufsformen der Kurven zurückgegriffen werden.

Die Erwartung ist, daß sich die Verläufe der Skalen 1, 2 und 3 deutlich für erfolgreiche und weniger Erfolgreiche unterscheiden, bei den Skalen 4, 5 und 6, die bei Seidler schon sehr niedrig ausgeprägt waren, sind Unterschiede eher unwahrscheinlich.

## 7.6.4 Das Leib-Erleben-Grid

### 7.6.4.1 Grundgedanken der Theorie der persönlichen Konstrukte

Zur Untersuchung des subjektiven Erlebens von Aspekten der Lebenswirklichkeit, die aus dem Blickwinkel der KBT zusammenhängen, bietet sich die Repertory Grid Technik aus der Psychologie der Persönlichen Konstrukte von Kelly (1955) an.

Kellys Grundgedanke ist, daß sich der Mensch als denkendes, handelndes und fühlendes Wesen seine persönliche Welt ›konstruiert‹. Diese ›persönlichen Konstrukte‹ sind Hypothesen über die Welt, die nach Kelly einer ständigen Überprüfung unterzogen werden, um bestätigt oder verworfen zu werden (Validierung oder Invalidierung bei Kelly).

*„Da dies an das Vorgeben eines experimentierenden Wissenschaftlers erinnert, hat Kelly die zentrale Metapher ›der Mensch als Forscher‹ geprägt“. (Scheer & Catina 1993 Bd.2, S. 8)*

Stand Kelly in seiner Zeit theoretisch zwischen psychoanalytischen, lerntheoretischen und humanistischen Ansätzen, so ist heute durch das Aufkommen konstruktivistischen Theorien (etwa Maturana 1987) eine Renaissance dieser Denkweise zu erleben, die auch Kellys Ansatz zu neuer Aufmerksamkeit verholfen hat.

Das Konstruktsystem, das ein Mensch entwickelt hat, dient der Antizipation von Ereignissen und hilft, mit kommenden Ereignissen umzugehen. Der Mensch kann Konstrukte verändern, z. B. sie komplexer oder elaborierter anwenden, die Beziehungen zwischen verschiedenen Konstrukten können sich ändern oder die Bewertung eines Ereignisses mit Hilfe eines Konstrukts kann anders ausfallen.

Kellys Idee war, daß Konstrukte sich als Polaritäten (liebenswert-unfreudlich, vertrauenswürdig-verabscheuenswürdig, glatt – rauh etc.) beschreiben lassen. Diese Gegensatzpaare bilden einen ›semantischen Raum‹, in dem der Mensch den Fluß der Ereignisse anordnet. Inhaltlich für den Einzelnen nahe beieinander liegende Erfahrungen werden in dem Konstruktraum nahe beieinander abgebildet.

Die Auswahl der mit einem Grid zu untersuchenden Ereignisse ist vielfältig (Scheer & Catina, 2. Band 1993). Am bekanntesten ist das Personal Repertory Grid, in dem Beziehungen zu wichtigen nahestehenden Personen als Ereignisse (›Elemente‹) betrachtet werden. In der psychoanalytischen Forschungspraxis wird dieses Grid als eine Möglichkeit genutzt, Objektrepräsentanzen im inneren psychologischen Raum zu lokalisieren (Tschuschke 1993) und strukturelle Veränderungen der Objektrepräsentanzen durch die Psychotherapie über einen Vergleich der

Beurteilung der Beziehungen zu den wichtigen Rollenträgern im Grid zu Behandlungsbeginn und -ende zu erfassen.

Bassler & Krauthauser (1996) zeichnen den therapeutischen Prozeß bei erfolgreichen und weniger erfolgreichen stationären Psychotherapie-PatientInnen mit Hilfe der Grid-Auswertung nach und zeigen, daß erfolgreiche PatientInnen im Lauf der Behandlung eine Annäherung von Selbst- und Idealbild sowie Veränderungen der Übertragungsbeziehung zum Therapeuten i. S. einer Annäherung an das Ideal vollziehen.

Wenn im Grid zwei Elemente nahe beieinander liegen, so sind sie im semantischen Raum, der durch die individuellen Konstrukte aufgespannt wird, ähnlich konnotiert. Bassler konnte in seiner Untersuchung positive und negative Übertragungen im Rollen-Grid dadurch zuordnen, daß er die Nähe oder den Abstand der Übertragungsfigur (Therapeut) zum ›Idealen Arzt‹ bestimmte und die Veränderung in der Zeit untersuchte.

Die Bedeutung des Körpers im inneren psychologischen Raum wurde in wenigen Studien mit der Grid-Technik untersucht.

Feldman (1975) hat ein Grid zur Untersuchung von Körperbild und Objektbeziehungen vorgestellt, das als Elemente verschiedene Körperteile wichtiger Bezugspersonen enthält.

Porsch (1997) hat in seiner umfangreichen Studie die inneren Repräsentanzen des erkrankten Körpers bei PatientInnen mit chronisch entzündlichen und funktionellen Darmerkrankungen untersucht. Mit einem Grid, das als Elemente den Körper und Körperteile sowie verschiedene wichtige Bezugspersonen enthielt, hat er psychoanalytische Thesen zu Krankheitskonzepten und -verarbeitung untersucht. Er fand, daß die Abspaltung des erkrankten Organs auch als protektiver und krankheitsreaktiver Verarbeitungsmodus betrachtet werden müsse. Mit der *„Fähigkeit, etwas zu isolieren, zu strukturieren bzw. der Krankheit eine Vorstellung zu geben, (…) geht es ihnen körperlich und psychisch insgesamt besser.“ (Porsch 1997, S. 259)*

Schmitt (1991) wandte in seiner Studie zum Körpererleben von PatientInnen mit Cystischer Fibrose und Morbus Crohn den FBeK an (s.o.) sowie ein Grid zum Körpererleben. Er konnte bei beiden Gruppen entgegen seinen Annahmen weder großen Distanzen zwischen dem Körper-Ideal und dem Ich noch zwischen der Körper-Norm und dem Ich finden, was für ein negatives Erleben des eigenen Körpers gesprochen hätte.

Carl (1995) hat in ihrer Pilotstudie zur Erfassung von Auswirkungen der Einzel-KBT bei Anorexie-PatientInnen ein Fremdbeurteilungs-Grid entwickelt, in das KBT-spezifische Elemente zur therapeutischen Beziehung, zur Körperstörung und zur Körpererfahrung eingehen. In einer faktorenanalytischen Auswertung ließen sich fünf Faktoren extrahieren: Technische Kooperation, Körperschemastörung, Therapeutische Beziehung, Widerstand und körperliche Intensität der Arbeit. Sie fand bei dreimonatigen Behandlungen wenig Änderung der Körperschemastörung, aber eine signifikante Veränderung der therapeutischen Beziehung und eine Besserung der körperlichen Intensität der Arbeit: Die Patientinnen konnten sich auf das präverbale Beziehungsangebot einlassen.

### 7.6.4.2 Konstruktion des Leiberleben Grids

Aus den vorangehenden theoretischen Überlegungen ist zu erwarten, daß durch die Behandlung mit KBT Änderungen in dem Gefüge der Körper- und Selbstrepräsentanzen erfolgen. Mit einer besseren Akzeptanz des Körpers sollte die Distanz von Körper-Ideal und Real-Ich geringer werden, das leibhaftige In-der-Welt-Sein wird intensiver wahrgenommen. Ich habe im Grid (Tabelle 10) Elemente zusammengestellt, die die verschiedenen Symbolisierungsebenen (Körperwahrnehmung, Körpererleben, bildliche/ haptische und sprachliche Symbolisierung), durch die der KBT-Prozeß geht, ansprechen.

### 7.6.4.3 Erläuterungen zu den Grid-Elementen

Im Leiberleben-Grid wird den PatientInnen die Frage gestellt, wie sie sich zur Zeit in dem jeweiligen speziellen Aspekt des Daseins erleben.

*Ich mit meinen (körperlichen) Beschwerden (1)*

Die meisten stationären Psychotherapie-PatientInnen kommen mit körperlichen Beschwerden, in denen sich ihre Erkrankung ausdrückt. Der Beschwerdedruck zeigt sich in der Distanz des aktuellen Körper-Selbst zum Ich-Element. Im Laufe der psychotherapeutischen Behandlung können die Beschwerden zurückgehen, und/oder die PatientInnen können ein neues Verständnis für den Sinn der Beschwerden gewinnen. Damit ist zu erwarten, daß die Distanz zwischen Körper- und Real-Selbst geringer wird.

Tabelle 10: Elemente des Leiberleben-Grid und ihre Bedeutung

| **Element des Grid** | **erfaßt** |
|---|---|
| 1. Ich mit meinen (körperlichen) Beschwerden | Körperselbst |
| 2. Mein Körper, als ich noch gesund war | Körperselbst |
| 3. Ich, wie ich bin | Real-Selbst |
| 4. Ein Gegenstand, wie ich bin | bildlich/haptische Symbolisierung |
| 5. Ein Körperteil, das ich mag | positive Besetzung des Körpers |
| 6. Ein Körperteil, das ich nicht mag | negative Besetzung des Körpers |
| 7. Meine Weiblichkeit/ Männlichkeit körperlich | Geschlechtliche Identität |
| 8. Mein Körper, wie ich ihn mir wünsche | Körper-Ideal |
| 9. Der Boden unter meinen Füßen | Leibhaftiges In-der-Welt-sein |
| 10. Meine Haltung der Welt gegenüber | Leibhaftiges In-der-Welt-sein |
| 11. Körperliche Berührung von andern | körperlicher Aspekt von Beziehung |
| 12. Wie andere mich mit meinem Körper erleben | vermutete Fremdwahrnehmung |
| 13. Ich, wie ich nach der Therapie sein möchte | Ideal-Selbst |

*Mein Körper, als ich noch gesund war (2)*

Dieses Element gibt Hinweise auf Ressourcen und Verluste, Vergleichsmöglichkeiten von damals und heute. Nach dem Körper-Selbst in seiner historischen Dimension wird gefragt. Die Entwicklung, aber auch Vergänglichkeit des Körpers ist hier angesprochen: Manche PatientInnen waren von Geburt an nie körperlich gesund (z.B. Behinderungen, Neurodermitis), andere mit degenerativen oder chronischen Erkrankungen (Neurofibromatose, Krebs, Multiple Sklerose) müssen ggf. den Verlust körperlicher Unversehrtheit bearbeiten.

*Ich, wie ich bin (3)*

Ich, wie ich bin ist das Element des aktuellen realen Selbsterlebens, das im Vergleich zu idealen oder unerwünschten Elementen am ehesten änderungssensibel ist.

*Ein Gegenstand, wie ich bin (4)*

Die PatientInnen werden aufgefordert, aus dem Fundus der KBT-Objekte eines auszuwählen, das ›so ist, wie sie sich zur Zeit erleben‹. Damit ist ein Angebot zur bildlich-haptischen Symbolisierung des Ich gegeben, und im Interview ist ein erstes Tasterlebnis möglich. Der Vergleich des Be-Greifens und Erlebens des Gegenstandes mit dem aktuellen Selbst-Erleben ermöglicht eine Beschreibung des Konstrukts und seines Gegenpols, die sinnlich fundiert ist. Diese Fragestellung wurde unter den PatientInnen auf der Station sehr bald bekannt und machte neugierig. Die gewählten Gegenstände wurden im Laufe der Therapie verschiedentlich zu verinnerlichten Übergangsobjekten, auch wenn sie nicht real in der Gruppensitzung zur Verfügung standen. Im Abschlußgespräch nahmen die PatientInnen häufig noch mal Bezug auf ›ihren‹ Gegenstand, der oft inzwischen eine ganz anders gepolte Bedeutung bekommen hat.

*Ein Körperteil, das ich mag (5)*

Zu Beginn der Behandlung ist es für viele PatientInnen sehr schwer, überhaupt ein positiv besetztes Körperteil zu benennen und es zu beschreiben, da der Körper insgesamt nur eine negative Besetzung erfahren hat. So liegt in dieser Frage schon der Beginn eines therapeutischen Prozesses, da sie impliziert, daß es positive Besetzung gibt und das Entdecken eines gemochten Körperteils eine Tür zu weitergehendem positiven Selbsterleben öffnen kann.

*Ein Körperteil, das ich nicht mag (6)*

Das affektive Verhältnis zum eigenen Körper wird differenziert und die negative Besetzung spezifiziert. Die Ablehnung kann sich auf Aussehen, Funktion oder Erkrankung eines Körperteils beziehen. Eine genaue Beschreibung ist wichtig, um die Art der Körpererlebensstörung zu erfassen.

*Meine Weiblichkeit/meine Männlichkeit körperlich (7)*

Das Erleben des Körpers in seiner Geschlechtlichkeit führt in den Grid-Interviews auf narzißtische Themen des nicht erfüllten Schönheitsideals oder zur Sexualität in ihrer Erfülltheit oder Unerfülltheit und evoziert schnell eine sehr intime Thematik bei den PatientInnen, vorausgesetzt, im Interview konnte bis hier hin schon ein gewisses Maß an Vertrauen aufgebaut werden.

*Mein Körper, wie ich ihn mir wünsche (8)*

Die Frage nach dem Körper-Ideal ermöglicht einen Kontrast zum Ist- und zum gewesenen Zustand und gibt Aufschluß über die Wünsche der PatientInnen. Der Kontrast zwischen Real- und Ideal-Körper kann im Verlauf einer erfolgreichen KBT geringer werden: sowohl kann das Ideal bescheidener werden als auch der Real-Zustand akzeptabler.

*Der Boden unter meinen Füßen (9)*

Der Boden als tragender Grund ist in der KBT mit Sicherheit, Halt, Tragfähigkeit, Standfestigkeit assoziiert. Das erlebte Verhältnis zum Boden symbolisiert den (frühen) Halt des Menschen durch die Mutter/tragende Umwelt.

PatientInnen mit ungenügender Erfahrung von tragenden Halt erleben in der KBT bei dem Angebot, auf dem Boden zu liegen, Phänomene wie ›ich versinke in den Boden‹, ›der Boden ist wie ein schwarzes Loch‹, er kippt, dreht sich, schwankt. Affektiv erleben sie Angst, Panik, mit körperlichen Sensationen wie Schweißausbruch, Zittern oder Herzrasen. Die therapeutische Begleitung kann in dieser Situation darin bestehen, die Ebene der konkreten Körperwahrnehmung zu verstärken, etwa die Auflagefläche des Rückens auf dem Boden wahrzunehmen, die Hände und Füße zum ausgreifen und ertasten zu nutzen, die Festigkeit dieses realen Bodens zu überprüfen und so der alten Erfahrung eine neue andere gegenüberzustellen. Auch die Stimme der Therapeutin hat eine haltgebende Funktion. Im Stehen wird zu Therapiebeginn der Boden häufig als schwankend, nicht spürbar, wie weggezogen beschrieben. Hier ist direkt ein Ebenenvergleich zwischen realem Boden und innerer Stabilität möglich. Eine erfolgreiche Behandlung kann sich äußern in der neuen Erfahrung ›mit beiden Füßen fest auf dem Boden zu stehen‹, ›auf eigenen Füßen zu stehen‹. Damit ändern sich auch die innere Objektwelt im Sinne eines Mehr an innerem Halt, oder haltender Mutter und weniger an negativem Mutterbild.

*Meine Haltung der Welt gegenüber (10)*

Die Haltung der Welt gegenüber wird körperlich und im übertragenden Sinne verstanden. Sie drückt die eingefleischte, verleiblichte Gefühlslage der Umwelt gegenüber aus. ›Mit eingezogenem Kopf‹, ›in die Ecke verkrochen‹, zurückgezogen, verloren oder mutlos sind Beschreibungen bei Behandlungsbeginn. Die Haltung ist ein Spiegel des persönlichen Daseins in der Welt und darüber hinaus der krankheitsbedingten Einengung. Eine Veränderung der Körperhaltung in der Therapie, die nicht von außen verordnet ist, sondern sich von innen aufbaut, ist Ausdruck und Zeichen für eine verbesserte Bereitschaft, sich in Kontakt mit der Umwelt zu begeben.

*Körperliche Berührung von anderen ›die ich mag‹ (11)*

Das Erleben von Berührung durch die gemochte Person fragt nach einer körperlichen Seite von Beziehungen. Berührungsängste oder Geborgenheitsgefühle, die Fähigkeit zum Abgrenzen oder sich Einlassen, Traumatisierungen durch Übergriffserfahrungen oder Sexualisierung von Berührung können hier Thema werden und Hinweise geben, auf welcher Ebene in der KBT mit Nähe- und Berührungserfahrungen gearbeitet werden kann.

*Wie andere mich mit meinem Körper erleben (12)*

Wenn das vermutete Fremdbild sehr vom Selbstbild differiert, gibt das einen Hinweis auf eine Selbstwertproblematik. Diese Einladung zu einer Selbstbetrachtung von außen ist für manche PatientInnen sehr schwierig, da sie sich von ihrer Sicht gar nicht lösen können.

*Ich, wie ich nach der Therapie sein möchte (13)*

Dieses Ideal-Element ist auf den Zeitraum der Therapie kalibriert und gibt im Vergleich zum Real-Ich Auskunft darüber, wie realistisch die Veränderungen in einem Zeitraum von 6–19 Wochen gesehen werden. Nach einer erfolgreichen Therapie sollte die Differenz von Ich und Ich-Ideal geringer geworden sein.

### 7.6.4.4 Auswertung des Grid

Spezifische Veränderungen über die Zeit können über die individuelle Veränderung von Elementdistanzen beschrieben werden.

Das aktuelle Körper- und Selbsterleben wird mit den Idealen von Körper, Körperteil und Ich-Ideal verglichen. Da die KBT von einer Isomorphie von Mikro- und Makroebene des Erlebens ausgeht, ist zu erwarten, daß das Körpererleben eng verknüpft ist mit dem Ich-Erleben.

Zu Beginn des Klinikaufenthalts werden *Ich* und *Ich mit meinen Beschwerden* in der Wahrnehmung der PatientInnen nahe beieinander liegen, nach erfolgreicher Behandlung sollte die Distanz von *Ich* und *Ich, wie ich nach der Therapie sein* möchte reduziert sein.

Es gibt drei Elemente, die Ebenen der Ich-Ideals beschreiben:
- *Ein Körperteil, das ich mag (5),*
- *Mein Körper, wie ich ihn mir wünsche (8),*
- *Ich, wie ich nach der Therapie sein möchte (13).*

Fünf Elemente sind veränderungssensibel im KBT-Prozeß:
- *Ich mit meinen (körperlichen) Beschwerden (1),*
- *Ich, wie ich bin (3),*
- *Meine Weiblichkeit/ Männlichkeit körperlich (7),*
- *Der Boden unter meinen Füßen (9),*
- *Meine Haltung der Welt gegenüber (10).*

In der KBT wird am realen Bodenkontakt und an der Körperhaltung gearbeitet, aber auch am inneren Erleben, so daß zu erwarten ist, daß erfolgreiche PatientInnen sich körperlich sicherer auf den Füßen fühlen als auch ihre innere Erdung verbessert ist. Ebenso kann über die Arbeit an der Körperhaltung eine neue innere Haltung der Welt gegenüber entwickelt werden. Dieser Transformationsprozeß wird im Grid durch die synchrone Änderung der Distanzen von *Ich*, *Boden* und *Welt* zum *Ideal* modelliert.

Meine Hypothese zur günstigen Veränderung des Körpererlebens unter KBT läßt sich im Grids auf folgende Weise differenzieren:

Die drei Ideal-Elemente haben eine geringe Distanz zueinander. Damit zeige ich, daß Körper- und Ich-Ideal in enger Verbindung stehen. Bei erfolgreichen PatientInnen verringert sich der Abstand der Real-Elemente: *Ich, wie ich bin, Ich mit meinen (körperlichen) Beschwerden, meine Geschlechtlichkeit (körperlich), der Boden unter meinen Füßen, meine Haltung der Welt gegenüber* von den Ideal-Elementen *Wunsch-Körper, gemochtes Körperteil* und *Ich nach der Therapie* im Laufe der KBT-Behandlung.

### 7.6.4.5 Praktische Durchführung der Grid-Erhebung

Das Erstgespräch der KBT-Therapeutin mit den PatientInnen vor Beginn der Gruppentherapie dient der Kontaktaufnahme, der Entstehung einer Übertragungsbeziehung und der Klärung des Behandlungsauftrags für die KBT. In diesem Gespräch wird das Leiberleben-Grid in Form eines teilstandardisierten Interviews erhoben. Zur Überleitung in die Grid-Erhebung werden die PatientInnen gebeten, zum Regal zu gehen, und sich dort einen der KBT-Gegenstände, der ihrem momentanen Zustand entspricht, auszuwählen und zu ihrem Platz mitzunehmen. Mit diesem Einstieg ist ein sinnliches und ein Bewegungselement eingeführt, das auch einen ersten Eindruck gibt, wie in der KBT gearbeitet wird.

Die PatientInnen werden gebeten, Eigenschaften dieses Gegenstandes zu beschreiben und mit sich zu vergleichen. In diesem Vergleich wird oft schon neben dem Initialpol auch der Kontrastpol des Konstruktes genannt, sonst wird er direkt erfragt.

Hier geschieht in diesem Umgehen mit dem Gegenstand ein erster therapeutischer Schritt, nämlich die Anregung zur Symbolisierung des momentan erleben Zustandes durch eine taktile Bewegungserfahrung und deren Benennung.

Die Elemente des Grids sind für das Interview in eine inhaltlich schlüssige Reihenfolge sortiert: vom Erleben der Umwelt über das Körpererleben in verschiedenen Aspekten zum Erleben von Begegnung und schließlich dem Wunsch-Ich nach der Therapie. Soweit es inhaltlich und für den Patienten möglich ist, werden zwei Elemente zum Vergleich vorgelegt, um die Konstrukte zu gewinnen. Wenn der Vergleich nicht möglich scheint, werden die Konstrukte an Hand einzelner Elementbeschreibungen gewonnen. Dieses Verfahren weicht etwas ab vom klassischen Triadenvergleich (Scheer & Catina 1993, S.31 ), hat aber den großen Vorteil, daß es im Rahmen des Erstgesprächs gut durchführbar ist.

Die Erhebung von Konstrukten wird so weit geführt, bis keine neuen mehr dazu kommen (maximal 13). Das Gespräch dauert zwischen 60 und 90 Minuten.

Die PatientInnen erhalten am Ende des Gesprächs den Grid-Bogen (s. Anhang) mit der Bitte, das Rating der Elemente in allen Konstrukten allein vorzunehmen und den Bogen dann wieder abzugeben. Sie bekommen die Instruktion, ihr aktuelles Erleben der einzelnen Elemente auf einer Skala von 1 bis 6 einzuschätzen und in das Grid einzutragen. Falls die Grids dennoch unvollständig oder falsch ausgefüllt werden, werden die PatientInnen gebeten, sie nach erneuter Instruktion noch einmal mitzunehmen und zu ergänzen.

Sechs Wochen nach dem Erstgespräch und bei Behandlungsende erhalten die Patienten das Grid ein zweites und drittes Mal zu einem erneuten Rating vorgelegt. Bei kürzeren Behandlungen entfällt das mittlere Grid. Die Auswertung der Grids erfolgt nach Abschluß der Behandlung.

## 7.7 Statistische Auswertung

Bei der Datenfülle der Studie ist die statistische Auswertung vor allen wichtig, um einen zusammenfassenden Überblick über die Daten zu bekommen. Eine präzise Deskription der Daten steht von daher an erster Stelle vor einer inferenzstatistischen Absicherung von Hypothesen.

Für die Darstellung von Ergebnissen psychologischer Tests werden auf Skalenebene Mittelwerte und Standardabweichungen für verschiedenen Untergruppen in Tabellen dargestellt. Verlaufskurven der Mittelwerte pro Meßzeitpunkt erlauben, Trends in den Daten zu betrachten.

Statistische Tests werden zum größten Teil non-parametrisch durchgeführt. Die Begründung ist eine doppelte: einerseits ist die Normalitätsvoraussetzung teilweise nicht erfüllt, andererseits ist die Intervallskaliertheit vom faktoren-analytisch gewonnenen psychologischen Skalen zu hinterfragen. Bei der Auswahl non-parametrischer Tests wird auf Verfahren zurückgegriffen, die nur wenig Abstriche an die Robustheit machen.

Um eine Vergleichbarkeit der Settings mit unterschiedlicher Stundenfrequenz zu ermöglichen, wird von Setting A jeweils nur jede zweite Stunde in die Berechnung aufgenommen, so daß für alle PatientInnen jeweils ein Meßzeitpunkt pro Woche in die Auswertung eingeht.

Die statistische Auswertung wird mit dem SYSTAT-Programm (SYSTAT for Windows, Version 5, 1992) durchgeführt. Skalenberechnungen bei fehlenden Daten auf Itemebene werden gemäß der Handanweisungen der einzelnen Erhebungsinstrumente vorgenommen. Fehlende Erhebungsbögen führen zum Ausschluß aus der Studie, wenn Prä- und Postmessungen ganz fehlen. Wenn nur einzelne Bögen fehlen, so wird die Einteilung in eine Erfolgsklasse auf Grund der vorhandenen Instrumente vorgenommen. Die Anzahl vorhandener auswertbarer Bögen wird jeweils im Einzelnen angegeben.

Bei der Darstellung der Ergebnisse werden die Mittelwerte und Standardabweichungen angegeben, und nicht die Rangsummen der non-parametrischen Tests. Diese Darstellung dient der besseren Anschaulichkeit.

### 7.7.1 Gruppenvergleiche

Für Prä-Post-Vergleiche der zentralen Tendenz von Skalenwerten kommt der Wilcoxon-Test (Wilcoxon-Matched-Pairs Signed Rank-Test) zu Anwendung. Er ist das Analogon zum parametrischen t-Test für abhängige Stichproben und wird auch für Meßwiederholungen eingesetzt.

Da bei den psychologischen Tests immer mehrere Skalen parallel betrachtet werden, ist eine Korrektur des Signifikanzniveaus bei der Prüfung der einzelnen Skala nötig, um zu gewährleisten, daß das gemeinsame Signifikanzniveau global eingehalten wird. Bei einem globalen Signifikanzniveau von $\alpha = 0.05$ läßt sich das korrigierte $\alpha^*$ für die einzelne Skala nach Bonferroni als $\alpha^* = \alpha/$ (Anzahl der Skalen) berechnen. Mit dieser konservativen Vorgehensweise liegt man auf jeden Fall auf der sicheren Seite, Zufallsbefunde nicht als Effekte zu deuten (Bortz 1993).

Vergleiche von verschiedenen Untergruppen bezüglich der zentralen Tendenz von Skalenwerten werden mit der Kruskal-Wallis-Rang-Varianzanalyse (bzw. bei zwei zu vergleichenden Gruppen mit dem Mann-Whitney-U-Test) durchgeführt, welches die non-parametrischen Entsprechungen zur einfaktoriellen Varianzanalyse bzw. zum parametrischen t-Test für unabhängige Stichproben sind. Unabhängigkeit von qualitativen Daten wird mit dem $\chi^2$-Test überprüft. Für komplexere Modelle wie die Untersuchung von mehreren Einflußgrößen auf Skalenwerte bei Meßwiederholungen wird auf die Varianzanalyse zurückgegriffen. Sie ist hier dann explorativ als eine Beschreibung von Zusammenhängen zu verstehen.

### 7.7.2 Effektstärken

Prä-Post-Differenzen werden zusätzlich mit Hilfe der *Effektstärke* dargestellt. Unter Effektstärke einer Behandlung auf einer psychometrischen Skala wird die Differenz von Prä-und Post-Mittelwert, dividiert durch die Anfangsstreuung, bezeichnet. Mit diesem Maß werden Mittelwertänderungen als Anteil der Anfangsstreuung betrachtet. Nach Bortz & Lienert (1998, S.43) werden Effektstärken um 0.20 als klein, um 0.50 als mittel und ab 0.80 als groß bezeichnet. Sie ermöglichen einen Vergleich von Behandlungseffekten auch über verschiedene Studien hinweg.

Hier geben sie Hinweise auf Größenordnungen therapeutischer Effekte in den allgemeinen und in den methodenspezifischen Skalen.

### 7.7.3 Korrelationen

Interkorrelationen zwischen Skalen werden über den Pearson-Korrelations-Koeffizienten berechnet. Bei der multiplen Prüfungen gilt eine einzelne Korrelation zwischen zwei Skalen nur dann als signifikant, wenn der Bartlett-Test eine globale Signifikanz ausweist, und der p-Wert nach entsprechender Bonferroni-Korrektur kleiner als das korrigierte Singnifikanzniveau $\alpha^*$ ist.

### 7.7.4 Trend-Untersuchungen

Die Verläufe der einzelnen PatientInnen werden zusammengefaßt, indem jeweils die ersten, zweiten, usw. Stunden für alle PatientInnen gemittelt werden. Auf diese Weise wird den slow-open-Gruppen Rechnung getragen, wo in einer Stunde alle

Gruppenmitglieder jeweils sich an einem unterschiedlichen Zeitpunkt ihres individuellen Prozesses befinden. Die Verläufe bilden damit das durchschnittliche Gruppenerleben ab, nicht das Erleben einer Gruppenstunde zu einem speziellen Datum.

Trenduntersuchungen werden hier nicht mit aufwendigen Zeitreihenmodellen durchgeführt, da die Datenstruktur dieser naturalistischen Studie das gar nicht erlaubt: Die Behandlungsdauern und damit die Längen der Zeitreihen variieren zwischen vier und 19 Meßpunkten. Aus diesem Grund werden die zentralen Tendenzen der Skalen des GEB-KBT zunächst global auf Unterschiede in den Erfolgsgruppen getestet, dann für alle Meßzeitpunkte einzeln. Die Reihen von p-Werten, die man so erhält, erlauben eine explorative Beurteilung der Unterschiede.

Trend-Untersuchungen sind nach Lehmacher (1987) auch über Klassenbildung im Verlauf der Kurven möglich. Hier werden die Mittelwerte über die erste bzw. zweite Behandlungshälfte gebildet. Ein Vergleich der zentralen Tendenzen der Skalenwerte in den Erfolgsgruppen für die erste und zweite Behandlungshälfte getrennt erfolgt in vier Untergruppen, die gemäß der Dauer der Behandlung gebildet wurden. Eine weitere Trenduntersuchung für die Skala 3 des GEB-KBT erfolgt über die Klassifikation der Verlaufskurven nach Kurventypen (steigend, fallend, gleichbleibend). Die Klassen werden auf Übereinstimmung mit den Erfolgsklassen überprüft ($\chi^2$-Test).

Lehmacher weist darauf hin, daß *„im Rahmen einer statistischen Datenanalyse (…) es das vorrangige Ziel (ist), mit deskriptiven Verfahren medizinisch relevante Ergebnisse im vorliegenden Datenbestand zu erkennen". (1987, S. 14)*

Die aufwendigen inferenzstatistischen Verfahren, um von der Stichprobe auf die Grundgesamtheit zu schließen, folgen erst im zweiten Schritt.

In dieser ersten KBT-Verlaufsstudie wird die Aufgabe behandelt, die theoretisch-klinischen Hypothesen mit den empirisch gefundenen Verläufen zu vergleichen, idealtypische Kurvenverläufe und Unterschiede in den Erfolgsgruppen zu beschreiben.

Zum Auffinden von Phasen im KBT-Prozeß werden die Skalenmittelwerte des GEB-KBT für die vier Gruppen von Behandlungsdauern einzeln betrachtet, um eine Überlagerung von Verlaufsphasen durch die verschiedenen Behandlungszeiten auszuschließen. Die Mittelwertverläufe werden der Anschaulichkeit halber nicht z-transformiert. Die Standardabweichungen sind in den jeweiligen Tabellen angegeben.

### 7.7.5 Statistische Auswertung der Grids

Die Auswertung der Grids erfolgt mit dem GAP-Auswertungsprogramm nach Slater, das von Willutzki und Künzel ins Deutsche übersetzt wurde (o.J.). Eine globale Auswertung erfolgt im Vergleich der Ausgangs-Grids mit den Mittel- und Entlassungs-Grids über die Höhe der Korrelation der Matritzen mit dem Delta-Programm. Die Beurteilung von Elementbeziehungen und ihren Veränderungen in der Zeit erfolgt über den Vergleich von Elementdistanzen.

In Anlehnung an Tschuschke (1993) wird eine Veränderung in den Grids als Hinweis auf eine Veränderung der Objekt- und Selbstrepräsentanzen verstanden, also hier vor allem auch der Körper-Repräsentanzen. Sind zwei Grids rechnerisch signifikant korreliert, so wird dies als ›keine Veränderung‹ interpretiert.

Bei 13 Elementen hat auch die Matrix der Differenzen 13 Zeilen, somit liegt beim Test auf Unkorreliertheit der beiden Grids bei einem Signifikanzniveau von $\alpha = 0.05$ der Trennwert bei 13–1 Freiheitsgraden bei $r = 0.532$. (Bortz 1993, S. 701). Liegt der errechnete Korrelationskoeffizient zwischen $-0.5$ und $+0.5$, so wird das in diesem Zusammenhang wegen der mangelnden Ähnlichkeit als Veränderung interpretiert.

Die Inter-Element-Distanzen werden berechnet als euklidische Distanz zwischen verschiedenen Elementen über alle Konstrukte hinweg. Das Slater-Programm (Willutzki o.J.) bietet die Möglichkeit, die Distanzen zu standardisieren und somit interindividuell vergleichbar zu machen: die Konstrukte werden so normiert, daß die Gesamtvariation je Konstrukt gleich ist. Die beobachteten Distanzen werden proportional zu der erwarteten mittleren Distanz ausgedrückt, die berechnet wird als $D_e = (2V/(m-1))^{1/2}$, wobei V die Gesamtvariation der Konstruktmittelwerte ist und m die Anzahl der Elemente. Die beobachteten Distanzen variieren um 1. Die untere Grenze liegt bei 0, die obere bei $m-1$ (Willutzki, S. 39).

Distanzen unter 0.75 werden als auffällig große Nähe zweier Elemente, Distanzen über 1.25 auffällig große Unähnlichkeit interpretiert. (pers. Mitteilung von A. Catina). Slater (1977) empfiehlt eine Klassifizierung: 0–0.8: ähnlich, 0.8–1.2: indifferent, >1.2: unähnlich. Für jedes Grid werden die Elementdistanzen zwischen den drei Ideal-Elementen (Nr. 5, 8, 13) und den veränderungssensiblen Elementen (Nr. 1, 3, 7, 9, 10) einzeln, sowie für jedes dieser fünf Elemente der Mittelwert der drei Distanzen zu den Ideal-Elementen berechnet. Zusätzlich werden die Distanzen innerhalb der drei Idealelemente und deren Mittelwert ermittelt.

Da die Elementdistanzen im INGRID-Programm normiert sind, ist ein Vergleich und eine Zusammenfassung auch bei individuellen Konstrukten möglich. Sie ermöglichen eine gruppenstatistische Auswertung mit den oben angegebenen Verfahren, wobei auf Grund der spezifischen Art der Datengewinnung die p-Werte angegeben werden, aber keine Signifikanzen. Die Grid-Auswertung folgt der Vorgehensweise von Bassler und Krauthauser (1996), den höchst individuellen Grid-Ansatz mit nomothetischer Statistik zu verknüpfen.

# 8 Ergebnisse

## 8.1 Beschreibung der Studiengruppe

Die Studienlaufzeit betrug 14 Monate. Alle PatientInnen, die zwischen dem 14.5.97 und 13.7.98 in den KBT-Gruppen der Station IV behandelt wurden, nahmen an der Studie teil. Von diesen 111 PatientInnen waren 16 bei Studienbeginn schon in laufender Behandlung, zwölf noch weiter in Behandlung bei Studienende. Fünf PatientInnen wurden nach 1–4 Wochen aus der stationären Behandlung entlassen. Von ihnen lagen zu wenig oder keine Daten vor. Sechs PatientInnen haben sich auf unterschiedliche Weise nicht kompliant verhalten, Erhebungsbögen nicht oder falsch ausgefüllt bzw. bewußt verweigert, das Grid auszufüllen. Ihre Daten konnten nicht verwertet werden.

So bezieht sich die Auswertung auf 72 PatientInnen, die vollständige Behandlungen in der Studienlaufzeit hatten und von denen genügend verwertbare Daten vorliegen.

Abbildung 1: Altersverteilung der Studiengruppe (N=72)

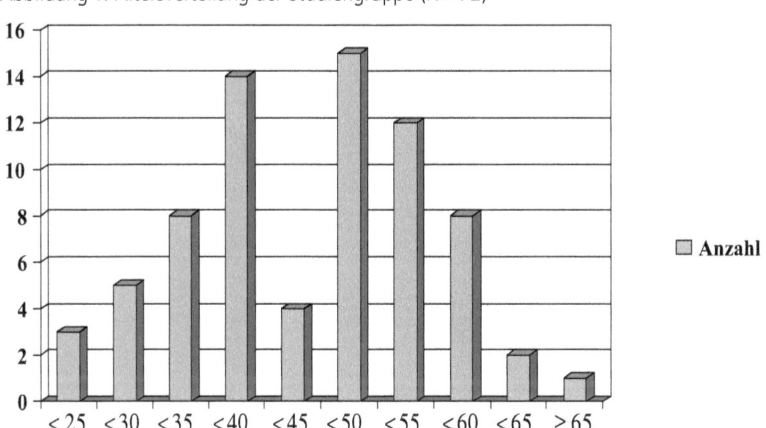

Tabelle 11: Charakteristika der StudienpatientInnen aus der Basisdokumentation

| Variable | | | Prozent |
|---|---|---|---|
| Alter : | Mittelwert: | 43.5 Jahre | |
| | Standardabweichung: | 10.4 Jahre | |
| | Median: | 45.0 Jahre | |
| | Spannweite: | 21 – 65 Jahre | |
| | unter 30 Jahre: | 8 | 11.1% |
| | 30 – 39 Jahre: | 22 | 30.6% |
| | 40 – 49 Jahre: | 19 | 26.4% |
| | 50 – 59 Jahre: | 20 | 27.8% |
| | 60 Jahre und älter: | 3 | 4.2% |
| Geschlecht: | weiblich | 42 | 58.2% |
| | männlich | 30 | 41.7% |
| Familienstand: | ledig | 18 | 25.0% |
| | verheiratet | 38 | 52.8% |
| | getrennt lebend | 5 | 6.9% |
| | geschieden | 11 | 15.3% |
| höchster Schulabschluß: | Hauptschule | 12 | 16.7% |
| | Mittlere Reife | 19 | 26.4% |
| | Abitur/FH-Reife | 41 | 56.9% |
| höchster Berufsabschluß: | ohne Abschluß | 4 | 5.6% |
| | in Ausbildung | 4 | 5.6% |
| | abgeschlossene Lehre | 24 | 33.3% |
| | Meister/Fachschule | 9 | 12.5% |
| | FH/ Universität | 25 | 34.7% |
| | Sonst. Abschluß | 6 | 8.3% |
| Psychotherapeutische Vorbehandlung | ambulant | 47 | 65.3% |
| | stationär | 12 | 16.7% |
| Dauer der Beschwerden: (N=59) | bis 1 Jahr | 15 | 25.4% |
| | bis 2 Jahre | 16 | 27.1% |
| | bis 5 Jahre | 12 | 20.3% |
| | bis 10 Jahre | 7 | 11.9% |
| | bis 15 Jahre | 2 | 3.4% |
| | mehr als 15 Jahre | 7 | 1.9% |
| | ohne Angabe | 13 | |
| Entlassungsdiagnose: (ICD9) | 295. Psychose | 1 | 1.4% |
| | 300. Neurose | 18 | 25.0% |
| | 301. Persönlichkeitsstörung | 29 | 40.3% |
| | 306. Körperliche Funktionsstörung Psychischen Ursprungs | 12 | 16.7% |
| | 307. Eß-, Schlafstörungen, Schmerzen | 5 | 6.9% |
| | 309. Anpassungsstörung | 5 | 6.9% |
| | 316. Psychosomatose | 2 | 2.8% |
| Behandlungsdauer | Mittelwert: | | 93.8 Tage |
| | Standardabweichung: | | 24.9 Tage |
| | Median: | | 93 Tage |
| | Spannweite: | | 37-129 Tage |
| Behandlungsdauer | 6 - 7 Wochen | 4 | 5.5% |
| | 8 - 10 Wochen | 11 | 15.3% |
| | 11 - 14 Wochen | 25 | 34.7% |
| | 15 – 19 Wochen | 32 | 44.4% |
| Behandlungsende | regulär | 68 | 94.4% |
| | vorzeitig durch PatientIn | 1 | 1.4% |
| | vorzeitig einvernehmlich | 2 | 2.8% |
| | sonstiges | 1 | 1.4% |

Die StudienpatientInnen sind überwiegend zwischen 30 und 60 Jahren alt, jüngere sowie ältere werden auf dieser Station seltener behandelt. Die Geschlechterverteilung entspricht den Daten der Station IV in der Basisdokumentation der Rhein-Klinik der letzten Jahre, wo etwa ein Verhältnis von 6:4 vorlag, im Unterschied zur Gesamtklinik, wo etwa zwei Drittel Frauen und ein Drittel Männer behandelt werden.

Etwa die Hälfte der PatientInnen sind verheiratet, ein Viertel ledig, ein Viertel getrennt lebend oder geschieden. Mehr als die Hälfte der Studiengruppe hat eine höhere Schulbildung, mehr als ein Drittel verfügt über einen Hochschulabschluß. Dieses im Vergleich zur Gesamtklinik hohe Bildungsniveau erklärt sich vor allem aus der Tatsache, daß auf der untersuchten Station im Durchschnitt mehr als die Hälfte der PatientInnen privat versichert sind. Zwei Drittel der Gruppe geben vorangegangene ambulante psychotherapeutische Behandlung an. Hier wird nicht zwischen langen und kurzen Behandlungen unterschieden, also sind auch z.B. diejenigen mitgezählt, die innerhalb der fünf Probetherapiestunden in die Klinik überwiesen werden.

Durch die Umstellung der Basisdokumentation von einer der ÜBADO (Broda, Dahlbender & Schmidt 1993) entsprechenden Form auf die PsyBaDo (Heuft & Senf 1998) am 1.1.98 sind einige der dort erhobenen Daten in den zwei Jahrgängen nicht kompatibel. Die Daten zu Beschwerdedauer und psychotherapeutischer Vorerfahrung waren bisher Patientenauskunft, jetzt werden sie vom Stationsarzt

Abbildung 2: Verteilung der ICD 9-Diagnosen der Studiengruppe (N=72)

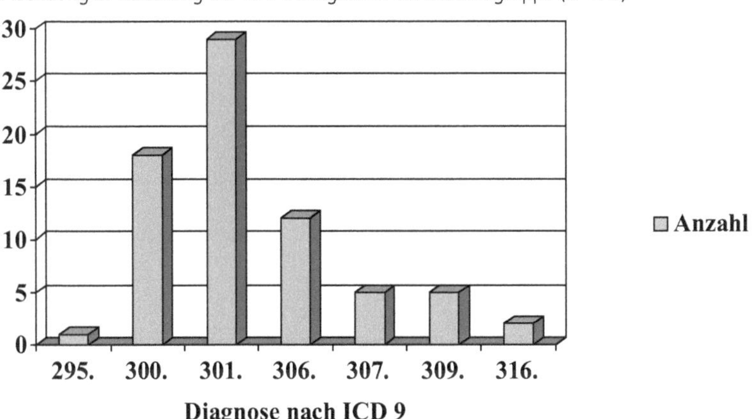

in etwas anderer Form erhoben. Ich habe die Datensätze zusammengefaßt, wobei von der Differenziertheit etwas verloren geht, gemeinsam ist die Information ›ambulante Therapie ja oder nein‹ und ›Dauer der Beschwerden: Patientenauskunft‹ sowie die psychotherapeutische/ psychiatrische Diagnose (ICD 9). Zwölf PatientInnen berichten über stationäre psychotherapeutischen Vorbehandlung, sechs von ihnen sind Wiederaufnahmen in der Rhein-Klinik, und sechs sind in anderen psychotherapeutischen Kliniken behandelt worden. 59 PatientInnen machen Angaben zur Dauer der Beschwerden. Ein Viertel von ihnen kommt im ersten Jahr der Beschwerden, die Hälfte nennt Beschwerden seit 1–5 Jahren, ein Viertel mehr als fünf Jahre. Von ihnen haben sieben PatientInnen schon seit über 15 Jahren die zur Klinikbehandlung führenden Beschwerden. Somit kann man das Klientel als Mischung von akut und chronisch Erkrankten beschreiben.

Die Entlassungsdiagnosen an der Rhein-Klinik werden nach ICD 9 verschlüsselt. Diagnostisch überwiegen die Persönlichkeitsstörungen mit 40% der Studiengruppe. Je ein Viertel der Diagnosen sind Neurosen beziehungsweise psychosomatische Erkrankungen im weiteren Sinne (306, 307 und 316). Die Behandlungsdauer der Studiengruppe liegt mit durchschnittlich 93,8 (+/- 24,9) Tagen etwas über dem Jah-

Abbildung 3: Verteilung der Behandlungsdauer in der Studiengruppe (N=72); Behandlungsdauer in Wochen. Balkenbreite: 1 Woche

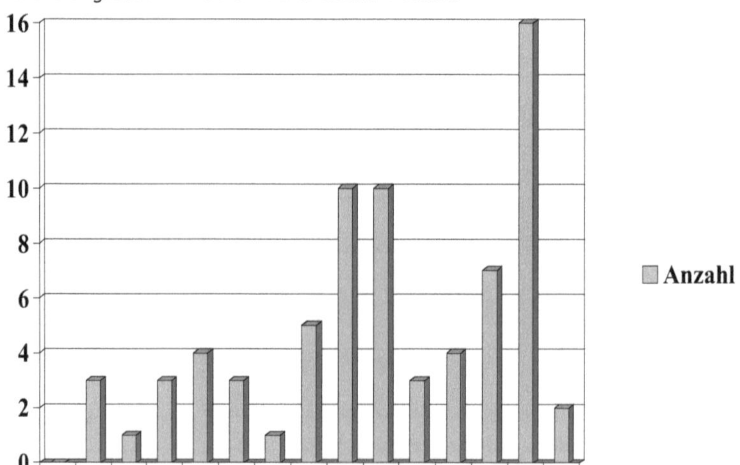

resdurchschnitt 1997 der Station (84,7 +/- 34,3 Tage) bei geringerer Streuung, da PatientInnen unter fünf Wochen Behandlungszeit nicht in die Auswertung aufgenommen sind. Vier PatientInnen werden für 6–7 Wochen behandelt. Sie setzen sich selbst diesen engen zeitlichen Rahmen auf Grund äußerer Bedingungen (Kinder, Arbeitsplatz). Elf PatientInnen haben eine verkürzte Aufenthaltsdauer von 8–10 Wochen, unter ihnen auch jene, bei denen die Kasse eine stationäre Weiterbehandlung nicht finanziert hat.

Knapp ein Drittel der Studiengruppe wird 11–14 Wochen behandelt. Dies ist die regulär anvisierte Behandlungszeit von ungefähr drei Monaten, die individuell abgesprochen und auch in Verhandlungen mit den Kostenträgern verabredet wird. 44% der PatientInnen verlängerten den Aufenthalt über 14 Wochen hinaus. Eine Verlängerung ist nach dem Stationskonzept bis zu vier Monaten möglich, nur in sehr begründeten Einzelfällen darüber hinaus. Ein Patient mußte zwischenzeitlich aus medizinischen Gründen verlegt werden. Diese Zeit wurde an die vier Monate angehängt. Bis auf vier PatientInnen beendete die Gruppe die Behandlung regulär. Ein Patient entschied sich, nach acht Wochen zu gehen, bei zwei Patienten wurde die Behandlung einvernehmlich vorzeitig beendet, eine Behandlung wurde vom Kostenträger nicht weiter finanziert. Da bei ihnen die Abschlußuntersuchungen vorgenommen werden konnten, sind die Daten mit in die Studie aufgenommen.

### 8.1.1 Vergleich der Settings

Da im Folgenden ein Vergleich der KBT-spezifischen Resultate für die Behandlungs-Settings A und B vorgenommen wird, werden hier zunächst allgemeine Charakteristika aus der Basisdokumentation für die Gruppen gegenübergestellt (Tabelle 12). Die Gruppen unterscheiden sich nicht in der Verteilung von Geschlecht, Familienstand und höchstem Schulabschluß. 30 PatientInnen werden im Setting A behandelt, 31 im Setting B. Zusätzlich kamen Elf PatientInnen des Settings C in die Studie, in dem während der Studienlaufzeit drei Monate lang KBT statt Kunsttherapie durchgeführt wurde.

Im Setting B finden sich mehr AkademikerInnen, im Setting A mehr PatientInnen mit abgeschlossener Lehre als höchstem Berufsabschluß. PatientInnen des Settings A sind im Durchschnitt jünger als die von Setting B ($p < 0.05$). Die Dauer der Beschwerden, die zur Klinikbehandlung führten, unterscheidet sich nicht in den Settings, auch nicht die Verteilung der ersten Entlassungsdiagnose nach ICD 9, in der die im Vordergrund stehende psychische Symptomatik beschrieben wird. Die Behandlungsdauer ist in Setting B durchschnittlich fünf Tage länger (p> 0.05, nicht signifikant).

Tabelle 12: Vergleich von Setting A und B (Basisdokumentation)
Setting A: N=30; Setting B: N=31

| | | Setting A | Setting B |
|---|---|---|---|
| **Alter in Jahren:*** | Mittelwert: | 39.7 | 46.1 |
| | Standardabweichung: | 11.3 | 8.4 |
| | Median: | 37 | 47 |
| | Spannweite: | 21-62 | 29-65 |
| **Geschlecht:** | Weiblich | 19 | 16 |
| | Männlich | 11 | 15 |
| **Familienstand:** | ledig | 9 | 8 |
| | verheiratet | 15 | 16 |
| | getrennt lebend | 2 | 2 |
| | geschieden | 4 | 5 |
| **höchster Schulabschluß:** | Hauptschule | 7 | 5 |
| | Mittlere Reife | 5 | 7 |
| | Abitur/FH-Reife | 18 | 19 |
| **höchster Berufsabschluß:*** | ohne Abschluß | 2 | 1 |
| | in Ausbildung | 4 | 0 |
| | abgeschlossene Lehre | 12 | 8 |
| | Meister/Fachschule | 4 | 2 |
| | FH/ Universität | 6 | 16 |
| | Sonst. Abschluß | 2 | 4 |
| **Dauer der Beschwerden:** | bis 1 Jahr | 7 | 5 |
| (ohne Angabe: 12) | bis 2 Jahre | 7 | 5 |
| | bis 5 Jahre | 5 | 6 |
| | über 5 Jahre | 6 | 8 |
| **Entlassungsdiagnose: (ICD9)** | 300. Neurose | 6 | 9 |
| | 301. Persönlichkeitsstörung | 15 | 12 |
| | 306. Körperl. Funktionsstörung psychischen Ursprungs | 3 | 8 |
| | 307. Eß-, Schlafstörungen, Schmerzen | 2 | 1 |
| | 309. Anpassungsstörung | 2 | 1 |
| | 316. Psychosomatose | 2 | 0 |
| **Behandlungsdauer in Tagen** | Mittelwert: | 94.4 | 89.4 |
| | Standardabweichung: | 24.7 | 26.6 |
| | Median: | 92 5 | 93 |
| | Spannweite: | 40 - 128 | 37- 129 |

*: Unterschiede signifikant (p<0.05)

## 8.2 Gießen-Test

Von 63 PatientInnen liegen die Skalenwerte des Gießen-Tests vor Behandlungsbeginn und am Ende des Klinikaufenthaltes vor. Taballe 13 zeigt die Skalenmittelwerte und -standardabweichungen für die sechs Skalen des Gießen-Tests Prä und Post.

Zu Beginn der Behandlung liegen die mittleren Werte der Skala 1 ›soziale Resonanz‹ links außerhalb des Normbereichs. Die Gruppe schätzt sich anfangs stark negativ sozial resonant ein, bei Behandlungsende liegt der Wert nach einer signifikanten Erhöhung im Normbereich. Die ›Grundstimmung‹ (Skala 4) ist anfangs stark depressiv getönt, rechts außerhalb der Norm und ist am Ende deutlich gebessert, im Normbereich.

Die übrigen vier Skalenmittel bewegen sich im Normbereich. Die ›Dominanz‹ der PatientInnen, gemessen mit Skala 2, ist etwas höher als in der Normalstichprobe, sie geht im Laufe der Behandlung geringfügig zurück. Die Werte der Skala 3, ›Kontrolle‹, sind nach der Behandlung signifikant höher. Die Gruppe beschreibt sich anfangs eher als unkontrolliert, an Ende ist eine Verschiebung zum Kontroll-Pol, jedoch sind beide Werte innerhalb des Normbereichs. Auch die ›Durchlässigkeit‹ (Skala 5) ändert sich signifikant innerhalb des Normbereichs. Beschreiben sich die PatientInnen anfangs eher als verschlossen, so gewinnen sie am Ende eine

Abbildung 4: Durchschnittliche Profile im Gießen-Test bei Behandlungsbeginn und -ende (N=63)

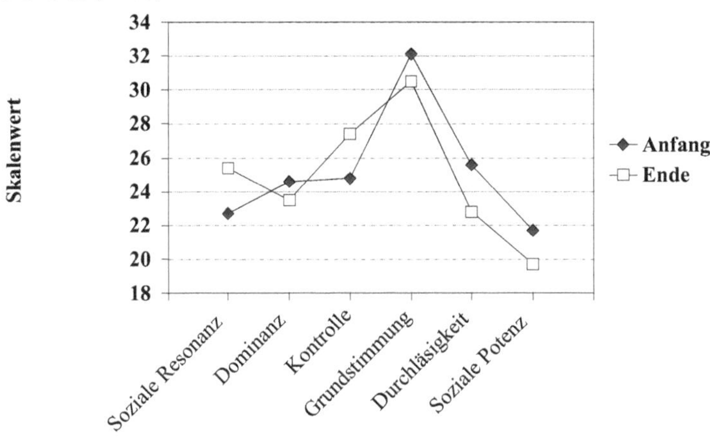

Tabelle 13: Ergebnisse des Gießen- Test (N=63)

| Skala | $X_{anfang}$ | $S_{anfang}$ | $X_{ende}$ | $S_{ende}$ | p-Wert* | Kriterium erreicht | % | Effekt-stärke |
|---|---|---|---|---|---|---|---|---|
| **Soziale Resonanz** | 22.7 | 5.5 | 25.4 | 4.9 | 0.000** | 16 | 25.4 | 0.49 |
| **Dominanz** | 24.6 | 5.2 | 23.5 | 5.0 | 0.059 | 5 | 7.9 | 0.21 |
| **Kontrolle** | 24.8 | 4.1 | 27.4 | 5.1 | 0.101 | 12 | 19.0 | 0.63 |
| **Grundstimmung** | 32.1 | 4.8 | 30.5 | 5.3 | 0.614 | 15 | 23.8 | 0.34 |
| **Durchlässigkeit** | 25.6 | 7.6 | 22.8 | 6.6 | 0.002** | 15 | 23.8 | 0.37 |
| **Soziale Potenz** | 21.7 | 5.7 | 19.7 | 5.2 | 0.166 | 11 | 17.5 | 0.34 |
| **GT- Gesamt-veränderung: gebessert** | | | | | | 19 | 30.2 | |

*: Friedman- Rang- Varianzanalyse für Prä- Post- Vergleich:
$\alpha^*=\alpha/6= 0.0125$; **: signifikant

gewisse Aufgeschlossenheit. Die ›soziale Potenz‹ der Gruppe (Skala 6) ändert sich signifikant innerhalb der Grenzen der Norm von stärkerer sozialer Impotenz zu mehr sozialer Potenz. Über alle Skalen zusammen zeigt sich eine Normalisierung der verschiedenen Dimensionen, die bei der sozialen Resonanz am stärksten ausgeprägt ist.

Diese Ergebnisse decken sich in der Tendenz mit den von Strauß berichteten Veränderungen, allerdings sind die Anfangswerte seiner Stichprobe etwas extremer als in der vorliegenden Gruppe. So hat Strauß bei den meisten der beobachteten PatientInnen drei Anfangswerte außerhalb der Norm festgestellt, hier sind es zwei. Insgesamt haben sich 19 PatientInnen in mindestens zwei Skalen des Gießen-Tests gebessert (30,2%).

## 8.3 SCL-90

Zur Gruppeneinteilung bezüglich des Behandlungserfolgs wird der GSI (=global severity index) benutzt, der über alle einzelnen Symptom-Skalen mittelt und die globale Symptombelastung beschreibt. Zur Kennzeichnung der Stichprobe stelle ich auch die einzelnen Skalen in ihrer Prä/Post-Entwicklung vor. Für 60 PatientInnen liegen auswertbare Prä- und Post-Daten vor. In allen Skalen liegt die Studiengruppe in ihrer Symptombelastung zu Behandlungsbeginn deutlich oberhalb der Normwert-Grenzen (Franke 1995).

Tabelle 14: Ergebnisse der SCL-90 (N=60)

| Skala | $X_{anf}$ | $S_{anf}$ | $X_{ende}$ | $S_{ende}$ | p- Wert* | Kriterium erreicht | % | Effekt-stärke |
|---|---|---|---|---|---|---|---|---|
| **Somatisierung** | 1.22 | .87 | .88 | .78 | 0.028 | | | .39 |
| **Zwanghaftigkeit** | 1.58 | .9 | .99 | .88 | 0.000** | | | .65 |
| **Unsicherheit** | 1.46 | .89 | 1.02 | .78 | 0.000** | | | .50 |
| **Depressivität** | 1.75 | .90 | 1.08 | .85 | 0.000** | | | .74 |
| **Ängstlichkeit** | 1.39 | .89 | .95 | .84 | 0.000** | | | .50 |
| **Aggressivität** | 1.01 | .91 | .79 | .78 | 0.121 | | | .25 |
| **Phobische Angst** | 1.0 | .98 | .55 | .76 | 0.002** | | | .46 |
| **Paranoides Denken** | 1.25 | .94 | .90 | .79 | 0.010 | | | .37 |
| **Psychotizismus** | .90 | .79 | .59 | .63 | 0.001** | | | .39 |
| **GSI** | 1.34 | .71 | .90 | .69 | 0.000** | 32 | 53,3 | .61 |

*Friedmann- Rang- Varianzanalyse

$\alpha$*= $\alpha$/9= 0.0056; **: signifikant

Alle Skalenmittelwerte, ausgenommen die von Ängstlichkeit gehen bei Behandlungsende unter diese Grenze zurück. Der Rückgang der Ängstlichkeit ist zwar auch signifikant, aber noch am Rande der Norm. Mit einer Effektstärke von 0.74 ist die Depressivität in der Studiengruppe am deutlichsten zurückgegangen, die geringsten Effekte finden sich bei der Aggressivität, die zu Beginn auch nicht so

Abbildung 5: Gesamt- und Skalenmittelwerte der SCL-90 bei Aufnahme und Entlassung. N=60.

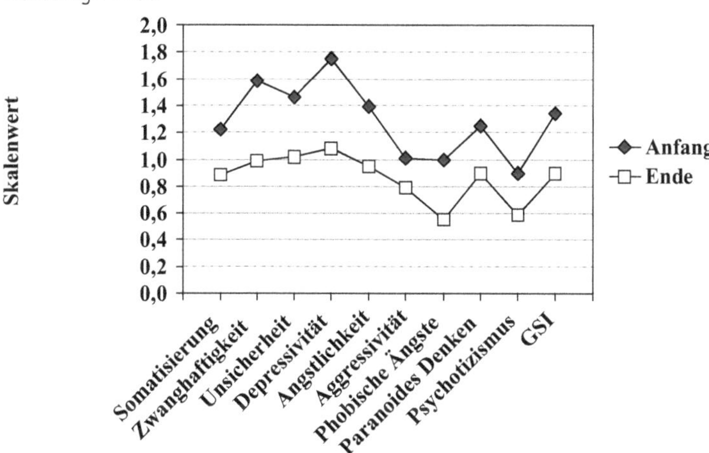

stark ausgeprägt ist. Der GSI liegt mit 0.90 bei Behandlungsende noch knapp über der 2σ-Grenze von 0.83. Bei 32 PatientInnen ist die Belastung durch ihre Symptomatik signifikant zurückgegangen. Das entspricht einer Erfolgsrate von 53,3% der Studiengruppe bzgl. der SCL-90.

## 8.4 IIP

Zur Erfolgsbeurteilung wird der IIP-Gesamtwert herangezogen. Die einzelnen Skalen geben Aufschluß über die Belastungsstruktur der Studiengruppe bezüglich der interpersonalen Probleme.

Bei Aufnahme wie bei Entlassung stehen Probleme einer übermäßig abhängigen Beziehungsgestaltung im Vordergrund (HI, JK, LM), gefolgt von Schwierigkeiten mit Introversion bzw. Expressivität (FG, NO). Probleme im Bereich übermäßig autonomer Beziehungsgestaltung (PA, BC, DE) spielen kaum eine Rolle, sie verändern sich auch nicht durch die Behandlung.

In den Kategorien mit höherer Problembelastung beschreiben die PatientInnen bei Behandlungsende signifikante Verbesserungen: sie erleben sich als weniger introvertiert, nicht mehr so ausnutzbar und weniger überfürsorglich. Sie sind selbstsicherer und kontaktoffener, dabei aber weniger aufdringlich und unterwürfig. In diesen Bereichen profitieren sie deutlich von der Therapie.

Durch die einseitige Belastungsstruktur im Bereich der übermäßig abhängigen Beziehungsgestaltung bei fehlenden autonomiebetonten Schwierigkeiten ist erklär-

Tabelle 15: Ergebnisse der IIP-Skalen (N=61)

| Skala | $X_{anf}$ | $S_{anf}$ | $X_{ende}$ | $S_{ende}$ | p- Wert* | Kriterium erreicht | % | Effektstärke |
|---|---|---|---|---|---|---|---|---|
| PA zu autokratisch | 1.06 | 0.62 | 1.09 | 0.67 | 1.0 | | | -0.05 |
| BC zu streitsüchtig | 1.13 | 0.62 | 1.15 | 0.66 | 0.310 | | | -0.003 |
| DE zu abweisend | 1.39 | 0.72 | 1.26 | 0.74 | 0.075 | | | 0.18 |
| FG zu introvertiert | 1.84 | 0.95 | 1.53 | 0.94 | 0.006** | | | 0.33 |
| HI zu unterwürfig | 2.26 | 0.93 | 1.88 | 1.04 | 0.012 | | | 0.40 |
| JK zu ausnutzbar | 2.19 | 0.75 | 1.84 | 0.81 | 0.000** | | | 0.47 |
| LM zu fürsoglich | 2.32 | 0.72 | 2.02 | 0.82 | 0.008 | | | 0.42 |
| NO zu expressiv | 1.62 | 0.82 | 1.46 | 0.73 | 0.000** | | | 0.20 |
| $IIP_{ges}$ | 1.73 | 0.52 | 1.53 | 0.60 | 0.075 | 22 | 35.5 | 0.38 |

*: Friedmann- Rang- Varianzanalyse

$\alpha^* = \alpha/9 = 0.0056$; **: signifikant

Abbildung 6: Gesamt- und Skalenmittelwerte im IIP bei Aufnahme und Entlassung (N=61)

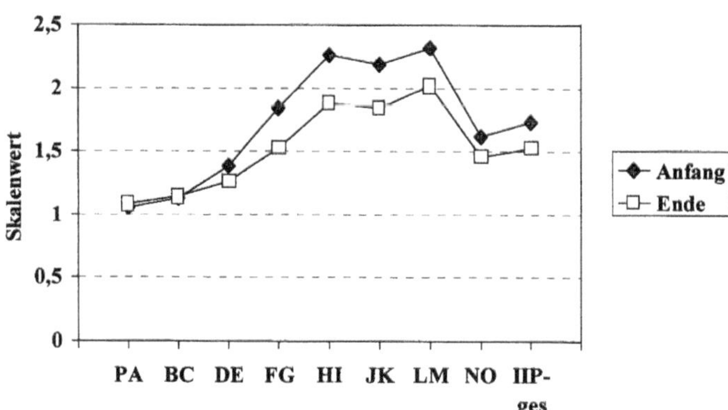


Skalenbezeichnungen: PA zu autokratisch/dominant, BC zu streitsüchtig/konkurrierend, DE zu abweisend/kalt, FG zu introvertiert/sozial vermeidend, HI zu selbstunsicher/unterwürfig, JK: zu ausnutzbar/nachgiebig, LM: zu fürsorglich/ freundlich, NO: zu expressiv/aufdringlich

lich, daß der IIP-Gesamtwert als Mittelwert über alle Skalen nicht so extrem hoch ist, so daß auch seine Änderung in der Therapie nicht so hoch ausfällt. Trotzdem finden sich 35,5% der PatientInnen mit signifikanter Änderung (Differenz $IIP_{ges} > 0.33$).

## 8.5 Therapieziele der PatientInnen

Von 61 PatientInnen liegt eine Beschreibung ihrer Therapieziele und eine abschließende Therapieziel-Skalierung vor. Durchschnittlich werden die genannten Ziele zu 53,4% (s=24.8%) erreicht. Ein erstes Ziel, bezogen auf körperliche und/oder seelische Beschwerden, geben alle PatientInnen an. 50 von ihnen (82%) haben dieses Ziel zu mindestens 50% erreicht.

Ein zweites Ziel, bezogen auf das eigene Verhalten in Beziehungen, wird von 54 PatientInnen benannt. Hier schätzen sich 42 von ihnen als erfolgreich ein (78% der genannten Ziele). Ein drittes Ziel bzgl. konkreter Veränderungen in Wohnsituation, Familie und Beruf wird ebenfalls von 54 PatientInnen benannt. Immerhin 30 von ihnen haben auch dieses Ziel mindestens zur Hälfte erreicht (56%). Da

Tabelle 16: Erfolgskriterien

| Kriterium | % Kriterium erreicht |
|---|---|
| **Persönlichkeit** | 30,2% |
| **Symptome** | 53,3% |
| **Interpersonelle Probleme** | 35,5% |
| **Therapieziele Patient** | 63,9% |
| **Globale Beurteilung Therapeut** | 44,4% |

manche der konkreten Änderungen während des Klinikaufenthaltes gar nicht machbar sind, ist der niedrigere Prozentsatz nicht unbedingt Ausdruck von wenig Erfolg, eher von unrealistischen Zielen.

39 PatientInnen haben ihre genannten Ziele im Mittel mindestens zur Hälfte erreicht (63,9%) und damit das Erfolgskriterium bzgl. der Ziele erfüllt, 22 (36,1%) haben ihre Ziele zu weniger als 50% erreicht.

## 8.6 Globale Beurteilung des Befindens

Am Ende der Behandlung wird routinemäßig in der Basisdokumentation durch den Stationsarzt die Veränderung des Befindens der PatientInnen eingeschätzt. Bei 27 PatientInnen wird das psychische Befinden als deutlich gebessert (37,5%) bezeichnet, 39 (54,2%) sind etwas gebessert, vier (5,6%) werden als unverändert, zwei (2,8%)als verschlechtert beurteilt.

Das somatische Befinden wird bei 27 (37,5%) PatientInnen als deutlich gebessert, bei 34 (47,5%) als etwas gebessert und bei elf (15,3%) als unverändert eingeschätzt.

Beide Beurteilungen zusammen führen zu einer Skalierung der Befindlichkeitsveränderung: 32 PatientInnen (44,4%) zeigen eine sehr gute Besserung, 25 PatientInnen (34,7%) zeigen eine Besserung im Psychischen oder im Somatischen, 13 PatientInnen (18,1%) sind in einer oder beiden Skalen unverändert und bei zwei PatientInnen (2.8%) ist eine Verschlechterung eingetreten.

Als Erfolgskategorie im Sinne der Gruppeneinteilung gilt hier die Gruppe mit sehr gutem Erfolg (44,4%).

## 8.7 Einteilung in zwei Erfolgsgruppen

Auf Grund der Ergebnisse der Symptomveränderung, der Reduktion der interpersonalen Probleme, der Veränderungen im Persönlichkeitsinventar sowie der Therapieziel-Skalierung und der globalen Therapeuteneinschätzung sind 32 PatientInnen (44,4%) in die Gruppe der ›Erfolgreichen‹ und 40 (55,6%) in die Gruppe der ›weniger Erfolgreichen‹ eingeteilt worden. Diese beide Gruppen werden für alle Auswertungen der KBT-spezifischen Daten als Vergleichsgruppen dienen. In die erfolgreiche Gruppe werden alle PatientInnen eingeteilt, die mindestens in der Hälfte der Skalen positive Ergebnisse haben. Auf diese Weise konnte ich auch jene zuordnen, deren Selbstbeurteilung bei der Abschlußuntersuchung fehlt (N=9) und jene, bei denen nur vier der fünf Ergebniskriterien vorliegen (N=9).

### 8.7.1 Unterscheiden sich die Erfolgsgruppen in anderen Variablen?

In Tabelle 18 sind die wichtigsten Vergleichsgrößen zusammengestellt. Die erfolgreiche Gruppe ist im Mittel etwas älter, in beiden Gruppen sind gleichviel Frauen und Männer, bezüglich Schulbildung und Berufsabschluß gibt es keine signifikanten Unterschiede, auch wenn die AkademikerInnen in der weniger erfolgreichen Gruppe zahlreicher sind.

12 der erfolgreichen PatientInnen und 19 der weniger Erfolgreichen verlängern die Behandlung über drei Monate. Die Hälfte beider Gruppen haben Aufenthaltsdauern unter 92,5 bzw. 94 Tagen. Die um eine Woche längere mittlere Behandlungsdauer der weniger Erfolgreichen entsteht durch die größere Zahl von Vier-Monats-Behandlungen. Die Verlängerung von Behandlungen wird etwa drei Wochen vor Ablauf der drei Monate im Dialog mit den PatientInnen beantragt, wenn der Verlauf klinisch noch nicht zufriedenstellend ist und eine Besserung oder Konsolidierung innerhalb eines weiteren Monats zu erwarten ist.

Tabelle 17: Anteil erreichter Erfolgskriterien (N=72)

| Prozent Erfolgskriterien erreicht | Anzahl PatientInnen | Prozent | Beurteilung |
|---|---|---|---|
| 0% | 14 | 19.4% | Sehr wenig erfolgreich |
| <40% | 26 | 36.1% | wenig erfolgreich |
| 60-80% | 23 | 31.9% | erfolgreich |
| 100% | 9 | 12.5% | sehr erfolgreich |

12 von 31 Verlängerungen (39%) haben zu einem positiven Resultat geführt. In 19 Fällen (61%) kann auch in der Verlängerung keine ausreichende Besserung erreicht werden.

In beiden Gruppen beenden fast alle PatientInnen die Behandlung regulär. Diagnostisch fand sich bei 47,5% der weniger Erfolgreichen, aber nur bei 32,3% der Erfolgreichen eine Persönlichkeitsstörung. 27,5% bzw. 22,6% der Diagnosen beider Gruppen sind Neurosen. Schlaf- und Eßstörungen sowie Schmerzerkrankungen sind zu 3,1% in der erfolgreichen Gruppe diagnostiziert, zu 10% in der andern. Körperliche Funktionsstörungen psychischen Ursprungs finden sich zu 22,6% bei den Erfolgreichen, zu 12,5% bei den weniger Erfolgreichen. 15,6% der Diagnosen der Erfolgreichen sind Anpassungsstörungen, je einmal pro Gruppe wird eine Psychosomatose diagnostiziert. Die diagnostischen Unterschiede zwischen den Gruppen sind bei Zusammenfassung der psychosomatischen Diagnosen im weiteren Sinne nicht signifikant.

Tabelle 18: Behandlungserfolg und andere Einflußgrößen (N=72)

| Variable | | Erfolgreiche N=32 | weniger Erfolgreiche N=40 | p- Wert | Signifikanz |
|---|---|---|---|---|---|
| **Geschlecht** | Frauen | 59.4% | 57.5% | P= 0.87 | ns |
| | Männer | 40.6% | 42.5% | | |
| **Alter in Jahren** | | 45.8 +/-9.4 | 41.3 +/-10.8 | P=0.04$^{1)}$ | s |
| **Behandlungsdauer in Tagen** | | 91.7+/- 24.2 | 95.5 +/- 25.6 | P=0.40$^{1)}$ | ns |
| **Familienstand** | Ledig | 21.9% | 27.5% | | |
| | Verheiratet | 65.6% | 42.5% | P= .11$^{2)}$ | ns |
| | Getrennt | 12.5% | 30.0% | | |
| **Höchster Schulabschluß** | Hauptschule | 18.8% | 15% | | |
| | Mittlere Reife | 34.4% | 20% | P= .28$^{2)}$ | ns |
| | Fach/Hochschulreife | 46.9% | 65% | | |
| **Akademiker** | | 31.3% | 37.5% | | |
| **mit abgeschlossener Lehre** | | 28.1% | 37.5% | | |
| **ICD 9** | Neurosen | 22.6% | 27.5% | | |
| | Persönlichkeitsstörungen | 32.3% | 47.5% | P= .20$^{2)}$ | ns |
| | sonstige | 45.1% | 25% | | |
| **Beendigung** | Regulär | 96.9% | 92.5% | P=.40$^{2)}$ | ns |

1) Kruskal- Wallis- Test 2) $\chi^2$- Test

Tabelle 19: Diagnosen nach ICD 9 in den beiden Erfolgsgruppen

| | Erfolgreiche N= 32 | | Weniger Erfolgreiche N= 40 | |
|---|---|---|---|---|
| **Neurosen** | 7 | 22.6% | 11 | 27.5% |
| **Persönlichkeitsstörungen** | 10 | 32.3% | 19 | 47.5% |
| **Körperliche Funktionsstörungen psychischen Ursprungs** | 7 | 22.6% | 5 | 12.5% |
| **Eß- Schlafstörungen, Schmerzen** | 1 | 3.1% | 4 | 10.0% |
| **Anpassungsstörung** | 5 | 15.6% | 0 | |
| **Psychosomatose** | 1 | 3.1% | 1 | 2.5% |
| **Psychose** | 1 | 3.1% | 0 | |

## 8.8 Der Fragebogen zur Beurteilung des eigenen Körpers (FBeK)

Als KBT-spezifisches Meßinstrument wird der FBeK zu Behandlungsbeginn und -ende eingesetzt. Hier wird die Drei-Faktoren-Lösung gewählt mit den Skalen Unsicherheit/Mißempfinden (Skala 1), Attraktivität/Selbstvertrauen (Skala 2) und Akzentuierung des Körpers/Sensibilität (Skala 3). Zusätzlich erfolgt eine Auswertung der KBT-spezifischen Items, zusammengefaßt in der Skala 4 Leiberleben.

### 8.8.1 Das Körpererleben im FBeK

Die PatientInnen beurteilen zu Beginn der Behandlung ihren Körper negativ, sie sind wenig empfindungsfähig, haben den Wunsch nach mehr körperlicher Erlebnisfähigkeit, fühlen sich unsicher in ihrem Körper, lehnen ihr Äußeres ab (Skala 1). Die Unsicherheit und das Mißempfinden bzgl. des Körpers ist deutlich erhöht im Vergleich zur Eichstichprobe (Strauß & Appelt 1993). Die Empfindungs- und Erlebnisfähigkeit hat am Ende der Behandlung signifikant zugenommen, liegt jetzt innerhalb des Normbereichs.

Zu Behandlungsbeginn haben die PatientInnen wenig Vertrauen zum eigenen Körper und in die eigenen Attraktivität, sie sind wenig identifiziert mit ihrem Körper. Das Selbstvertrauen und die Identifikation mit dem Körper sind deutlich niedriger als in der Eichstichprobe. Bei Behandlungsende ist das Selbstvertrauen im Mittel signifikant angestiegen. Zusammen lassen beide Resultate vermuten, daß bei den durch körperliche Symptome stark beeinträchtigten PatientInnen das negative Körpererleben sich im Laufe der Behandlung zusammen mit dem zunehmenden Selbstvertrauen bessert.

Tabelle 20: Das Körpererleben im FBeK (N=62)

| **Skala** | $X_{anf}$ | $S_{anf}$ | $X_{ende}$ | $S_{ende}$ | p- Wert* | Effekt-stärke | Eichstich-probe[1)] |
|---|---|---|---|---|---|---|---|
| **Unsicherheit/ Mißempfinden** | 8.35 | 3.71 | 7.22 | 3.56 | 0.011** | 0.30 | 4.9 +/- 3.2 |
| **Attraktivität/ Selbstvertrauen** | 5.78 | 3.37 | 7.37 | 3.74 | 0.008** | 0.47 | 9.2 +/- 2.9 |
| **Akzentuierung des Körpers/ Sensibilität** | 12.05 | 2.94 | 12.25 | 3.53 | 0.162 | 0.07 | 11.5 +/- 3.6 |
| **Leiberleben** | 0.56 | 0.20 | 0.65 | 0.22 | 0.011** | 0.42 | |

Friedman- Rang- Varianzanalyse: $\alpha^* = \alpha/4 = 0.0125$; **: signifikant
1) Studentische Eichstichprobe von 1993, N= 900, Strauß & Appelt

Die dritte Skala erfaßt die Sensibilität und die Sorge um das Äußerliche, um Leistungsfähigkeit des Körpers und um die Gesundheit. Hier unterscheidet sich die Studiengruppe nicht von der Eichstichprobe. Die Beschäftigung mit dem Äußerlichen und die Sorge um Körpervorgänge ist nicht auffällig verändert und sie bleibt auch im Behandlungsverlauf konstant. Da sich die Konzentrative Bewegungstherapie mit der Innenwahrnehmung und dem Erleben des Körpers, aber nicht mit dem äußeren Erscheinungsbild befaßt, war hier keine Veränderung zu erwarten.

Die Skala der KBT-spezifischen Items akzentuiert die Körperwahrnehmung und das Erleben des Körpers. Leit-Item: Ich fühle mich in meinem Körper zu Hause. Bei möglichen Skalenwerten zwischen 0 und 1 bedeutet ein hoher Wert einen positiven Bezug zum Körper. Die Studiengruppe hat im Laufe der Behandlung ihr Verhältnis zum Körper und ihr Leiberleben signifikant verbessern können.

### 8.8.2 Unterscheiden sich erfolgreiche und weniger erfolgreiche PatientInnen im Körpererleben?

Die globale Besserung des Körpererlebens wird im nächsten Schritt in den beiden Erfolgsgruppen untersucht. Die klinisch erfolgreichen PatientInnen unterscheiden sich zu Behandlungsbeginn *nicht* von den später weniger erfolgreichen in ihrem Erleben, Wahrnehmen und Beurteilen des Körpers. Beide Gruppen haben wenig Selbstvertrauen und wenig körperliche Empfindungs- und Erlebnisfähig-

Abbildung 7: FBeK. Skalenmittelwerte bei Aufnahme und Entlassung für Erfolgreiche (N=29) und weniger Erfolgreiche (N=33).

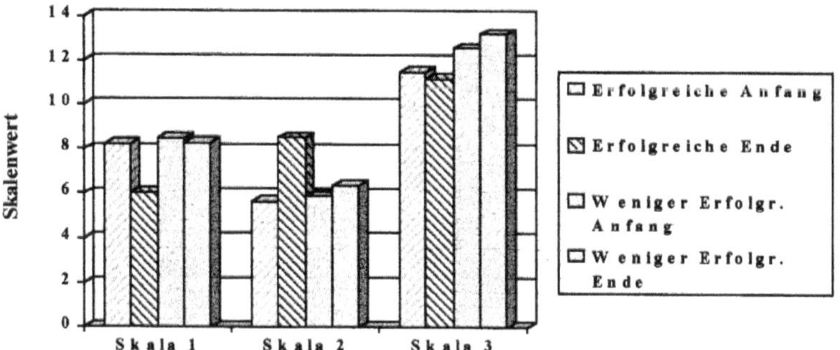


Skala 1: Unsicherheit/Mißempfinden, Skala 2: Attraktivität/Selbstvertrauen, Skala 3: Akzentuierung des Körpers/ Sensibilität

keit. Bei Behandlungsende hingegen zeigt die erfolgreiche Gruppe eine Besserung des Körpererlebens im Vergleich zu den weniger Erfolgreichen in allen vier Skalen. Die strengen Signifikanzschranke α* wird zwar nur von der Skala Leiberleben überschritten, jedoch zeigt sich bei den anderen Skalen eine starke Tendenz in Richtung Unterschied, die sich auch in den Effektstärken von 0.62 (Skala 1) und 0.8 (Skala 2 und Skala Leiberleben) in der klinisch erfolgreichen Gruppe widerspiegelt. Bei den weniger Erfolgreichen finden sich nur schwache Effekte (0.05 in Skala 1, 0.15 in Skala 2 und 0.14 in Skala Leiberleben).

Tabelle 21: Das Körpererleben in den beiden Erfolgsgruppen (N=62) (FBeK-Skalenmittelwerte) bei Behandlungsbeginn und -ende

| | **Anfang** | | | | | **Ende** | | | | | **Effektstärke** | |
|---|---|---|---|---|---|---|---|---|---|---|---|---|
| | Erfolgreiche (N=29) | | Weniger Erfolgreiche (N=33) | | 1) | Erfolgreiche | | Weniger Erfolgreiche | | 1) | Erfolg-reiche | Weniger Erfolgr. |
| **Skala** | $X_{anf}$ | $S_{anf}$ | $X_{anf}$ | $S_{anf}$ | p-Wert | $X_{ende}$ | $S_{ende}$ | $X_{ende}$ | $S_{ende}$ | p-Wert | | |
| **Unsicherheit/ Mißempfinden** | 8.21 | 3.52 | 8.46 | 3.92 | 0.81 | 6.03 | 2.83 | 8.27 | 3.88 | 0.024 | 0.62 | 0.05 |
| **Attraktivität/ Selbstvertrauen** | 5.67 | 3.53 | 5.88 | 3.28 | 0.82 | 8.51 | 3.51 | 6.37 | 3.69 | 0.023 | 0.80 | 0.15 |
| **Akzentuierung d Körpers/ Sensibilität** | 11.48 | 3.10 | 12.55 | 3.28 | 0.14 | 11.17 | 3.47 | 13.19 | 3.36 | 0.027 | 0.10 | 0.20 |
| **Leiberleben** | 0.57 | 0.2 | 0.55 | 0.21 | 0.63 | 0.73 | 0.16 | 0.58 | 0.24 | 0.009** | 0.80 | 0.14 |

1) Kruskal-Wallis- Test, α*= α/4= 0.0125; **: signifikant

Abbildung 8: FBeK, das Leiberleben bei Aufnahme und Entlassung für Erfolgreiche (N=29) und weniger Erfolgreiche (N=33)

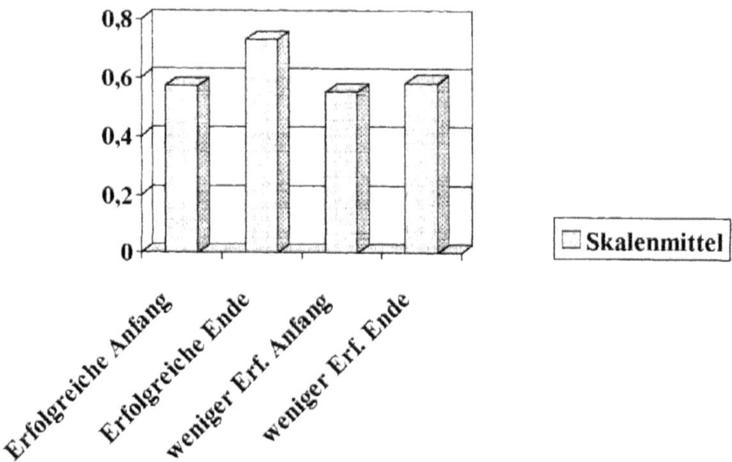


Damit ist der erste Teil der Hypothese 1 belegt, daß das Körpererleben sich im Laufe der KBT-Behandlung bei erfolgreichen PatientInnen in eine klinisch günstige Richtung verändert. Hier ist zunächst gezeigt, daß diese Verbesserung im Laufe der Behandlung geschieht. Die Untersuchung der KBT-Gruppenverläufe wird zeigen, welchen Anteil die KBT-Gruppe daran hat.

### 8.8.3 Welchen Einfluß haben die verschiedenen Settings auf die Veränderung des Körpererlebens?

In Tabelle 22 werden die Mittelwerte und Standardabweichungen der drei Settings gegenübergestellt. Setting C unterscheidet sich von den anderen beiden dadurch, daß sieben der elf PatientInnen nicht während des gesamten Aufenthalts KBT bekamen, der FBeK aber wie bei allen andern zu Anfang und Ende des Klinikaufenthaltes erhoben wurden.

Zur Überprüfung, welchen Einfluß das Setting auf die Behandlungsergebnisse im Körpererleben haben, wird varianzanalytisch der Einfluß von Setting, Zugehörigkeit zu Erfolgsgruppe bei Meßwiederholung (Anfang/Ende) auf die drei plus eine Skalen des FBeK untersucht.

Tabelle 22: Mittelwerte und Standardabweichungen in den Skalen des FBeK, Prä-Post-Vergleich stratifiziert nach Setting und Behandlungserfolg (N=62)

| | | Anfang | | | | | | Ende | | | |
|---|---|---|---|---|---|---|---|---|---|---|---|
| | | Erfolgreiche | | | Weniger Erfolgreiche | | | Erfolgreiche | | Weniger erfolgreiche | |
| **Skala** | Setting | N | $X_{anf}$ | $S_{anf}$ | N | $X_{anf}$ | $S_{anf}$ | $X_{ende}$ | $S_{ende}$ | $X_{ende}$ | $S_{ende}$ |
| **Unsicherheit/ Mißempfinden** | gesamt | 29 | 8.21 | 3.52 | 33 | 8.46 | 3.92 | 6.03 | 2.83 | 8.27 | 3.88 |
| | Setting A | 13 | 8.75 | 3.97 | 11 | 8.12 | 4.62 | 5.79 | 2.93 | 9.09 | 3.81 |
| | Setting B | 11 | 7.29 | 2.73 | 16 | 8.96 | 3.97 | 6.24 | 2.78 | 8.33 | 3.93 |
| | Setting C | 5 | 8.62 | 4.24 | 6 | 7.77 | 2.59 | 6.2 | 3.27 | 6.6 | 4.03 |
| **Attraktivität/ Selbstvertrauen** | gesamt | 29 | 5.67 | 3.53 | 33 | 5.88 | 3.28 | 8.51 | 3.51 | 6.37 | 3.69 |
| | Setting A | 13 | 5.08 | 4.03 | 11 | 5.59 | 2.63 | 7.77 | 3.57 | 6.49 | 3.57 |
| | Setting B | 11 | 6.04 | 3.24 | 16 | 5.84 | 3.86 | 8.88 | 3.40 | 6.43 | 4.17 |
| | Setting C | 5 | 6.40 | 3.21 | 6 | 6.50 | 3.08 | 9.6 | 1.82 | 6.0 | 3.03 |
| **Akzentuierung des Körpers/ Sensibilität** | gesamt | 29 | 11.48 | 3.10 | 33 | 12.55 | 3.28 | 11.17 | 3.47 | 13.19 | 3.36 |
| | Setting A | 13 | 11.58 | 3.57 | 11 | 12.35 | 2.13 | 11.46 | 3.23 | 13.93 | 3.09 |
| | Setting B | 11 | 11.86 | 2.82 | 16 | 12.13 | 3.10 | 11.09 | 3.89 | 12.63 | 3.74 |
| | Setting C | 5 | 10.4 | 2.7 | 6 | 12.2 | 2.89 | 10.6 | 3.78 | 13.33 | 3.01 |
| **Leiberleben** | gesamt | 29 | 0.57 | 0.20 | 33 | 0.55 | 0.21 | 0.73 | 0.16 | 0.58 | 0.24 |
| | Setting A | 13 | 0.52 | 0.17 | 11 | 0.54 | 0.20 | 0.71 | 0.17 | 0.61 | 0.24 |
| | Setting B | 11 | 0.64 | 0.20 | 16 | 0.58 | 0.24 | 0.75 | 0.17 | 0.56 | 0.27 |
| | Setting C | 5 | 0.58 | 0.24 | 6 | 0.51 | 0.18 | 0.74 | 0.11 | 0.58 | 0.19 |

Tabelle 23: Ergebnisse der Varianzanalyse für Skala 1 „Unsicherheit/Mißempfinden"

| Quelle der Varianz | Quadratsummen | DF | Varianz | F | p-Wert |
|---|---|---|---|---|---|
| Zwischen | | | | | |
| Erfolg | 25.2 | 1 | 25.2 | 1.16 | 0.285 |
| Setting | 6.14 | 2 | 3.07 | 0.14 | 0.87 |
| Erfolg *Setting | 16.4 | 2 | 8.2 | 0.38 | 0.69 |
| Fehler | 1211 | 56 | 21.6 | | |
| Innerhalb | | | | | |
| Unsicherheit/ Mißempfinden | 39.5 | 1 | 39.5 | 7.69 | 0.008 |
| Unsich.*Erfolg | 23.77 | 1 | 23.77 | 4.63 | 0.036 |
| Unsich.*Setting | 3.3 | 2 | 1.65 | 0.32 | 0.726 |
| Unsich.*Erfolg* Setting | 19.1 | 2 | 9.55 | 1.86 | 0.165 |
| Fehler | 287.3 | 56 | 5.13 | | |

Tabelle 24: Ergebnisse der Varianzanalyse, Skala 2 Attraktivität/Selbstvertrauen (N=62)

| Quelle der Varianz | Quadratsummen | DF | Varianz | F | p- Wert |
|---|---|---|---|---|---|
| Zwischen Pat. | | | | | |
| Erfolg | 34.7 | 1 | 34.7 | 1.62 | 0.207 |
| Setting | 14.34 | 2 | 7.172 | 0.336 | 0.716 |
| Erfolg *Setting | 8.96 | 2 | 4.48 | 0.21 | 0.811 |
| Fehler | 1194.1 | 56 | 21.32 | | |
| Innerhalb Pat. | | | | | |
| Attraktivität/ Selbstvertrauen | 68.83 | 1 | 68.83 | 15.22 | 0.000 |
| Attrak.*Erfolg | 43.59 | 1 | 43.59 | 9.63 | 0.003 |
| Attrakt.*Setting | 0.78 | 2 | 0.39 | 0.09 | 0.918 |
| Attrak.*Erfolg* Setting | 3.44 | 2 | 1.72 | 0.38 | 0.685 |
| Fehler | 253.32 | 56 | 4.524 | | |

Tabelle 25: Ergebnisse der Varianzanalyse für Skala 4 Leiberleben (N=62)

| Quelle der Varianz | Quadratsummen | DF | Varianz | F | p- Wert |
|---|---|---|---|---|---|
| Zwischen | | | | | |
| Erfolg | 0.22 | 1 | 0.22 | 3.27 | 0.076 |
| Setting | 0.04 | 2 | 0.02 | 0.32 | 0.729 |
| Erfolg *Setting | 0.05 | 2 | 0.025 | 0.36 | 0.701 |
| Fehler | 3.84 | 56 | 0.069 | | |
| Innerhalb | | | | | |
| Leiberleben | 0.25 | 1 | 0.25 | 12.80 | 0.001 |
| Leiberl.*Erfolg | 0.08 | 1 | 0.08 | 4.29 | 0.043 |
| Leiberl.*Setting | 0.047 | 2 | 0.023 | 1.22 | 0.303 |
| Leiberl.*Erfolg* Setting | 0.002 | 2 | 0.001 | 0.049 | 0.952 |
| Fehler | 1.078 | 56 | 0.019 | | |

Tabelle 26: Ergebnisse der Varianzanalyse für Skala 3 Akzentuierung des Körpers/Sensibilität (N=62)

| Quelle der Varianz | Quadratsummen | DF | Varianz | F | p- Wert |
|---|---|---|---|---|---|
| Zwischen | | | | | |
| Erfolg | 81.61 | 1 | 81.61 | 4.89 | 0.031 |
| Setting | 16.928 | 2 | 8.46 | 0.507 | 0.605 |
| Erfolg *Setting | 12.15 | 2 | 6.07 | 0.36 | 0.697 |
| Fehler | 934.95 | 56 | 16.695 | | |
| Innerhalb | | | | | |
| Akzentuierung/ Sensibilität | 1.62 | 1 | 1.62 | 0.38 | 0.54 |
| Akzent.*Erfolg | 5.99 | 1 | 5.99 | 1.40 | 0.24 |
| Akzent.*Setting | 2.52 | 2 | 1.26 | 0.29 | 0.746 |
| Akzent.*Erfolg* Setting | 0.526 | 2 | 0.26 | 0.062 | 0.940 |
| Fehler | 339.08 | 56 | 4.27 | | |

Weder global in den Erfolgsgruppen noch in den verschiedenen Settings unterscheiden sich die Mittelwerte der Skala 1. Aber bei Behandlungsende sind alle PatientInnen signifikant weniger unsicher, haben weniger Mißempfinden als am Anfang. Hier imponiert die Wechselwirkung mit der Erfolgseinteilung: Am Anfang unterscheiden sich die Erfolgsgruppen nicht, aber am Ende signifikant. Zwischen den Settings liegt diese Wechselwirkung nicht vor.

Bei Behandlungsende sind die PatientInnen im Durchschnitt zufriedener mit ihrem Körper, sie haben mehr Selbstvertrauen gewonnen. Global zeigen Setting und Erfolg keinen Einfluß, aber zwischen Behandlungsbeginn und -ende ist ein signifikanter Unterschied im Erleben der eigenen Attraktivität/ Selbstvertrauen. Auch ist die Wechselwirkung mit der Erfolgsgruppe signifikant: bei anfangs gleicher Ausgangssituation in den späteren Erfolgsgruppen beschreiben nur die Erfolgreichen am Ende eine deutliche Besserung in der Sorge um den Körper. Die verschiedenen Settings sind auch hier ohne Bedeutung.

Für die Skala *Leiberleben* ergeben sich signifikante Unterschiede zwischen Aufnahme- und Entlassungsuntersuchung und eine Wechselwirkung zwischen Untersuchungszeitpunkt und Erfolgsgruppe: zu Behandlungsbeginn liegen keine Unterschiede zwischen den Erfolgsgruppen vor. Die klinisch Erfolgreichen haben am Ende einen besseren Zugang zum eigenen Körper und zu ihren Empfindungen, und das in allen drei Settings.

Die Akzentuierung des Körpers ist in der erfolgreichen Gruppe durchgängig etwas günstiger, hier ist keine Veränderung im Behandlungsverlauf zu erkennen. Weder Behandlung noch das Setting haben auf diese Skala einen Einfluß. Die weniger Erfolgreichen haben durchgehend eine geringere Sensibilität für ihren Körper, die nicht durch die Behandlung verändert wird.

In allen Skalen hat der Faktor Setting keinen signifikanten Einfluß auf die Ergebnisse, auch nicht in Form von Wechselwirkungen. Der klinische Behandlungserfolg geht in allen drei Behandlungs-Settings einher mit einer Besserung des Körpererlebens in den Skalen 1 und 2 des FBeK und in den KBT-spezifischen Items der Skala Leiberleben.

## 8.9 Verändern sich die Körper- und Selbstrepräsentanzen während der stationären Behandlung unter KBT?

Hier werden zunächst die globalen Resultate des Leiberleben-Grid vorgestellt.

Geplant war, das Grid zu Behandlungsbeginn zu erheben, nach sechs Wochen und bei Behandlungsende wieder vorzulegen. Bei kurzen Behandlungen unter acht Wochen wird das Grid nur am Beginn und am Ende erhoben. Aus organisatorischen Gründen konnte das mittlere Grid nicht bei allen PatientInnen erhoben werden. Auch wurden vier PatientInnen noch in die Studie aufgenommen, von denen vollständige GEB-KBT-Verläufe vorliegen, aber keine Grids.

So haben 68 PatientInnen im Untersuchungszeitraum mindestens zwei auswertbare Grids ausgefüllt. 34mal liegen drei Grids vor.

### 8.9.1 Globale Veränderung der Grids

Tabelle 27 gibt zunächst einen Überblick über die globale Veränderung der Grids, gemessen über die Höhe der Korrelation zum Anfangs-Grid. 32 PatientInnen (47,1%) haben im Laufe Behandlung ihr Körpererleben so verbessert, daß kein korrelativer Zusammenhang mit dem Ausgangs-Grid mehr interpretierbar ist.
Von den 34 PatientInnen, die drei Grids ausgefüllt haben, zeigen 15 (44,1%) Veränderungen der Körper- und Selbstrepräsentanzen. Bei acht von ihnen werden diese Veränderungen schon nach sechs Wochen sichtbar, bei sieben erst bei Behandlungsende. Die ganz kurzen Behandlungen (unter sechs Wochen) reichen nach diesen Befunden nicht aus, um strukturelle Veränderungen zu bewirken, ebenso die unvollständigen Behandlungen, 60% der 8–10 Wochen behandelten zeigen Grid-Veränderungen. Bei den 3-Monats-Behandlungen und den Verlängerungen sind etwa die Hälfte der Grids verändert.

Tabelle 27: Globale Differenzen zwischen Anfangs-, Mittel-und Entlassungs-Grid (N=68)

| | 2. und 3. Grid verändert | Nur 3. Grid verändert | Gesamt „verändert“ | Keine Veränderung | Summe |
|---|---|---|---|---|---|
| **3 Grids** | 8 | 7 | 15 | 19 | 34 |
| **2 Grids** | | | 15 | 12 | 27 |
| **Unvollständige KBT-Behandlung** | | | 2 | 5 | 7 |
| **Summe** | | | 32 (47,1%) | 36 (52,9%) | 68 (100%) |

Tabelle 28: Veränderungen im Grid bei unterschiedlichen Behandlungsdauern (N=68)

| | Grid verändert | Keine Veränderung | Summe |
|---|---|---|---|
| **Ultra-Kurz-Behandlungen** | 0 (0%) | 3 (100.0%) | 3 |
| **Kurzbehandlungen** | 6 (60.0%) | 4 (40.0%) | 10 |
| **3-Monats-Behandlungen** | 12 (52,2%) | 11 (47.8%) | 23 |
| **Verlängerungen** | 12 (48.0%) | 13 (52.0%) | 25 |
| **Unvollständige KBT-Behandlungen** | 2 (28.6%) | 5 (71.4%) | 7 |
| **Summe** | 32 (47.1%) | 36 (52.9%) | 68 |

Der Zusammenhang von klinischem Erfolg und Veränderung der Körperrepräsentanzen im Grid ist im $\chi^2$-Test signifikant ($p=0.017$). 19 der 32 PatientInnen mit positiven Grids sind in der klinisch erfolgreichen Gruppe, 25 der 36 mit nicht veränderten Grids sind in der weniger erfolgreichen Gruppe.

## 8.9.2 Auswertung der Inter-Element-Distanzen

### 8.9.2.1 Distanzen der Ideal-Elemente

Für die PatientInnen wurden die Distanzen zwischen den drei Ideal-Elementen (Ich, wie ich nach der Therapie sein möchte; mein Körper, wie ich ihn mir wünsche; ein Körperteil das ich mag) zu den drei Erhebungszeitpunkten berechnet. Tabelle 29 zeigt die Mittelwerte pro Erfolgsgruppe.

Die mittlere Distanz der drei Ideal-Elemente unterscheidet sich bei Behandlungsbeginn ($U=744$, $p=0.031$): bei den später nicht so Erfolgreichen liegen die drei Elemente dichter beieinander. Bei Behandlungsende beträgt die Differenz der mittleren Distanzen nur noch 0.02 ($U=619.5$, $p=0.541$).

Die mittlere Distanz zwischen den drei Ideal-Elementen ist in beiden Erfolgsgruppen klein, d.h. Körper- und Ich-Ideal liegen nah beieinander. Auch das positiv besetzte Körperteil liegt im Konstruktraum in der Nähe des Ich-Ideals, wobei auffällt, daß diese Distanz bei den später Erfolgreichen zu Behandlungsbeginn größer ist als in der anderen Gruppe.

Bei erfolgreicher Therapie wird die Distanz zwischen den drei Ideal-Elementen am Ende noch geringer ($H=6.533$, $Fg=1$, $p=0.011$), und bei weniger erfolgreicher Behandlung ändert sich nichts ($H=0.026$, $Fg=1$, $p=0.871$).

Erfolgreiche PatientInnen ändern ihr Ich- und Körper-Ideal unter der Behandlung, bei weniger erfolgreichen ist diese strukturelle Veränderung nicht erkennbar.

Tabelle 29: Element-Distanzen der Ideal-Elemente im Grid (Mittelwerte und Standardabweichungen)

| **Elementdistanz von:** | | **N** | **Anfang** | **Ende** | **p-Wert** |
|---|---|---|---|---|---|
| **Ich-Ideal – Körper-Ideal** | Erfolgreiche | 28 | 0.57 +/- 0.38 | 0.32 +/- 0.28 | |
| | Weniger Erfolgreiche | 38 | 0.43 +/- 0.37 | 0.38 +/- 0.36 | |
| **Ich-Ideal – positiv besetzter Körperteil** | Erfolgreiche | 26 | 0.85 +/- 0.34 | 0.77 +/- 0.38 | |
| | Weniger Erfolgreiche | 33 | 0.72 +/- 0.36 | 0.80 +/- 0.33 | |
| **Körper-Ideal –positiv besetzter Körperteil** | Erfolgreiche | 28 | 0.80+/-0.38 | 0.76 +/- 0. 38 | |
| | Weniger Erfolgreiche | 33 | 0.66 +/- 0.31 | 0.75 +/- 0.24 | |
| **Mittlere Distanz der 3 Ideal- Elemente** | Erfolgreiche | 30 | 0.73 +/- 0.31 | 0.61 +/- 0.33 | p=0.011 [1)] |
| | Weniger Erfolgreiche | 28 | 0.57 +/- 0.28 | 0.59 +/- 0.30 | p=0.871 [1)] |
| | | | p=0.031 [2)] | p=0.541 [2)] | |

1) Friedmann- Rangvarianzanalyse 2) Mann-Whitney-U-Test

Tabelle 30: Mittlere Element-Distanzen zwischen den drei Idealelementen und den Elementen Beschwerden, Ich, Geschlechtlichkeit, Boden und Haltung zur Welt zu Behandlungsbeginn und Ende für beide Erfolgsgruppen (N=68)

| **Distanz zum Ideal von Element:** | | **N** | **Anfang** | **Ende** | **P –Wert** [1)] | **Effekt-stärke** |
|---|---|---|---|---|---|---|
| **Ich mit meinem Beschwerden** | Erfolgreiche | 29 | 1.32 +/-0.22 | 1.13 +/-0.38 | 0.095 | 0.86 |
| | Weniger Erfolgreiche | 37 | 1.39 +/-0.32 | 1.31 +/- 0.28 | 0.005 | 0.25 |
| | P - Wert [2)] | | 0.106 | 0.026 | | |
| **Ich, wie ich bin** | Erfolgreiche | 30 | 1.20 +/-0.31 | 0.98 +/- 0.38 | 0.003 | 0.71 |
| | Weniger Erfolgreiche | 38 | 1.10 +/- 0.40 | 1.02 +/-0.33 | 0.412 | 0.20 |
| | P - Wert [2)] | | 0.135 | 0.404 | | |
| **Meine Weiblichkeit/ Männlichkeit** | Erfolgreiche | 29 | 1.08 +/- 0.25 | 0.82 +/-0.38 | 0.016 | 1.04 |
| | Weniger Erfolgreiche | 37 | 0.97 +/- 0.31 | 0.99 +/- 0.34 | 0.411 | 0.06 |
| | P - Wert [2)] | | 0.143 | 0.076 | | |
| **Der Boden unter meinen Füßen** | Erfolgreiche. | 30 | 1.16 +/- 0.27 | 0.92 +/- 0.39 | 0.068 | 0.89 |
| | Weniger Erfolgreiche | 38 | 1.06 +/- 0.32 | 1.13 +/- 0.26 | 0.561 | 0.22 |
| | P - Wert [2)] | | 0.333 | 0.009 | | |
| **Meine Haltung der Welt gegenüber** | Erfolgreiche | 30 | 1.11 +/- 0.19 | 0.90 +/- 0.32 | 0.001 | 1.11 |
| | Weniger Erfolgreiche | 38 | 1.05 +/- 0.30 | 1.09 +/- 0.22 | 1.000 | 0.13 |
| | P -Wert [2)] | | 0.459 | 0.007 | | |

1) : p-Werte Anfang -Ende: Friedman-Rang -Varianzanalyse,

2) : p-Werte für Unterschiede zwischen den Gruppen: Mann-Whitney- U-Test

### 8.9.3 Distanzen zwischen Ideal- und Real-Elementen

Tabelle 30 zeigt die mittleren Distanzen der Real- Elemente zu den drei Ideal- Elementen. Die hohen Effektstärken bei den Erfolgreichen weisen auf eine deutliche Verringerung der Distanzen zu Behandlungsende hin. Bei den weniger Erfolgreichen liegen die Effektstärken für alle Distanzen unter 0.25, d.h. die Veränderungen sind hier eher als gering einzuschätzen.

#### 8.9.3.1 Distanz D1: Ich mit meinen Beschwerden – Ideal

Beide Erfolgsgruppen haben zu Behandlungsbeginn einen hohen Beschwerdedruck, der sich in großem Abstand dieses Elements vom Ideal ausdrückt. Der Unterschied zwischen den Gruppen ist gering (U = 411.5, p = 0.106). Bei Behandlungsende ist der Beschwerdedruck in beiden Gruppen geringer geworden: die Distanz nach erfolgreicher Behandlung liegt jetzt innerhalb des Normalbereichs (H = 2.793, Fg = 1, p = 0.095), während sie nach weniger erfolgreichen Abschluß nach wie vor größer als 1.25 ist (H = 7.81, Fg = 1, p = 0.005).

#### 8.9.3.2 Distanz D3: Ich, wie ich bin – Ideal

Die Distanz zwischen Real-Ich und Ideal ist bei den später Erfolgreichen bei Behandlungsbeginn höher (U = 691, p = 0.135) und geht im Lauf der Behandlung stärker zurück (H = 8.533, Fg = 1, p = 0.003), während die Distanz bei mäßigem Erfolg nur wenig abnimmt (H = 0.658, Fg = 1, p=0.417).

Diese Distanz beschreibt das Ausmaß an Bewußtheit des Leidens, der Erkrankung als etwas zum Ich Zugehöriges. Der Behandlungserfolg scheint mit dem Ausmaß an Bewußtheit des Körperlichen einher zu gehen.

#### 8.9.3.3 Distanz D7: Meine Weiblichkeit/Männlichkeit körperlich – Ideal

Unter der erfolgreichen Therapie geschieht eine Annäherung des Körpererlebens der eigenen Geschlechtlichkeit an das Ideal im Sinne einer mehr positiven Besetzung der Weiblichkeit/ Männlichkeit (H = 5.828, Fg = 1, p = 0.016). Bei geringerem Erfolg findet sich die Distanz im unauffälligen Bereich und ändert sich nicht (H = 0.676, Fg = 1, p = 0.411).

Erfolgreiche PatientInnen gewinnen mehr Zugang zu ihrer Geschlechtlichkeit und erleben sie bei Behandlungsende deutlich positiver als die weniger erfolgreichen. (Anfang: $U = 650$, $p = 0.143$; Ende: $U = 399$, $p = 0.076$).

#### 8.9.3.4 Distanz D9: Der Boden unter meinen Füßen – Ideal

Das Erleben des Bodens ist ein Maß für Ich-Stabilität, an der in der KBT auf körperlicher und seelischer Ebene gearbeitet wird. Später Erfolgreiche erleben anfangs eine größere Distanz von Boden und Ideal als die später weniger Erfolgreichen. ($U = 648.5$, $p = 0.33$). Erstere gewinnen im Laufe der Behandlung besseren Bodenkontakt ($H = 3.333$, $Fg = 1$, $p = 0.111$), während für letztere die Distanz von Boden und Ideal größer wird, also der Boden eher weniger stabil erlebt wird ($H = 0.421$, $Fg = 1$, $p = 0.516$). Bei Behandlungsende unterscheiden sich beide Gruppen deutlich ($U = 360$, $p = 0.009$).

#### 8.9.3.5 Distanz D10: Meine Haltung der Welt gegenüber – Ideal

Die Haltung der Welt gegenüber wird hier sowohl körperlich als auch als innere Haltung verstanden und drückt das leibhaftige In-der-Welt-Sein aus. Die anfangs größere Distanz ($U = 630$, $p = 0.459$) ist nach erfolgreicher Behandlung deutlich verringert ($H = 10.8$, $Fg = 1$, $p = 0.001$), während nach weniger erfolgreicher Behandlung keine Unterschiede sichtbar sind ($H = 0$, $Fg = 1$, $p = 1.000$). Bei Behandlungsende unterscheiden sich die Distanzen beider Gruppen deutlich ($U = 352$, $p = 0.007$).

Bei aller Vorsicht einer Interpretation von p-Werten, die über Grid-Daten gewonnen wurden, zeigt sich für beide Erfolgsgruppen ein Rückgang des Beschwerdedrucks, der bei erfolgreicher Behandlung mit einer Annäherung der inneren und äußeren Haltung an das Ideal einher geht, während diese Änderung der Haltung bei weniger erfolgreichen Behandlungen nicht geschieht. Dies ist ein Hinweis auf innere Umstrukturierungs- oder Transformationsprozesse, die das ganze leib-seelische Gefüge betreffen. Körperhaltung und innere Haltung, Ich-Stabilität und Stabilität des Bodens, Körper- und Ich-Ideal liegen nahe beieinander, ergänzen, vertreten einander und Veränderung auf einer Ebene zieht Veränderung auf der anderen nach sich.

## 8.10 Beurteilung des KBT-spezifischen Erfolges

In der Beurteilung des KBT-spezifischen Behandlungsergebnisses durch die KBT-Therapeutin nach Behandlungsende hat sich die Gesamtgruppe im Durchschnitt ›etwas gebessert‹: der mittlere KBT-Gesamtwert liegt für die Studiengruppe ($N = 72$) bei $KBT_{ges} = 2.22$ ($s = 0.58$), die Werte liegen zwischen 1 und 3.5, der Median liegt bei 2.25.

Vergleicht man die KBT-Ergebnisse mit der globalen Erfolgseinteilung, so findet sich in der erfolgreichen Gruppe ein $KBT_{ges} = 1.95$ ($s = 0.61$), für die weniger Erfolgreichen ist $KBT_{ges} = 2.43$ ($s = 0.47$). Die Unterschiede zwischen den Gruppen sind im Mann-Whitney-U-Test signifikant ($U = 338.5$, $p = 0.001$).

Die klinisch erfolgreichen PatientInnen werden auch in ihren KBT-Ergebnissen günstiger eingeschätzt als die weniger erfolgreichen. Der $KBT_{ges}$ für PatientInnen mit signifikanten Veränderungen im Grid ($N = 32$) liegt mit $KBT_{ges} = 2.11$ ($s = 0.67$) etwas niedriger als für jene ohne signifikante Änderungen $KBT_{ges} = 2.35$ ($s = 0.46$). Diese Unterschiede sind im U-Test nicht mehr signifikant ($U = 716.5$, $p = 0.081$). Sie lassen sich als Trend interpretieren. Zur Suche nach Zusammenhängen des $KBT_{ges}$ mit den Skalen des FBeK bei Behandlungsende werden die Korrelationen berechnet. Es finden sich keine bedeutsamen Korrelationen:
$KBT_{ges}$ und Skala 1:$r = 0.105$
$KBT_{ges}$ und Skala 2:$r = -0.216$
$KBT_{ges}$ und Skala 3:$r = 0.104$
$KBT_{ges}$ und *Leiberleben*:$r = -0.101$

Dieses Resultat überrascht, da es den Erwartungen nach Zusammenhängen widerspricht. Zwei Interpretationen sind denkbar: das KBT-Erfolgsmaß ist zu weich, oder in die Beurteilung gehen andere Aspekte (etwa Symbolisierungs- oder Verbalisierungsfähigkeit) ein, als im FBeK erfaßt werden. Hier ist noch Entwicklungsarbeit am KBT-Maß nötig.

## 8.11 GEB-KBT

Von 1121 auswertbaren KBT-Gruppenerfahrungsbögen wurden 861 von den StudienpatientInnen ausgefüllt (die übrigen Behandlungen waren durch die Slow-Open-Gruppen nicht vollständig erfaßt). 497 Bögen liegen von Gruppe A vor ($2 \times$ wöchentlich KBT), 282 Bögen von Gruppe B und 82 Bögen von Gruppe C (Tabelle 31).

### 8.11.1 Globale Ergebnisse

Die PatientInnen geben im Durchschnitt an, daß sie in den Therapiestunden körperliches Wohlbefinden und Zuversicht (Skala 1) erfahren. Sie finden in den Gruppenstunden Zugang zu ihrem körperlichen Erleben und den eigenen Empfindungen (Skala 3). Sowohl Wohlbefinden/Zuversicht als auch der Zugang zum Körpererleben wird von den erfolgreichen PatientInnen höher eingeschätzt als von den weniger Erfolgreichen. Das durchschnittliche Ausmaß an Lernerfahrungen und Einsicht wird etwas niedriger bewertet, es liegt bei den Erfolgreichen etwas oberhalb, bei den weniger Erfolgreichen etwas unterhalb des Skalenmittels.

Negative Gruppenerfahrungen, wie in Skalen 4, 5 und 6 beschrieben, sind wenig ausgeprägt in den KBT-Gruppenstunden. Unzufriedenheit mit der Gruppe oder der Therapeutin wird im Mittel überwiegend nicht genannt. PatientInnen erleben sich wenig als zurückhaltend und nicht verstanden. Die beiden Erfolgsgruppen unterscheiden sich nicht im Ausmaß ihrer Unzufriedenheit mit der Gruppe. Erfolgreiche sind zufriedener mit der Therapeutin und sie sind mehr bereit, sich zu öffnen als die weniger Erfolgreichen.

Tabelle 31: Globale Ergebnisse des Gruppenerlebens in der KBT

| Skala | Alle Bögen | Studien-patientInnen | Erfolg-reiche | Weniger Erfolgreiche | U-Test* | Seidler[1)] |
|---|---|---|---|---|---|---|
| | N=1121 | N= 861 | N= 367 | N=494 | | N= 220 |
| **Körperliches Wohlbefinden und Zuversicht** | 2.62 +/-1.05 | 2.65 +/- 1.05 | 2.98 +/- 1.05 | 2.41 +/- 0.97 | 0.000** | 3.03 +/- 0.94 |
| **Lernerfahrung und Einsicht** | 2.34 +/-0.99 | 2.34 +/- 1.0 | 2.55 +/- 1.06 | 2.18 +/-1.01 | 0.000** | 2.80 +/- 1.0 |
| **Zugang zum körperlichen Erleben und der eigenen Empfindung** | 2.90 +/-1.07 | 2.91 +/- 1.09 | 3.06 +/- 1.18 | 2.80 +/ 1.01 | 0.000** | 3.16 +/- 0.94 |
| **Unzufriedenheit mit der Therapeutin** | 0.77 +/-0.74 | 0.77 +/-0.76 | 0.68 +/- 0.71 | 0.83 +/- 0.79 | 0.007** | 0.74 +/- 0.79 |
| **Unzufriedenheit mit der Gruppe** | 01.19+/- 1.1: | 1.2 +/- 1.14 | 1.11 +/- 1.09 | 1.26 +/- 1.18 | 0.098 | 1.13 +/- 1.13 |
| **Zurückhaltung und sich nicht verstanden fühlen** | 1.6 +/ 1.09 | 1.57 +/- 1.10 | 1.45 +/- 1.09 | 1.66 +/-1.10 | 0.009 | 1.53 +/- 1.13 |

* :U- Test (Mann- Whitney), mit α-Korrektur , α*= 0.05/6 = 0.008;

**: signifikant

1) bei Seidler: PatientInnen mit stationärem Therapiesetting,
Umskalierung zum Vergleich: 1,..,6 ⇒ 0,..,5
Skalenwerte 0-5; 0: stimmt überhaupt nicht 5: stimmt genau

Die Gesamtmittelwerte von Seidler liegen in ähnlichen Dimensionen, was darauf hindeutet, daß vergleichbare Stichproben vorliegen. Die in allen Skalen etwas ungünstigeren Werte in meiner Studie könnten mit der unterschiedlichen Datenerfassung zusammenhängen: bei Seidler sind einzelne Gruppenstunden aus verschiedenen Kliniken zusammengefaßt. Es könnten an der Rhein-Klinik schwerer erkrankte PatientInnen behandelt werden oder es gab eine gewisse Selektion in Seidlers Studie zu Gunsten ›gelungener‹ Gruppenstunden.

### 8.11.2 Skaleninterkorrelationen

Um vergleichbare Datensätze zu erhalten, werden für die weitere Auswertung wöchentliche GEB-KBT-Skalenwerte verwendet, d. h. von den Bogen des Settings A wird nur jeder zweite in die Auswertung einbezogen.

Für die Gesamtgruppe finden sich global hohe Korrelationen zwischen den Skalen 1, 2 und 3. Subjektives Wohlbefinden und Zuversicht hängen zusammen mit dem Zugang zum eigenen Körper und den Empfindungen. Beide weisen eine hohe Korrelation zu Lernerfahrung und Einsichten auf. Dieses Ergebnis bestätigt den Ansatz der KBT, daß Einsichten und Leibbewußtsein verschiedene, aber verbundene Ebenen der symbolischen Transformation sind.

Hohe Korrelation finden sich ebenfalls für die Skalen 4, 5 und 6. Unzufriedenheit mit der Gruppe korreliert mit der Unzufriedenheit mit der Therapeutin und der Zurückhaltung und sich nicht verstanden fühlen. Wie bei Seidler sind auch hier die Korrelationen dieser drei negativen Gruppenerfahrungen mit Skala 2 Lernerfahrung und Einsicht niedrig, d. h. Lernen und Einsehen geschieht unabhängig vom Ausmaß der Zufriedenheit in der Gruppe.

Zurückhaltung und sich nicht verstanden fühlen ist negativ korreliert mit Wohlbefinden und Zuversicht. PatientInnen, die sich in die Gruppe einbringen, bereit sind, sich zu öffnen, sind optimistischer als jene, die sich nicht verstanden fühlen.

Unterhalb der Diagonalen von Tabelle 32 sind die Skaleninterkorrelationen für Erfolgreiche und weniger Erfolgreiche vermerkt. Für die erfolgreiche Gruppe sind die 3 positiven Skalen höher korreliert, für die weniger erfolgreiche Gruppe niedriger als für die Gesamtgruppe. Die drei negativen Skalen unterscheiden sich weniger. Zwischen Zuversicht und geringer Zurückhaltung ist der korrelative Zusammenhang in der erfolgreichen Gruppe höher.

Tabelle 32: Interkorrelationen der GEB-KBT-Skalen. Oberhalb der Diagonalen: Gesamtgruppe Woche 1–12, N=598; unterhalb der Diagonalen, 1. Zeile: Erfolgreiche, N=257, 2. Zeile: weniger Erfolgreiche (N=341)

| Skalen | Wohlbefinden/ Zuversicht | Lernerfahrung/ Einsicht | Zugang zu körperl. Erleben | Unzufriedenheit m. d. Therapeutin | Unzufriedenheit mit der Gruppe | Zurückhaltung |
|---|---|---|---|---|---|---|
| Wohlbefinden/ Zuversicht | | 0.52* | 0.43* | -0.20* | -0.23* | -0.41* |
| Lernerfahrung/ Einsicht | 0.57*<br>0.42* | | 0.54* | -0.14* | -0.16* | -0.20* |
| Zugang zu körperl.Erleben | 0.57*<br>0.23* | 0.62*<br>0.43* | | -0.20* | -.012* | -0.20* |
| Unzufriedenheit m.d.Therapeutin | -0.30*<br>-0.07 | -0.11<br>-0.12 | -0.14<br>-0.22* | | 0.61* | 0.43* |
| Unzufriedenheit m.d. Gruppe | -0.29*<br>-0.15 | -0.16<br>-0.14 | -0.10<br>-0.13 | 0.56*<br>0.64* | | 0.45* |
| Zurückhaltung | -0.52*<br>-0.28* | -0.22*<br>-0.15 | -0.21*<br>-0.15 | 0.45*<br>0.41* | 0.43*<br>0.47* | |

* $p < 0.003$ ($\alpha$-Adjustierung: $\alpha^* = \alpha/15 = 0.05/15 = 0.003$)

### 8.11.3 Ergebnisse der ersten Gruppenstunde

Die Globalauswertung gibt einen ersten Überblick über die Art des Gruppenerlebens in der Konzentrativen Bewegungstherapie, sie ignoriert aber den Behandlungsverlauf. In Hypothese 5 wird ein unterschiedlicher Verlauf des Gruppenerlebens in den Erfolgsgruppen vermutet.

In der ersten Gruppenstunde (Tabelle 33) haben die PatientInnen noch wenig Zugang zu Körpererleben und den eigenen Empfindungen, die später Erfolgreichen haben aber schon etwas mehr Zuversicht und haben erste Lernerfahrung und Einsicht gewonnen im Gegensatz zu den später weniger Erfolgreichen. Auch sind sie noch weniger unzufrieden mit der Gruppe und der Therapeutin, d.h. sie zeigen in der ersten Stunde mehr Bereitschaft sich zu öffnen.

Die Befunde im FBeK hatten gezeigt, daß das Körpererleben zu Beginn der Behandlung in den Erfolgsgruppen nicht unterschiedlich ausfällt. Die PatientInnen haben vor Gruppenbeginn ein ausführliches Erstgespräch mit der KBT-Therapeutin, mit dem eine therapeutische Beziehung beginnt. Im ersten Fragebogen nach der ersten Gruppenstunde wird also nicht ein Prä-Zustand erfaßt, sondern der Einstieg in die Therapie. Diese Ergebnisse lassen sich zusammen so interpretieren, daß die später erfolgreichen PatientInnen schon bei Behandlungsbeginn eine positive Übertragung zur Therapeutin entwickeln und eine Bereitschaft zei-

Tabelle 33: Ergebnisse der ersten Gruppenstunde (N=70)

| Skala | Erfolgreiche | Weniger Erfolgreiche | p-Wert* |
|---|---|---|---|
| Körperliches Wohlbefinden und Zuversicht | 2.78 +/-1.13 | 2.34 +/-0.92 | 0.054 |
| Lernerfahrung und Einsicht | 2.44 +/-1.04 | 1.95 +/-0.89 | 0.039 |
| Zugang zum körperlichen Erleben und der eigenen Empfindung | 2.68 +/-1.19 | 2.37 +/-0.99 | 0.23 |
| Unzufriedenheit mit der Therapeutin | 0.65 +/-0.67 | 0.99 +/-0.70 | 0.045 |
| Unzufriedenheit mit der Gruppe | 1.08 +/-1.13 | 1.81 +/-1.49 | 0.037 |
| Zurückhaltung und sich nicht verstanden fühlen | 1.47 +/-1.04 | 1.78 +/-1.18 | 0.238 |

*: U-Test (Mann-Whitney) als deskriptive Kenngröße für die Differenzen zwischen den Erfolgsklassen.

gen, sich auf die KBT einzulassen. Der Zugang zum Körperleben ist aber durch die klinische Symptomatik erschwert und überlagert. Hier setzt der Arbeitsschwerpunkt der KBT, nämlich die Anregung und Förderung der leiblichen Selbstwahrnehmung, an. Dies ist ein deskriptiver Befund dafür, daß möglicherweise der Behandlungserfolg mit der Öffnungsbereitschaft zu Behandlungsbeginn zusammenhängt.

### 8.11.4 Analyse der Gruppenverläufe

Die Studiengruppe hat keine einheitliche Behandlungszeit. Das ist bei der Interpretation der Kurven mit zu berücksichtigen. Nur ein Patient hat Bögen für die 16. und 17. Woche ausgefüllt, bei den Erfolgreichen ist nur eine Behandlung über zwölf Wochen lang. Beide Kurvenenden sind daher nicht mehr interpretierbar. Da die Anzahl der Meßwiederholungen zu stark differiert, verbietet sich eine varianzanalytische Auswertung. Es bietet sich daher als nächster Schritt eine deskriptive Auswertung der Verlaufskurven an.

Tabelle 34: Anzahl Erhebungsbögen pro Behandlungswoche (GEB-KBT)

| W | 1 | 2 | 3 | 4 | 5 | 6 | 7 | 8 | 9 | 10 | 11 | 12 | 13 | 14 | 15 | 16 | 17 |
|---|---|---|---|---|---|---|---|---|---|---|---|---|---|---|---|---|---|
| N | 70 | 66 | 68 | 68 | 63 | 58 | 54 | 47 | 43 | 33 | 18 | 13 | 8 | 5 | 2 | 1 | 1 |
| N1 | 31 | 26 | 31 | 29 | 28 | 25 | 24 | 22 | 20 | 13 | 5 | 4 | 1 | 1 | 0 | 0 | 0 |
| N2 | 39 | 40 | 38 | 39 | 35 | 33 | 30 | 25 | 23 | 20 | 13 | 9 | 7 | 4 | 2 | 1 | 1 |

W: Behandlungswoche, N: Anzahl Bögen, N1: Erfolgreiche, N2: weniger Erfolgreiche

Abbildung 9: Mittelwerte der 6 GEB-KBT-Skalen im Therapieverlauf für erfolgreiche PatientInnen (N=32). Skalenmittelwerte pro Behandlungswoche

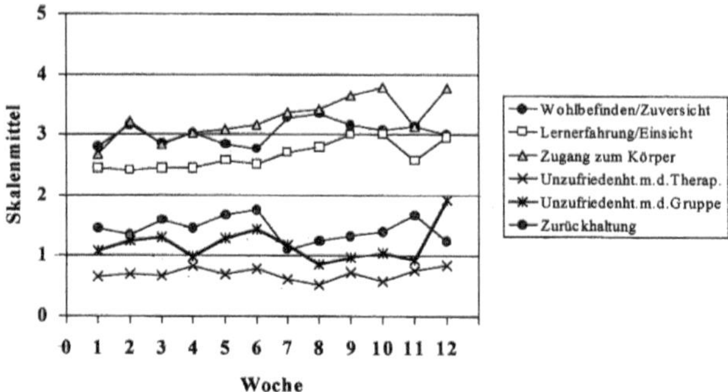


Abbildung 10: Mittelwerte der Erfolgsgruppen im Therapieverlauf für weniger erfolgreiche PatientInnen (N=40)

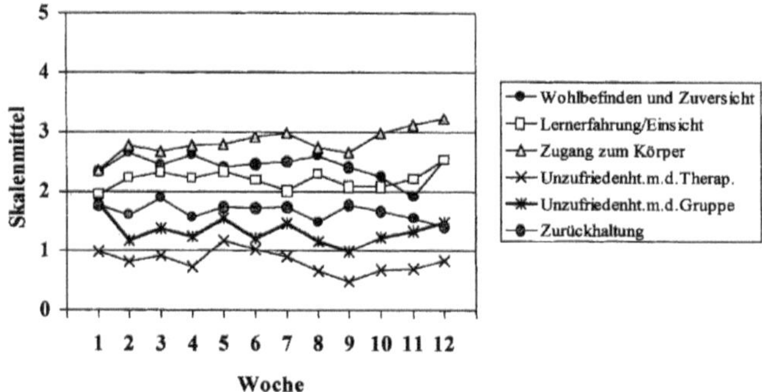


Abbildung 11: Mittelwerte der Erfolgsgruppen im Therapieverlauf. Skala 1: Körperliches Wohlbefinden und Zuversicht (Erfolgreiche N=32, weniger Erfolgr. N=40)

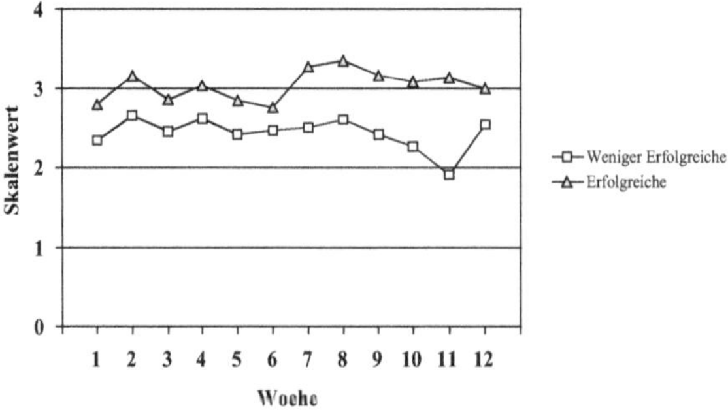

Tabelle 35: Körperliches Wohlbefinden und Zuversicht, Mittelwerte und Standardabweichungen im Behandlungsverlauf für die Erfolgsklassen

| Behandlungs-woche | N | Erfolgreiche | | Weniger Erfolgreiche | | P-Wert* |
|---|---|---|---|---|---|---|
| | | X | s | X | s | |
| 1 | 70 | 2.79 | 1.13 | 2.34 | 0.92 | 0.054 |
| 2 | 66 | 3.16 | 1.09 | 2.65 | 0.99 | 0.046 |
| 3 | 68 | 2.86 | 1.14 | 2.45 | 0.97 | 0.10 |
| 4 | 68 | 3.03 | 0.99 | 2.62 | 1.01 | 0.051 |
| 5 | 63 | 2.84 | 0.89 | 2.42 | 1.03 | 0.13 |
| 6 | 58 | 2.76 | 1.33 | 2.47 | 0.82 | 0.27 |
| 7 | 54 | 3.27 | 0.91 | 2.5 | 0.91 | 0.004 |
| 8 | 47 | 3.34 | 1.04 | 2.6 | 0.90 | 0.009 |
| 9 | 43 | 3.16 | 1.28 | 2.41 | 0.94 | 0.013 |
| 10 | 33 | 3.08 | 0.85 | 2.26 | 0.90 | 0.016 |
| 11 | 18 | 3.13 | 1.22 | 1.91 | 1.19 | 0.08 |
| 12 | 13 | 3.0 | 1.74 | 2.54 | 1.28 | 0.32 |

*: Mann-Whitney-U-Test als deskriptive Kenngröße für die Differenzen zwischen den Erfolgsklassen

#### 8.11.4.1 Skala 1: Körperliches Wohlbefinden und Zuversicht

Erfolgreiche PatientInnen haben während der gesamten Behandlung ein höheres Maß an körperlichem Wohlbefinden und mehr Zuversicht (Abbildung 11 und Tabelle 35). Bis zur 6. Woche laufen beide Kurven parallel ohne nennenswerten Anstieg, dann ist ein shift nach oben bei den Erfolgreichen und eine fallende Tendenz in der weniger erfolgreichen Gruppe zu sehen.

Auch bei Verlängerung der Behandlung nimmt die Zuversicht dieser PatientInnen tendenziell ab. Wie bei Skala 3 liegt auch hier eine Trennung der Tendenzen nach der 6. Woche vor.

#### 8.11.4.2 Skala 2: Lernerfahrung und Einsicht

Ein ähnliches Muster zeigt sich beim Verlauf von Lernerfahrung und Einsicht (Abbildung 12, Tabelle 36). Das Niveau ist bei den Erfolgreichen durchgängig höher. Nach der zweiten Stunde gehen die Werte bis zur 6. Woche leicht zurück. Ab der 7. Woche nimmt die Einsicht und Lernerfahrung nur in der erfolgreichen Gruppe deutlich zu. Die weniger Erfolgreichen geben während der gesamten Behandlung weniger Lernerfahrung an, das Niveau steigt allerdings auch etwas an. Die Werte der 11. und 12. Woche weichen von dieser Tendenz ab, allerdings sind hier nur noch geringe Fallzahlen gegeben.

Tabelle 36: Lernerfahrung und Einsicht

| Behandlungs-woche | N | Erfolgreiche X | s | Weniger erfolgreiche X | s | P-Wert* |
|---|---|---|---|---|---|---|
| 1 | 70 | 2.68 | 1.19 | 2.37 | 0.10 | 0.23 |
| 2 | 66 | 2.41 | 1.05 | 2.22 | 0.86 | 0.39 |
| 3 | 69 | 2.46 | 1.05 | 2.32 | 0.79 | 0.38 |
| 4 | 68 | 2.45 | 1.22 | 2.23 | 0.88 | 0.32 |
| 5 | 63 | 2.57 | 0.96 | 2.35 | 0.89 | 0.31 |
| 6 | 58 | 2.51 | 1.04 | 2.19 | 0.86 | 0.32 |
| 7 | 54 | 2.70 | 0.88 | 2.02 | 0.83 | 0.004 |
| 8 | 47 | 2.79 | 1.16 | 2.29 | 0.86 | 0.063 |
| 9 | 43 | 3.00 | 0.87 | 2.09 | 1.12 | 0.004 |
| 10 | 33 | 3.02 | 0.81 | 2.09 | 0.82 | 0.005 |
| 11 | 18 | 2.58 | 1.21 | 2.20 | 1.24 | 0.65 |
| 12 | 13 | 2.97 | 0.56 | 2.54 | 0.95 | 0.24 |

* : Mann-Whitney-U-Test als deskriptive Kenngröße für die Differenzen zwischen den Erfolgsklassen

Abbildung 12: Mittelwerte für die Erfolgsgruppen im Therapieverlauf. Skala 2: Lernerfahrung und Einsicht. Erfolgreiche N=32, weniger Erfolgreiche N=40

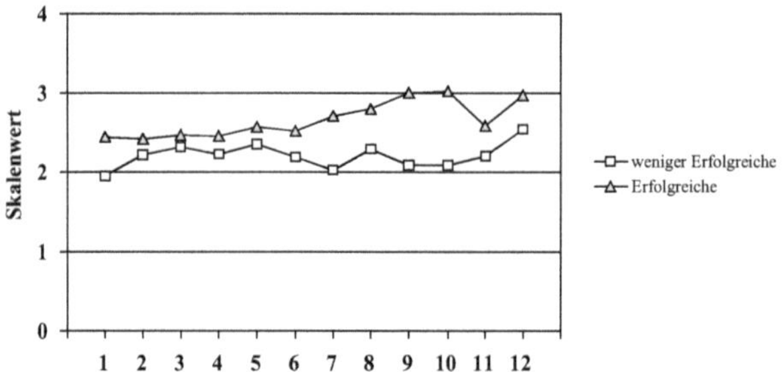


Abbildung 13: Mittelwerte für die Erfolgsgruppen im Therapieverlauf.
Skala 3: Zugang zum körperlichen Erleben und den eigenen Empfindungen.
Erfolgreiche: N=32, weniger Erfolgreiche: N=40

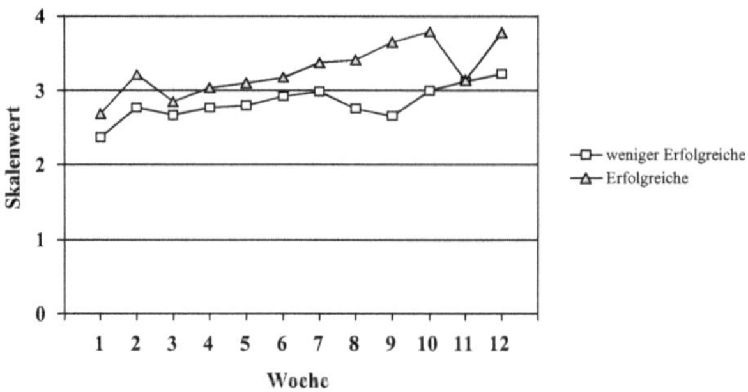

Tabelle 37: Zugang zum körperlichen Erleben/Empfindungen

| Behandlungs-woche | N | Erfolgreiche X | s | Weniger Erfolgreiche X | s | P-Wert* |
|---|---|---|---|---|---|---|
| 1 | 70 | 2.68 | 1.19 | 2.37 | 0.1 | 0.23 |
| 2 | 66 | 3.21 | 1.27 | 2.77 | 1.03 | 0.06 |
| 3 | 68 | 2.84 | 1.19 | 2.67 | 1.09 | 0.45 |
| 4 | 68 | 3.03 | 1.09 | 2.77 | 0.91 | 0.22 |
| 5 | 63 | 3.09 | 1.19 | 2.79 | 0.93 | 0.28 |
| 6 | 58 | 3.17 | 1.15 | 2.92 | 1.24 | 0.33 |
| 7 | 54 | 3.37 | 1.07 | 2.98 | 0.95 | 0.12 |
| 8 | 47 | 3.41 | 1.22 | 2.75 | 0.99 | 0.020 |
| 9 | 43 | 3.65 | 1.18 | 2.65 | 1.18 | 0.007 |
| 10 | 33 | 3.79 | 0.89 | 2.99 | 0.79 | 0.012 |
| 11 | 18 | 3.13 | 1.21 | 3.12 | 0.88 | 0.69 |
| 12 | 13 | 3.77 | 1.02 | 3.22 | 0.93 | 0.24 |

*: Mann-Whitney-U-Test als deskriptive Kenngröße für die Differenzen zwischen den Erfolgsklassen

#### 8.11.4.3 Skala 3: Zugang zum körperlichen Erleben und den eigenen Empfindungen

Im Verlauf der KBT-Gruppe (Abbildung 13, Tabelle 37) beginnen beide Erfolgsgruppen mit einem eher geringen Zugang zum Körper (Skala 3). Sie gewinnen in der zweiten Woche mehr Zugang zu körperlichem Erleben und zu ihren Empfindungen, der in den nächsten Wochen (Regressionsphase) jedoch stagniert. Ab der 6. Woche bessert sich das Körpererleben bei den Erfolgreichen bis zur 10. Woche, in der anderen Gruppe ist eine eher rückläufige Tendenz mit einem Anstieg ab der 10. Woche. Diese Kurvengestalt paßt zu der klinischen Erfahrung, daß PatientInnen in der Mitte der Behandlungszeit (etwa um die 6.Woche herum) in eine ›Krise‹ geraten, deren Durchleiden und Durchleben für den weiteren Behandlungsfortschritt nötig ist.

Das Niveau der Skalenwerte ist in der erfolgreichen Gruppe durchgängig höher als in der weniger erfolgreichen.

#### 8.11.4.4 Skala 4: Unzufriedenheit mit der Therapeutin und Unbehagen

Die PatientInnen geben wenig an, daß sie unzufrieden mit der Therapeutin sind. Im Mittel liegen fast alle Skalenwerten unter Eins. Die p-Werte sind in der ersten und fünften Stunde unter 0.05.

Tabelle 38: Unzufriedenheit mit der Therapeutin

| Behandlungs woche | N | Erfolgreiche X | s | Weniger erfolgreiche X | s | P-Wert* |
|---|---|---|---|---|---|---|
| 1 | 70 | 0.65 | 0.67 | 0.99 | 0.70 | 0.045 |
| 2 | 66 | 0.69 | 0.85 | 0.81 | 0.65 | 0.16 |
| 3 | 69 | 0.66 | 0.65 | 0.91 | 0.82 | 0.21 |
| 4 | 68 | 0.83 | 0.92 | 0.73 | 0.60 | 0.99 |
| 5 | 63 | 0.69 | 0.79 | 1.18 | 0.93 | 0.014 |
| 6 | 58 | 0.78 | 0.71 | 1.01 | 0.93 | 0.46 |
| 7 | 54 | 0.60 | 0.62 | 0.90 | 0.64 | 0.07 |
| 8 | 47 | 0.52 | 0.60 | 0.66 | 0.68 | 0.47 |
| 9 | 43 | 0.73 | 0.55 | 0.49 | 0.58 | 0.09 |
| 10 | 33 | 0.58 | 0.65 | 0.68 | 0.61 | 0.58 |
| 11 | 18 | 0.75 | 0.98 | 0.69 | 0.77 | 0.95 |
| 12 | 13 | 0.84 | 1.13 | 0.83 | 0.59 | 0.54 |

*: Mann-Whitney-U-Test als deskriptive Kenngröße für die Differenzen zwischen Erfolgsklassen

### 8.11.4.5 Skala 5: Unzufriedenheit mit der Gruppe

Nach einer ersten Stunde, in der die weniger Erfolgreichen unzufriedener mit der Gruppe werden als die Erfolgreichen, sind weiter Unterschiede kaum auszumachen. Die Verlaufskurven schneiden sich mehrfach. Die Unzufriedenheit bleibt auf durchschnittlich niedrigem Niveau.

Abbildung 14: Mittelwerte für die Erfolgsgruppen im Therapieverlauf. Skala 4: Unzufriedenheit mit der Therapeutin. Erfolgreiche: N=32, weniger Erfolgreiche: N=40

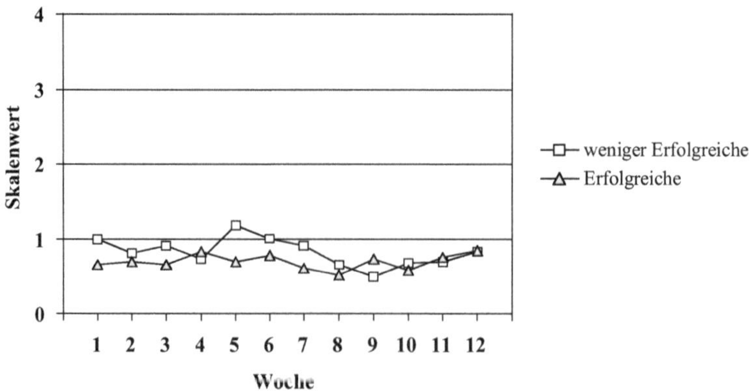

Tabelle 39: Unzufriedenheit mit der Gruppe

| Behandlungswoche | N | Erfolgreiche X | Erfolgreiche s | Weniger erfolgreiche X | Weniger erfolgreiche s | P-Wert |
|---|---|---|---|---|---|---|
| 1 | 70 | 1.08 | 1.13 | 1.81 | 1.49 | 0.037 |
| 2 | 66 | 1.24 | 1.32 | 1.17 | 1.17 | 0.88 |
| 3 | 69 | 1.30 | 0.96 | 1.38 | 1.29 | 0.91 |
| 4 | 68 | 0.99 | 1.04 | 1.25 | 1.16 | 0.32 |
| 5 | 63 | 1.29 | 1.23 | 1.55 | 1.78 | 0.28 |
| 6 | 58 | 1.43 | 1.22 | 1.20 | 1.15 | 0.47 |
| 7 | 54 | 1.19 | 1.10 | 1.47 | 0.92 | 0.33 |
| 8 | 47 | 0.86 | 0.90 | 1.15 | 1.01 | 0.33 |
| 9 | 43 | 0.98 | 1.19 | 0.99 | 0.98 | 0.83 |
| 10 | 33 | 1.05 | 0.80 | 1.23 | 0.94 | 0.59 |
| 11 | 18 | 0.93 | 1.19 | 1.33 | 1.35 | 0.61 |
| 12 | 13 | 1.92 | 2.03 | 1.48 | 0.94 | 0.82 |

*: Mann-Whitney-U-Test als deskriptive Kenngröße für die Differenzen zwischen den Erfolgsklassen

Im Durchschnitt sind alle PatientInnen zufrieden mit der Gruppe, unabhängig von ihrem Behandlungserfolg. Das geringe Ausmaß an Unzufriedenheit mit der Gruppe läßt sich nach diesen Befunden als ein Charakteristikum der Konzentrativen Bewegungstherapie verstehen.

Abbildung 15: Mittelwerte für die Erfolgsgruppen im Therapieverlauf.
Skala 3: Zugang zum körperlichen Erleben und den eigenen Empfindungen.
Erfolgreiche: N=32, weniger Erfolgreiche: N=40

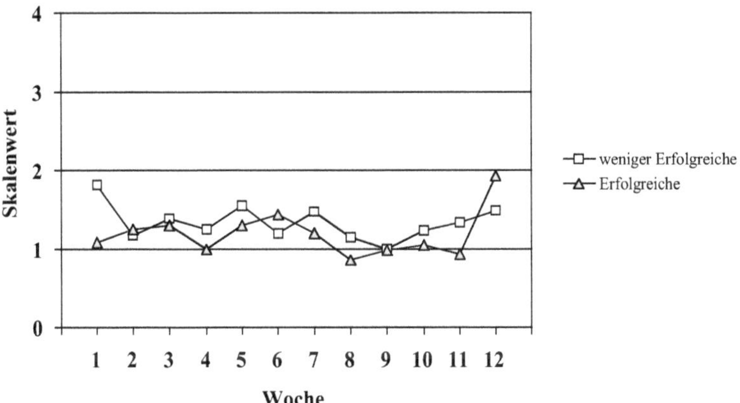

Abbildung 16: Mittelwerte für die Erfolgsgruppen im Therapieverlauf. Skala 6: Zurückhaltung, sich nicht verstanden fühlen. Erfolgreiche N=32, weniger Erfolgreiche N=40

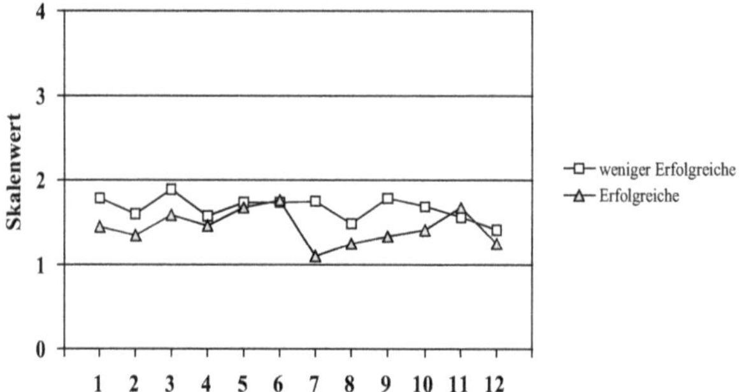


## 8.11.4.6 Skala 6: Zurückhaltung, sich nicht verstanden fühlen

Die Zurückhaltung ist in beiden Erfolgsklassen wenig ausgeprägt, sie unterscheidet sich kaum in den ersten 6 Behandlungswochen. Bei den Erfolgreichen nimmt sie nach der 6. Woche noch etwas mehr ab, sie fühlen sich dann ›weniger nicht verstanden‹. Abnehmende Zurückhaltung läßt sich auch als Bereitschaft, sich zu öffnen, interpretieren. Diese Öffnungsbereitschaft ist durchgängig bei den Erfolgreichen höher, in der 7. Stunde nimmt sie noch einmal zu. Zum Behandlungsende hin in der Abschiedsphase sind dann die PatientInnen wieder zurückhaltender.

Tabelle 40: Zurückhaltung, sich nicht verstanden fühlen

| Behandlungswoche | N | Erfolgreiche | | Weniger erfolgreiche | | p-Wert* |
|---|---|---|---|---|---|---|
| | | X | s | X | s | |
| 1 | 70 | 1.45 | 1.04 | 1.78 | 1.18 | 0.24 |
| 2 | 66 | 1.35 | 1.26 | 1.60 | 1.08 | 0.28 |
| 3 | 69 | 1.58 | 1.10 | 1.89 | 1.19 | 0.31 |
| 4 | 68 | 1.46 | 1.05 | 1.57 | 1.01 | 0.55 |
| 5 | 63 | 1.67 | 1.18 | 1.74 | 0.99 | 0.77 |
| 6 | 58 | 1.76 | 1.41 | 1.73 | 0.99 | 0.95 |
| 7 | 54 | 1.10 | 1.01 | 1.75 | 1.20 | 0.047 |
| 8 | 47 | 1.24 | 1.31 | 1.49 | 1.13 | 0.31 |
| 9 | 43 | 1.33 | 1.09 | 1.78 | 1.06 | 0.11 |
| 10 | 33 | 1.41 | 1.08 | 1.68 | 1.84 | 0.58 |
| 11 | 18 | 1.67 | 1.23 | 1.56 | 1.02 | 0.84 |
| 12 | 13 | 1.25 | 0.96 | 1.41 | 0.83 | 0.94 |

*: Mann-Whitney-U-Test als deskriptive Kenngröße für die Differenzen zwischen der Erfolgsklassen

Tabelle 41: Behandlungsdauer und -erfolg (N=72)

| | Anzahl Erfolgreiche | Prozent | Anzahl weniger Erfolgreiche | Pro-zent | Gesamt-anzahl |
|---|---|---|---|---|---|
| (1) Ultra-Kurz-Behandlung | 2 | 50 | 2 | 50 | 4 |
| (2) Kurzbehandlung | 4 | 36 | 7 | 64 | 11 |
| (3) 3-Monats-Behandlung | 13 | 52 | 12 | 48 | 25 |
| (4) Verlängerung | 11 | 44 | 14 | 56 | 25 |
| unvollständige KBT-Behandlungen | 2 | 29 | 5 | 71 | 7 |

## 8.11.5 Unterschiede bei verschiedenen Behandlungsdauern

Die aufmerksame Beschäftigung mit der eigenen Leiblichkeit braucht Zeit. Erst nach einer Therapiephase von circa sechs Wochen beschreiben die PatientInnen spürbare Veränderungen.

Da aber auch PatientInnen mit kurzen Behandlungsdauern die Klinik erfolgreich verließen, werden im nächsten Schritt die Verlaufskurven nach Länge des Aufenthaltes differenziert.

### 8.11.5.1 Drei-Monats-Behandlungen

Erfolgreiche Drei-Monats-PatientInnen (Abbildung 17, 18) zeigen am ehesten den ideal-typischen Verlauf: In der ersten Stunde sind diese PatientInnen für erste Lernerfahrungen bereit, wenn auch noch zurückhaltend. Ab der zweiten Stunde finden sie mehr Zugang zum Körpererleben. Dann bleiben für weitere 5 Wochen die Kurven relativ konstant (Phase der Regression), in der Phase der Progression wächst der Zugang zum Körpererleben und den Empfindungen parallel mit der Zuversicht. Die neuen Erfahrungen werden verstärkt als neue Einsichten verarbeitet. Die Werte der negativen Skalen sinken. In den letzten beiden Gruppenstunden wächst abschiedsbedingt die Zurückhaltung, aber die Zuversicht, die Einsichten, der Zugang zu Körper bessern sich weiter.

Die weniger erfolgreichen Drei-Monats-PatientInnen zeigen einen anderen Verlauf ihres Gruppenerlebens: Während die Erfolgreichen nach ungefähr sechs Wochen in die Phase der Progression gehen, ist hier über den gesamten Behandlungsverlauf eine eher gleichbleibende Zurückhaltung erkennbar. Weder können sie mehr Zugang zum Körper gewinnen, noch beschreiben sie zunehmende Lernerfahrungen. Nach einem Tief in der 9. Woche gehen beide Kurven wieder

Abbildung 17: Mittelwerte der GEB-KBT-Skalen im Therapieverlauf bei dreimonatiger Behandlungsdauer (N=13) für erfolgreiche PatientInnen

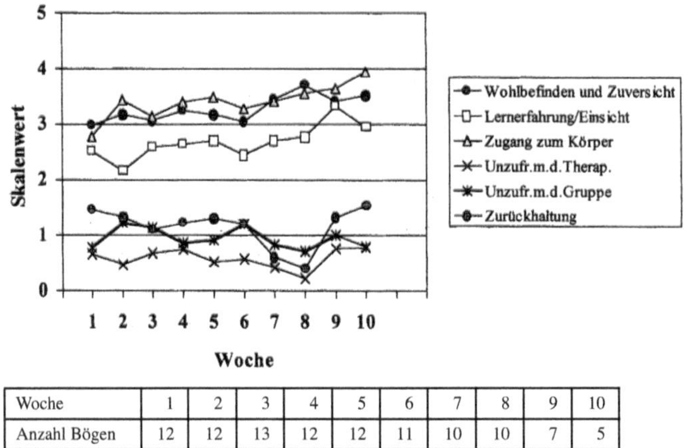


| Woche | 1 | 2 | 3 | 4 | 5 | 6 | 7 | 8 | 9 | 10 |
|---|---|---|---|---|---|---|---|---|---|---|
| Anzahl Bögen | 12 | 12 | 13 | 12 | 12 | 11 | 10 | 10 | 7 | 5 |

aufs Ausgangsniveau. Wohlbefinden und Zuversicht nehmen kontinuierlich ab. Diese Gruppe scheint nicht aus der Phase der Regression herausgekommen zu sein. Die notwendige Krise in der Behandlungsmitte fehlt. Die verspätete Krise führte nicht mehr zu einem grundsätzlichen Erleben von Besserung.

Abbildung 18: Mittelwerte der GEB-KBT-Skalen im Therapieverlauf bei dreimonatiger Behandlungsdauer (N=12) für weniger erfolgreiche PatientInnen

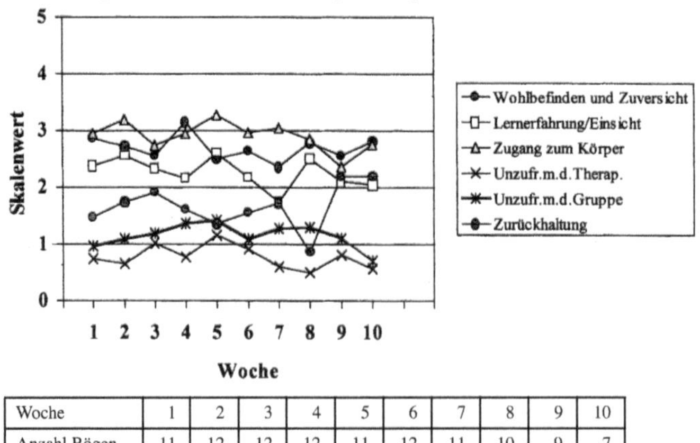


| Woche | 1 | 2 | 3 | 4 | 5 | 6 | 7 | 8 | 9 | 10 |
|---|---|---|---|---|---|---|---|---|---|---|
| Anzahl Bögen | 11 | 12 | 12 | 12 | 11 | 12 | 11 | 10 | 9 | 7 |

Tabelle 42: Vergleich der ersten und zweiten Behandlungshälfte bei Erfolgreichen (N=13) und weniger Erfolgreichen (N=12), (Mittelwerte, Standardabweichungen)

| | Woche 1-6 | | | Woche 7-Ende | | |
|---|---|---|---|---|---|---|
| **Skala** | **Erfolgreiche** | **Weniger Erfolgreiche** | **p-Wert** | **Erfolgreiche** | **Weniger Erfolgreiche** | **p-Wert** |
| **Körperliches Wohlbefinden u. Zuversicht** | 3.12 +/- 1.07 | 2.74 +/- 0.98 | 0.017 | 3.56 +/- 1.09 | 2.60 +/- 1.08 | 0.000* |
| **Lernerfahrung/ Einsicht** | 2.51 +/- 1.14 | 2.36 +/- 0.77 | 0.183 | 2.94 +/- 0.97 | 2.20 +/- 0.95 | 0.000* |
| **Zugang zum körperlichen Erleben u. Empfindungen** | 3.25 +/- 1.37 | 3.01 +/- 0.93 | 0.029 | 3.63 +/- 1.18 | 2.86 +/- 1.14 | 0.002* |
| **Unzufriedenheit mit der Thera-peutin** | 0.60 +/- 0.68 | 0.88 +/- 0.81 | 0.033 | 0.48 +/- 0.49 | 0.59 +/-0.63 | 0.615 |
| **Unzufriedenheit mit der Gruppe** | 1.02 +/- 1.01 | 1.19 +/- 1.36 | 0.960 | 0.79 +/- 1.00 | 1.12 +/- 1.02 | 0.118 |
| **Zurückhaltung sich nicht ver-standen fühlen** | 1.27 +/- 1.09 | 1.61 +/- 1.15 | 0.064 | 0.86 +/- 0.99 | 1.61 +/- 1.24 | 0.009 |

p-Werte: Mann-Whitney-U-Test, *: Signifikant bei $\alpha$-Adjustierung, $\alpha$*=0.0083

In Tabelle 42 wird die erste und die zweite Behandlungshälfte gegenübergestellt und Unterschiede in der zentralen Tendenz untersucht. In den ersten sechs Wochen gibt es keine signifikanten Unterschiede zwischen den Erfolgsgruppen in den Skalen des GEB-KBT. Eine Tendenz zu Unterschieden findet sich in Skala 1. In der zweiten Behandlungshälfte unterscheiden sich die Skalen 1, 2, und 3 deutlich.

In dieser Zusammenfassung wird sichtbar, daß die erfolgreichen PatientInnen im Mittel in der zweiten Behandlungshälfte an Einsicht, Zugang zum Körper und Zuversicht gewinnen, während die weniger Erfolgreichen in diesen drei Skalen sogar niedrigere Werte als zu Beginn aufweisen. Die Signifikanzen sind hier deskriptiv zu verstehen, da die Einteilung in die Behandlungshälften erst im Rahmen der Auswertungen erfolgte.

### 8.11.5.2 Verläufe bei Verlängerungen

Im Unterschiede zu den 3-Monatsbehandlungen zeigen die erfolgreichen Verlängerungen in den ersten Behandlungswochen mehr Zurückhaltung in der KBT-Gruppe. Auch hier läßt sich die 6. Stunde als Krisenstunde bezeichnen, nach der der Zugang zum Körper besser wird, und Zuversicht und Lernerfahrung auf ein

Tabelle 43: Vergleich der ersten und zweiten Behandlungshälfte bei Erfolgreichen (N=11) weniger Erfolgreichen (N=14), (Mittelwerte und Standardabweichungen)

| | Woche 1-6 | | | Woche 7- Ende | | |
|---|---|---|---|---|---|---|
| **Skala** | **Erfolgreiche** | **Weniger Erfolgreiche** | **p-Wert** | **Erfolgreiche** | **Weniger Erfolgreiche** | **p-Wert** |
| **Körperliches Wohlbefinden und Zuversicht** | 2.70 +/- 1.03 | 2.36 +/- 0.79 | 0.046 | 2.89 +/- 0.98 | 2.21 +/- 0.85 | 0.000* |
| **Lernerfahrung/ Einsicht** | 2.44 +/- 0.96 | 2.32 +/- 0.92 | 0.395 | 2.73 +/- 0.93 | 2.09 +/- 0.97 | 0.000* |
| **Zugang zum körperlichen Erleben** | 2.82 +/- 0.88 | 2.71 +/- 1.03 | 0.493 | 3.45 +/- 0.96 | 2.90 +/- 0.88 | 0.001* |
| **Unzufriedenheit m. d. Therapeutin** | 0.79 +/- 0.85 | 0.78 +/- 0.64 | 0.453 | 0.82 +/- 0.81 | 0.78 +/- 0.67 | 0.847 |
| **Unzufriedenheit m der Gruppe** | 1.32 +/- 1.22 | 1.08 +/- 1.09 | 0.298 | 1.41 +/- 1.21 | 1.37 +/- 0.99 | 0.874 |
| **Zurückhaltung, sich nicht verstanden fühlen** | 1.90 +/- 1.11 | 1.68 +/- 1.02 | 0.118 | 1.52 +/- 1.10 | 1.61 +/- 0.97 | 0.686 |

p-Werte: Mann- Whitney-U-Test. ***:Signifikant bei $\alpha$-Adjustierung, $\alpha$*=0.0083**

etwas höheres Niveau gehen. Jedoch folgt ein Absturz in der 11. Woche vor Auslauf der regulären drei Monate. In der Verlängerungszeit erfolgt eine weitere Besserung bei gleichzeitiger Zurückhaltung der Gruppe gegenüber. Dieser Befund entspricht der klinischen Erfahrung, daß in den Verlängerungswochen die Gruppe weniger wichtig wird, die Auseinandersetzung mit der Zukunft in den Vordergrund tritt, diese PatientInnen können häufig für sich viel aus der Körperarbeit mitnehmen, aber sie lassen sich nicht mehr so intensiv in den Gruppenprozeß ein.

Die Verlängerungen, die nicht zu einem erfolgreichen Abschluß führten, zeigen einen anderen Kurvenverlauf. Schon in der ersten KBT-Stunde sind diese PatientInnen zurückhaltender und haben weniger Zuversicht als die später Erfolgreichen. Sie geben die Zurückhaltung etwas auf in den nächsten Stunden, gewinnen etwas Zugang zum Körper. Bei ihnen kommt eine Krise erst verspätet (8. Woche), jedoch ist hier die Phase der Progression nicht zu erkennen. In der Verlängerung nehmen Zuversicht und Einsicht ab, die Unzufriedenheit mit der Gruppe wächst.

In der Tabelle 43 wird die erste und die zweite Behandlungshälfte gegenübergestellt und Unterschiede in der zentralen Tendenz untersucht. In den ersten sechs Wochen finden sich keine signifikanten Unterschiede zwischen den Erfolgsgruppen in den Skalen des GEB-KBT, eine Tendenz zu Unterschieden findet sich in Skala 1. In der zweiten Behandlungshälfte unterscheiden sich die Skalen 1, 2, und 3

Abbildung 19: Mittelwerte der GEB-KBT-Skalen im Therapieverlauf bei Verlängerungen für erfolgreiche PatientInnen (N=11)

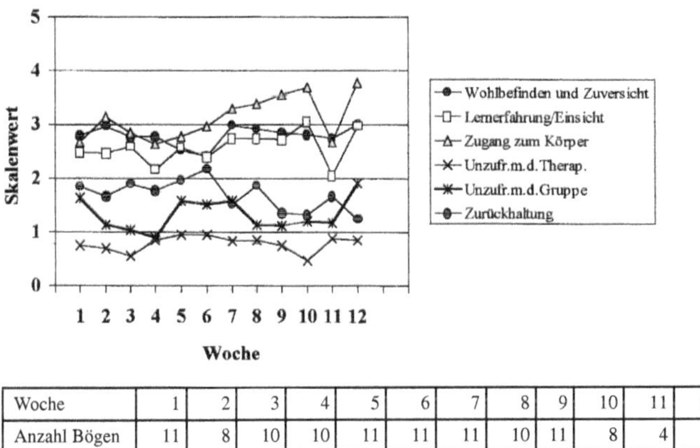


| Woche | 1 | 2 | 3 | 4 | 5 | 6 | 7 | 8 | 9 | 10 | 11 | 12 |
|---|---|---|---|---|---|---|---|---|---|---|---|---|
| Anzahl Bögen | 11 | 8 | 10 | 10 | 11 | 11 | 11 | 10 | 11 | 8 | 4 | 4 |

Abbildung 20: Mittelwerte der GEB-KBT-Skalen im Therapieverlauf bei Verlängerungen für weniger erfolgreiche PatientInnen (N=14)

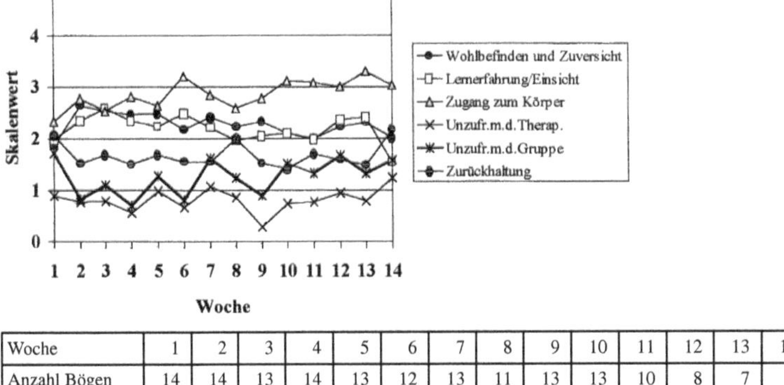


| Woche | 1 | 2 | 3 | 4 | 5 | 6 | 7 | 8 | 9 | 10 | 11 | 12 | 13 | 14 |
|---|---|---|---|---|---|---|---|---|---|---|---|---|---|---|
| Anzahl Bögen | 14 | 14 | 13 | 14 | 13 | 12 | 13 | 11 | 13 | 13 | 10 | 8 | 7 | 4 |

deutlich. In dieser Zusammenfassung wird sichtbar, daß die erfolgreichen PatientInnen im Mittel in der zweiten Behandlungshälfte an Einsicht und Zuversicht gewinnen, während die weniger Erfolgreichen in diesen beiden Skalen niedrigere Werte als zu Beginn aufweisen. Der Zugang zum körperlichen Erleben wird für beide Gruppen besser, für die erfolgreiche ist die Zunahme allerdings deutlich höher.

Abbildung 21: Mittelwerte der GEB-KBT-Skalen im Therapieverlauf bei kurzen Behandlungen für erfolgreiche PatientInnen (N=4)

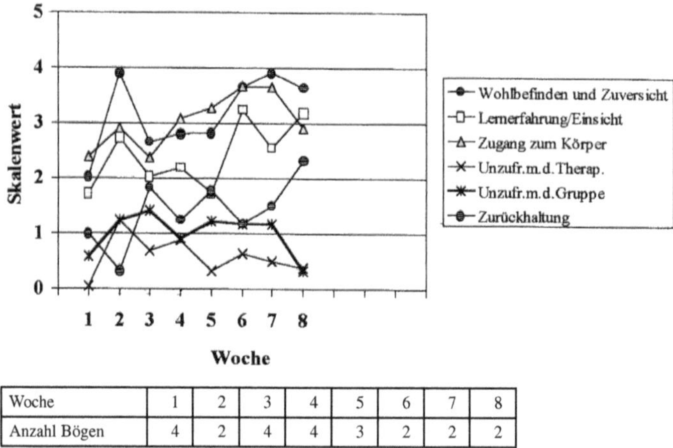


| Woche | 1 | 2 | 3 | 4 | 5 | 6 | 7 | 8 |
|---|---|---|---|---|---|---|---|---|
| Anzahl Bögen | 4 | 2 | 4 | 4 | 3 | 2 | 2 | 2 |

Abbildung 22: Mittelwerte der GEB-KBT-Skalen im Therapieverlauf bei kurzen Behandlungen für erfolgreiche PatientInnen (N=7)

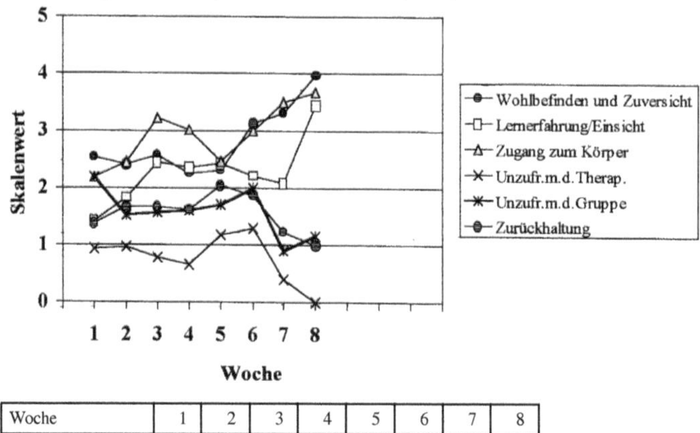


| Woche | 1 | 2 | 3 | 4 | 5 | 6 | 7 | 8 |
|---|---|---|---|---|---|---|---|---|
| Anzahl Bögen | 7 | 7 | 7 | 7 | 7 | 5 | 3 | 2 |

Tabelle 44: Mittelwerte und Standardabweichungen in den Skalen des GEB-KBT. Vergleich der ersten und zweiten Behandlungshälfte bei kurzen Behandlungen; Erfolgreiche (N=4), weniger Erfolgreiche (N=7)

| | Woche 1-6 | | | Woche 7- 9 | | |
|---|---|---|---|---|---|---|
| **Skala** | Erfolgreiche | Weniger Erfolgreiche | p-Wert | Erfolgreiche | Weniger Erfolgreiche | p-Wert |
| **Körperliches Wohlbefinden und Zuversicht** | 2.82 +/- 1.49 | 2.51 +/- 0.91 | 0.14 | 3.83 +/- 0.66 | 3.32 +/- 0.95 | 0.38 |
| **Lernerfahrung/Einsicht** | 2.16 +/- 1.11 | 2.11 +/- 0.86 | 0.50 | 3.01 +/- 1.18 | 2.62 +/- 1.18 | 0.69 |
| **Zugang zu körperlichem Erleben /Empfindungen** | 2.86 +/- 1.26 | 2.71 +/- 1.04 | 0.96 | 3.61 +/- 1.16 | 3.56 +/- 0.81 | 0.69 |
| **Unzufriedenheit mit der Therapeutin** | 0.59 +/- 0.60 | 0.95 +/- 0.88 | 0.12 | 0.46 +/- 0.25 | 0.25 +/- 0.39 | 0.13 |
| **Unzufriedenheit mit der Gruppe** | 1.06 +/- 1.04 | 1.75 +/- 1.20 | 0.03 | 0.56 +/- 0.91 | 0.61 +/- 0.80 | 0.86 |
| **Zurückhaltung, sich nicht verstanden fühlen** | 1.30 +/- 1.15 | 1.70 +/- 1.02 | 0.12 | 1.67 +/- 1.12 | 1.22 +/- 0.54 | 0.51 |

p-Werte: Mann-Whitney-U-Test. *:Signifikant bei α-Adjustierung, α*=0.0083

## 8.11.5.3 Kurze Behandlungen (8–10 Wochen)

Die erfolgreichen PatientInnen gewinnen in der Kurztherapie kontinuierlich an Zugang zum Körpererleben, gekoppelt mit einer zunehmenden Zuversicht. Lernerfahrung/Einsicht steigt ab der 5. Woche, also auch hier etwa ab der Halbzeit. Die Zurückhaltung wächst etwas am Ende. Im diesem kurzen Zeitraum wachsen die positiven Kurven mehr gradlinig als bei den längeren Behandlungen. Es scheint, daß die Phase der Regression kürzer ist oder fehlt.

Die Kurven der weniger erfolgreichen Kurzbehandlungen überraschen, denn ihr Verlauf ist denen der erfolgreichen Drei-Monatsbehandlungen ähnlich, mit einer Regressionsphase bis zur 6. Woche mit anschließender Progression, nur daß dann die Behandlung abbricht.

Beide Erfolgsgruppen zeigen in den drei positiven Skalen einen deutlichen Anstieg im zweiten Behandlungsteil (Tabelle 44). Die Unterschiede zwischen den Gruppen sind nicht signifikant, was auch an der geringen Fallzahl liegt. Die Unzufriedenheit sowohl mit der Gruppe als auch mit der Therapeutin geht zurück.

## 8.12 Resultate bezüglich der Studienhypothesen

### 8.12.1 Hypothese 1: Das Körpererleben verändert sich im Laufe der KBT bei klinisch erfolgreichen PatientInnen in eine klinisch günstige Richtung

Die Auswertung des FBeK hat für den Prä-Post-Vergleich gezeigt, daß Unsicherheit/Mißempfinden und Attraktivität/Selbstvertrauen sowie das Leiberleben sich vor Behandlungsbeginn in den Erfolgsgruppen nicht unterscheidet, aber am Ende der Behandlung. Damit liegt ein Beleg für Hypothese 1 vor. Die Auswertung der Skala ›Zugang zum eigenen Körper und den Empfindungen‹ des GEB-KBT vermag Aufschluß über die Entwicklung des Körpererlebens in den KBT-Gruppen zu geben:

In der ersten Gruppenstunde haben die später Erfolgreichen einen etwas besseren Zugang zum Körper, die Mittelwertunterschiede (2.68 versus 2.37) sind aber nicht signifikant (Tabelle 33). Die globalen Mittelwerte über die ganze Behandlung liegen mit 3.06 bzw. 2.80 in beiden Erfolgsgruppen über dem Anfangswert. Erfolgreiche PatientInnen haben während der ganzen Behandlungszeit mehr Zugang zum Körpererleben und den Empfindungen als die weniger erfolgreichen, und eine deutliche Zunahme ab der 7. Woche. Bei den weniger Erfolgreichen ist ab der 7. Woche ein leichter Rückgang zu sehen, der erst in der Verlängerung wieder aufgeholt wird.

Die global signifikanten Mittelwertunterschiede (Tabelle 31) lassen sich somit auf einen unterschiedlichen Verlauf des Zugangs zum Körpererleben zurückführen. Während für die erfolgreichen PatientInnen nach der Regressionsphase in der Behandlungsmitte ein sichtbarer Zuwachs an positivem Körpererleben geschieht, verschließt sich den weniger Erfolgreichen der Zugang wieder. Erst in der Verlängerungszeit gewinnen sie erneut dazu. Auch diese Behandlungsgruppe profitiert von der KBT. Aber es reicht nicht aus, um Veränderungen im Sinne der hier vorgenommenen Gruppeneinteilung zu erreichen.

## 8.12.2 Hypothese 2: Die Veränderung des Körpererlebens unterscheidet sich nicht in den zwei verschiedenen Settings

### 8.12.2.1 Varianzanalytische Auswertung

In der varianzanalytischen Auswertung der FBeK-Skalen fand sich für den Faktor *Setting* kein signifikanter Einfluß (siehe Tabellen 23–26). In der GEB-KBT-Skala 3 ›Zugang zum körperlichen Erleben und den eigenen Empfindungen‹ zeigen sich Unterschiede zwischen Setting A und B (Tabelle 37).

Zur Auswertung kommen hier die beiden regulären Gruppen, auf die sich die Hypothese bezieht. Die Ultra-Kurzbehandlungen werden für diesen Vergleich nicht berücksichtigt, da bei 3–4 Behandlungsstunden wenig an Verlauf deutlich wird.

Der Zugang zum Körpererleben wird von den Erfolgreichen aus Setting A im Gesamtdurchschnitt ungünstiger als von den weniger Erfolgreichen des Setting B beschrieben. Die varianzanalytische Überprüfung des globalen Zusammenhangs von Zugang zum Körpererleben mit Setting und Erfolgskategorie, ohne Berücksichtigung der Verläufe ergibt Mittelwertunterschiede sowohl für die Erfolgsgruppen, als auch für die Settings. Die Wechselwirkung ist ebenfalls signifikant.

Abbildung 23: Zugang zum körperlichen Erleben und den eigenen Empfindungen. Verläufe der Skalenmittelwerte für weniger erfolgreiche PatientInnen aus Setting A und Setting B (N=32)

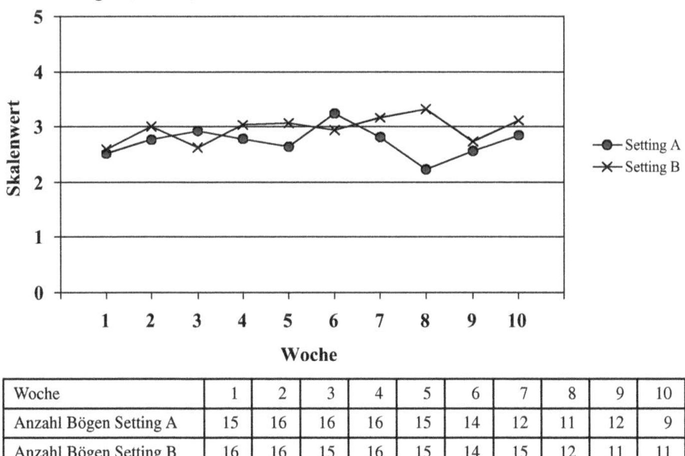


| Woche | 1 | 2 | 3 | 4 | 5 | 6 | 7 | 8 | 9 | 10 |
|---|---|---|---|---|---|---|---|---|---|---|
| Anzahl Bögen Setting A | 15 | 16 | 16 | 16 | 15 | 14 | 12 | 11 | 12 | 9 |
| Anzahl Bögen Setting B | 16 | 16 | 15 | 16 | 15 | 14 | 15 | 12 | 11 | 11 |

Abbildung 24: Zugang zum körperlichen Erleben und den eigenen Empfindungen. Verläufe der Skalenmittelwerte für erfolgreiche PatientInnen aus Setting A und Setting B (N=25)

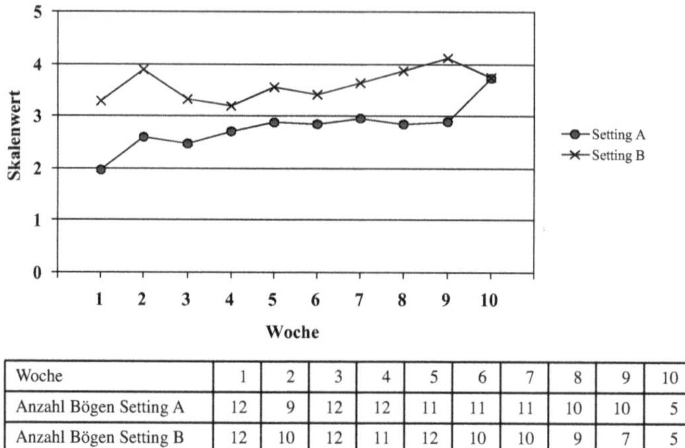


| Woche | 1 | 2 | 3 | 4 | 5 | 6 | 7 | 8 | 9 | 10 |
|---|---|---|---|---|---|---|---|---|---|---|
| Anzahl Bögen Setting A | 12 | 9 | 12 | 12 | 11 | 11 | 11 | 10 | 10 | 5 |
| Anzahl Bögen Setting B | 12 | 10 | 12 | 11 | 12 | 10 | 10 | 9 | 7 | 5 |

In den Abbildung 23 und 24 werden die Wechselwirkungen in den Mittelwertverläufen sichtbar. Zu Behandlungsbeginn liegen die Werte der Erfolgreichen aus Setting A ungünstiger als alle anderen Untergruppen und steigen dann im Verlauf auf günstigere Werte.

Tabelle 45: Zugang zum körperlichen Erleben und den eigenen Empfindungen (N=57) Setting A und B (N=32)

| | Anzahl Erfolg-reiche | Gesamt-mittelwert | Standard-abweichung | Anzahl weniger Erfolgreiche | Gesamt-mittelwert | Standard-abweichung |
|---|---|---|---|---|---|---|
| **Setting A** | 13 | 2.73 | 1.29 | 16 | 2.77 | 1.03 |
| **Setting B** | 12 | 3.57 | 0.86 | 16 | 2.96 | 0.94 |

Tabelle 46: Varianzanalyse (N=522 Bögen) für Skala 3 des GEB-KBT (Zugang zum Körper), Einflußgrößen: Setting und Erfolgsklasse

| Quelle | Quadratsummen | Fg | Mittlere Quadrate | F-Wert | p |
|---|---|---|---|---|---|
| **Erfolg** | 10.009 | 1 | 10.009 | 9.414 | 0.002 |
| **Setting** | 32.886 | 1 | 32.886 | 30.912 | 0.000 |
| **Erfolg* Setting** | 13.057 | 1 | 13.057 | 12.281 | 0.000 |
| **Fehler** | 550.746 | 518 | 1.063 | | |

Später *erfolgreiche PatientInnen aus Setting B* haben schon in der ersten Behandlungsstunde einen guten Zugang zum Körper gefunden (im Mittel bei 3.38), er nimmt in der zweiten Stunde noch zu, um dann in der Phase der Regression wieder auf das Anfangsniveau abzusinken. Er steigt nach der 6. Woche kontinuierlich und erreicht in der 9. Woche seinen Höchststand mit 4.12. Danach sind abschiedsbedingte Schwankungen zu sehen.

Später *erfolgreiche PatientInnen aus Setting A* beginnen mit sehr wenig Zugang zum Körper in der ersten Gruppenstunde (im Mittel bei 1.97) Der Anstieg zur 2. Stunde geht parallel der Vergleichsgruppe, auch das Absinken in der Regressionsphase. Die PatientInnen gewinnen ganz allmählich einen Zugang zu ihrem Körper und erreichen ihr Maximum in der 10. Behandlungswoche mit 3.73. Auch hier gibt es abschiedsbedingte Schwankungen am Ende.

Die höchsten Werte von Setting A liegen nie oberhalb derer von Setting B. Das läßt vermuten, daß es noch anderen systematische Einflüsse gibt, welche die beiden Gruppen unterscheiden.

Tabelle 47: Skalenmittelwerte der Skala 3 des GEB-KBT Zugang zum eigenen Körper für Setting A und B in den Erfolgsklassen (N = 57)

| **Behandlungs-woche** | **Anzahl Bögen** | **Erfolgreiche** | | **Weniger Erfolgreiche** | |
|---|---|---|---|---|---|
| | | **Setting A N=13** | **Setting B N=12** | **Setting A N=16** | **Setting B N=16** |
| **1** | 55 | 1.97 | 3.28 | 2.52 | 2.59 |
| **2** | 51 | 2.60 | 3.89 | 2.76 | 3.01 |
| **3** | 55 | 2.47 | 3.31 | 2.93 | 2.63 |
| **4** | 55 | 2.70 | 3.19 | 2.79 | 3.03 |
| **5** | 53 | 2.88 | 3.54 | 2.63 | 3.06 |
| **6** | 49 | 2.95 | 3.41 | 3.24 | 2.94 |
| **7** | 48 | 2.85 | 3.63 | 2.81 | 3.16 |
| **8** | 42 | 2.89 | 3.87 | 2.24 | 3.31 |
| **9** | 40 | 2.73 | 4.12 | 2.56 | 2.74 |
| **10** | 30 | 3.73 | 3.75 | 2.85 | 3.11 |
| **11** | 17 | 3.11 | 3.16 | 2.77 | 3.33 |
| **12** | 12 | 3.04 | 4.17 | 3.33 | 3.17 |
| **13** | 7 | | | 3.33 | 3.29 |
| **14** | 4 | | | 3.83 | 2.78 |
| **15** | 2 | | | 2.50 | 1.83 |
| **16** | 1 | | | | 1.83 |
| **17** | 1 | | | | 2.17 |

Später *weniger erfolgreiche PatientInnen* unterscheiden sich kaum in den Settings. Ihre Anfangswerte sind fast gleich (2.52 beziehungsweise 2.59), ihr Verlauf bis zur 14. Woche leicht ansteigend mit Schwankungen, um dann für die wenigen langen Verlängerungen (Setting A: bis 15. Woche, Setting B: bis 17. Woche) unter das Ausgangsniveau abzusinken.

#### 8.12.2.2 Untersuchung von Trends in den Verlaufskurven

Eine Klassifikation der Verlaufskurven nach Lehmacher (1987) in Kurven mit steigender bzw. gleichbleibender und fallender Tendenz sowie nach dem Steigungstyp ist in Tabelle 48 dargestellt.

Faßt man Typ 1 und 2 als steigende und Typ 3–6 als gleichbleibend oder fallende Kurven zusammen, so ergeben sich für Setting A 14 Kurven mit steigender Tendenz (Setting B: 16 Kurven) und 15 mit gleichbleibender oder fallender Tendenz (Setting B: 12 Kurven). Die Hypothese der gleichen prozentualen Verteilung in beiden Settings kann mit dem $\chi^2$-Test nicht verworfen werden ($p = 0.50$). Damit ist durch diese Klassifikation keine Unterscheidung der Settings möglich. Allerdings werden dabei keine Niveau-Unterschiede sondern Trends unterschieden. So bleibt als wesentlicher Unterschied zwischen den Settings der Niveau-Unterschied bei den Erfolgreichen bestehen.

Hypothese 2 ist damit zu differenzieren: Die Veränderung des Körpererlebens unterscheidet sich in den beiden Settings für erfolgreiche PatientInnen im Niveau der Verlaufskurven. Bei weniger Erfolgreichen sind keine Unterschiede nachweisbar. Es lassen sich keine unterschiedlichen mittleren Trends in den Kurven zeigen.

Tabelle 48: Klassifikation von Verlaufskurven, Skala 3 des GEB-KBT

| | **Kurventyp** | **Setting A** | **Setting B** |
|---|---|---|---|
| **1** | Steigend linear oder mit Wendepunkt | 11 | 11 |
| **2** | Steigend u-förmig | 3 | 5 |
| **3** | gleichbleibend | 4 | 9 |
| **4** | Fallend linear oder mit Wendepunkt | 6 | 0 |
| **5** | Fallend u-förmig | 2 | 1 |
| **6** | Fallend ∩-förmig | 3 | 2 |

Abbildung 25: Unzufriedenheit mit der Therapeutin. Mittelwertverläufe in den 3 Settings. Setting A: N=30, Setting B: N=31, Setting C: N=11.

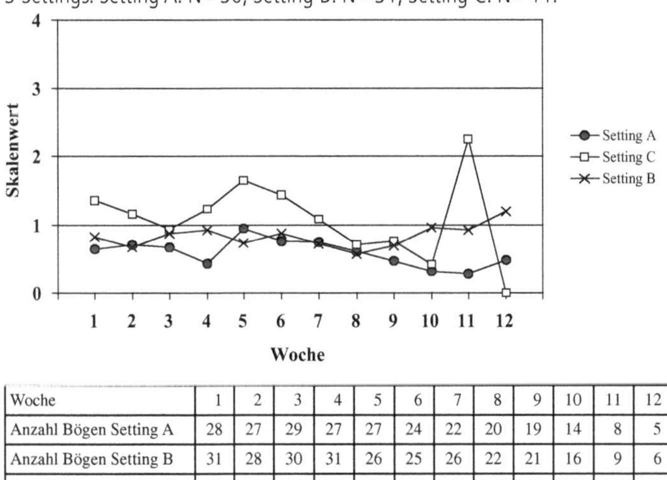


| Woche | 1 | 2 | 3 | 4 | 5 | 6 | 7 | 8 | 9 | 10 | 11 | 12 |
|---|---|---|---|---|---|---|---|---|---|---|---|---|
| Anzahl Bögen Setting A | 28 | 27 | 29 | 27 | 27 | 24 | 22 | 20 | 19 | 14 | 8 | 5 |
| Anzahl Bögen Setting B | 31 | 28 | 30 | 31 | 26 | 25 | 26 | 22 | 21 | 16 | 9 | 6 |
| Anzahl Bögen Setting C | 11 | 11 | 10 | 10 | 10 | 9 | 6 | 5 | 3 | 3 | 1 | 1 |

### 8.12.3 Hypothese 3: Die therapeutische Beziehung zur KBT-Therapeutin unterscheidet sich in den Settings A und B

Die Datenlage erlaubt keine Aussage zu dieser Hypothese im Allgemeinen, da nur auf die Skala 4 des GEB-KBT zurückgegriffen werden kann. Der in der Planung zunächst vorgesehene Wirkfaktoren-Bogen von Davies-Osterkamp (1996) wurde im Zusammenhang mit einer anderen Untersuchung im Setting B nicht für die KBT-Gruppe, sondern für die analytische Gruppe ausgefüllt und steht damit nicht für Vergleichsuntersuchungen zur Verfügung.

Im GEB-KBT ist ein Aspekt der therapeutischen Beziehung in der Skala 3 ›Unzufriedenheit mit der Therapeutin und Unbehagen‹ beschrieben. Drei Items der Skala beziehen sich direkt auf das Erleben der Therapeutin: Item 4: *Heute hielt sich die Therapeutin zu sehr zurück,* Item 19: *Die Therapeutin betrachtete das, was sie sagte, zu sehr von ihrem Standpunkt aus* und Item 35: *Heute war ich auf die Therapeutin ärgerlich.* Global über alle Zeitpunkte liegt der Skalenwert der Skala 3 für Setting A (254 Bögen) bei 0,62 (+/-0,69), und für Setting B (282 Bögen) bei 0,81 (+/-0,73). Der Unterschied ist im U-Test signifikant (p=0.001). Die Patient-

Innen beschreiben sich also als fast überhaupt nicht ärgerlich auf die Therapeutin. Sie erleben kaum, daß sich die Therapeutin zu sehr zurückhält, sie erleben kaum ein Beharren der Therapeutin auf einem divergierenden Standpunkt. Dieses geringe Ausmaß an Unzufriedenheit liegt in Setting A noch niedriger als in Setting B. Die Verlaufskurven für beide Settings zeigen, daß Unterschiede erst ab der 8. Woche deutlich werden. In Setting A nimmt die Unzufriedenheit bis zur 12. Woche weiter ab bis auf 0,48 (+/- 0,22), in Setting B nimmt sie zu auf 1,21 (+/- 0,82).

In Abb.25 ist der Verlauf der Skalenmittelwerte von Gruppe C zum Vergleich zusätzlich eingetragen. Das Globalmittel liegt in dieser Gruppe mit 1,21 (+/-0,77) deutlich über der Unzufriedenheit in den beiden anderen Settings. Die Unterschiede zwischen den drei Settings sind signifikant (Kruskal-Wallis-Rang-Varianzanalyse: Setting 1: 254 Bögen, $R_1 = 67863$, Setting 2: 282 Bögen, $R_2 = 89617.5$, Setting 3: 82 Bögen, $R_3 = 33790.5$. $H = 42.941$; $DF = 2$; $\chi^2 < 0.001$.)

### 8.12.4 Hypothese 4: Der Behandlungserfolg ist abhängig von der Bereitschaft, sich in den ersten Behandlungswochen in der KBT-Gruppe einzulassen und zu öffnen.

Die Öffnungsbereitschaft läßt sich indirekt über das Ausmaß an Zurückhaltung im Gruppenverlauf erfassen. Die Zurückhaltung ist in beiden Erfolgsklassen gering ausgeprägt, im Behandlungsverlauf liegen die Wochendurchschnitte zwischen minimal 1.10 und maximal 1.89 (Tabelle 40), im Vergleich pro Woche zeigen sich keine signifikanten Unterschiede. Global über die Gesamtbehandlungsdauer und auch in der ersten Woche ist eine Tendenz zu höheren Werten in der weniger erfolgreichen Gruppe (Tabelle 31, Tabelle 33).

Tabelle 49: Zurückhaltung im GEB-KBT Vergleich „Erfolgreiche – weniger Erfolgreiche"

| | Woche 1-6 | | | Woche 7-Ende | | |
|---|---|---|---|---|---|---|
| | Erfolgreiche | Weniger Erfolgreiche | p-Wert* | Erfolgreiche | Weniger Erfolgreiche | p-Wert* |
| Kurzbehandlungen | 1.30 +/- 1.45 | 1.70 +/- 1.02 | 0.118 | 1.67 +- 1.12 | 1.22 +/- 0.54 | 0.517 |
| 3-Monats-Behandlungen | 1.27 +/- 1.09 | 1.61 +/- 1.15 | 0.064 | 0.86 +/- 0.99 | 1.61 +/- 1.24 | 0.009 |
| Verlängerungen | 1.90 +/- 1.11 | 1.67 +/ 1.02 | 0.118 | 1.52 +/- 1.1 | 1.61 +/- 0.97 | 0.686 |
| Alle | 1.54 +/- 1.14 | 1.70 +/- 1.02 | 0.099 | 1.28 +/- 1.10 | 1.64 +/- 1.06 | 0.017 |

*: Mann-Whitney-U-Test

Bei einer Definition der ersten Behandlungswochen als Woche 1–6 gibt es keine Unterschiede in der Öffnungsbereitschaft in dieser Zeit, auch nicht bei einer Differenzierung nach der Behandlungsdauer.

In der zweiten Behandlungshälfte werden Unterschiede deutlicher: die erfolgreichen Drei-Monats-PatientInnen öffnen sich mehr, bei den Verlängerungen verschwimmen die Unterschiede. Die Hypothese 4 kann damit nicht belegt werden. Die Daten legen vielmehr nahe, daß eine Öffnungsbereitschaft in der KBT-Gruppe von Anfang an im Durchschnitt bei allen PatientInnen vorhanden ist, die sich bei Erfolgreichen in der zweiten Behandlungshälfte noch verstärkt.

### 8.12.5 Hypothese 5: Der Verlauf des Gruppenerlebens unterscheidet sich bei mehr und weniger erfolgreichen PatientInnen

Der Verlauf des Gruppenerlebens wird durch die 6 Skalen des GEB-KBT beschrieben. Die Skalenmittelwerte der *ersten Gruppenstunden* sind bei den Erfolgreichen in den drei positiven Skalen höher, bei den drei negativen niedriger. Später weniger Erfolgreiche sind in der ersten Stunde unzufriedener mit der Gruppe, der Therapeutin und sie haben weniger hilfreiche Einsichten (Tabelle 33). Deskriptiv lassen sich unterschiedliche Trends in den Verlaufskurven beschreiben: Der Zugang zum körperlichen Erleben nimmt bei den Erfolgreichen mehr zu als bei den weniger Erfolgreichen, die Unterschiede werden in der zweiten Behandlungshälfte deutlich (Tabelle 37). Erfolgreiche sind durchgängig und zunehmend zuversichtlicher und einsichtsvoller als die weniger Erfolgreichen (Tabelle 35, Tabelle 36).

Erfolgreiche halten sich weniger zurück in der Gruppe, vor allem in der zweiten Behandlungshälfte, sind weniger unzufrieden mit der Therapeutin, die Unzufriedenheit mit der Gruppe ist nur in der ersten Stunde geringer, dann unterscheidet sie sich kaum (Tabellen 38–40).

Zur Untersuchung von Trends werden die Klassen von Behandlungsdauern einzeln betrachtet. Für die Drei-Monats-Gruppe und für die Verlängerungen unterscheiden sich die Erfolgsklassen signifikant ab der 7. Behandlungswoche in den Skalen 1, 2 und 3 (Tabelle 42, Tabelle 43). Die Kurzbehandlungen zeigen bei den Erfolgreichen eine verkürzte Regressionsphase, bei den weniger Erfolgreichen eine beginnende günstige Progressionsphase, die durch das frühe Behandlungsende nicht zum klinischen Erfolg führt (Tabelle 44).

Bei Erfolgreichen korrelieren in der gesamten Behandlung Lernerfahrungen und Einsicht höher mit dem Zugang zum körperlichen Erleben (0.62) als bei den weniger Erfolgreichen (0.43). Ebenso differieren die Korrelationen zwischen Zuversicht und Zugang zum körperlichen Erleben (r = 0.57 bzw. 0.23).

## 8.13 Zusammenfassung der Ergebnisse

Hypothese 1 kann bestätigt werden: im Prä-Post-Vergleich bessert sich das Körpererleben der erfolgreichen PatientInnen signifikant im Vergleich zu den weniger erfolgreichen. Der Zugang zum eigenen Körper und den eigenen Empfindungen ist im Verlauf des Gruppenprozesses bei klinisch Erfolgreichen höher als bei den weniger Erfolgreichen und nimmt in der zweiten Behandlungshälfte deutlich zu. Die Besserungen sind auch als Änderungen der Körper- und Selbstrepräsentanzen im Leiberleben-Grid sichtbar: die Distanzen zwischen dem Körper- bzw. Ich-Ideal und den Real-Ich werden geringer.

Hypothese 2 kann nur zum Teil bestätigt werden: Im Prä-Post-Vergleich unterscheidet sich das Körpererleben in den verschiedenen Settings nicht, im Behandlungsverlauf auch nicht bei den weniger Erfolgreichen. Jedoch haben die Erfolgreichen des Settings B durchgehend einen günstigeren Zugang zum Körper, jene von Setting A gewinnen ihn erst in der zweiten Behandlungshälfte.

Hypothese 3 kann nur zum Teil bestätigt werden: Die Unzufriedenheit mit der Therapeutin als ein wichtiger Aspekt der therapeutischen Beziehung ist in beiden Settings niedrig, global im Setting A signifikant niedriger als in Setting B. Im Verlauf tritt dieser Unterschied in der zweiten Behandlungshälfte auf.

Hypothese 4 kann nicht bestätigt werden: Die Öffnungsbereitschaft, indirekt gemessen als Ausmaß an Zurückhaltung unterscheidet sich in der ersten Behandlungshälfte nicht zwischen den Erfolgsgruppen, in der zweiten Behandlungshälfte ist die Zurückhaltung bei den Erfolgreichen geringer.

Hypothese 5 kann bestätigt werden: Erfolgreiche PatientInnen zeigen einen Zugewinn an Zugang zum Körper, korreliert mit Lernerfahrungen und Einsicht, ihre Zurückhaltung nimmt in der zweiten Behandlungshälfte ab, die Werte auf den positiven Skalen nehmen zu. Weniger Erfolgreiche kommen nicht in die Phase der Progression. Sie zeigen eine leichte Besserung des Zugangs zum Körper, jedoch eine Abnahme an Zuversicht.

# 9 Diskussion

Die vorliegenden KBT-Studie hat als Ziel, einen Beitrag zur Wirksamkeitsforschung der KBT zu leisten. Dafür mußte zunächst ein methodisches Instrumentarium zur Untersuchung von KBT-Gruppenprozessen und Behandlungsergebnissen im integrativen stationären Setting entwickelt werden.

Die ersten Ergebnisse mit Hilfe dieser empirischen Methoden stimmen optimistisch. Global konnte ich nachweisen, daß sich unter KBT im stationären Gruppentherapie-Konzept Körpererlebensstörungen von PatientInnen mit Persönlichkeitsstörungen, neurotischen Störungen und körperlichen Störungen psychischen Ursprungs bessern. Sie erfahren strukturelle Änderungen im Körper- und Selbsterleben, die mit der klinischen Besserung einhergehen. Als miteinander korrelierte Wirkfaktoren der KBT werden im Gruppenerleben besonders der Zugang zum eigenen Körper und Lernerfahrung/Einsicht gefunden.

## 9.1 Klinischer Behandlungserfolg

Unter der stationären Psychotherapie geht die Symptomatik der PatientInnen deutlich zurück, während die interpersonalen Probleme sowie die Persönlichkeitsstruktur sich langsamer und damit in der kurzen Zeit der Klinikbehandlung weniger verändern. Diese Ergebnisse entsprechen den Befunden von Strauß & Burgmeier-Lohse (1994) sowie Tschuschke (1993) bei vergleichbarem stationären Klientel. Knapp zwei Drittel der PatientInnen haben ihre Therapieziele mindestens zur Hälfte erreicht. Da die Ziele zu Anfang ungefiltert formuliert wurden und somit auch unrealistische Anteile haben, ist dies ein zufriedenstellendes Ergebnis, daß auch hier als weniger erfolgreich eingestuften PatientInnen durchaus Teilerfolge erzielt haben.

Die Fremdbeurteilung durch den Stationsarzt spiegelt einen globalen Eindruck bei Behandlungsende wider. Hier wäre wünschenswert gewesen, die differenzierte Beurteilung durch die behandelnden TherapeutInnen, die in Form des Behandlungsberichts vorliegt, zu quantifizieren. Das hätte jedoch zu große methodische und team-dynamische Probleme aufgeworfen.

Die Beurteilung des Behandlungserfolgs mit einem Globalmaß ist nicht unumstritten. Vor allem die Kliniker stehen einer Dichotomisierung der differenzierten Prozesse sehr skeptisch gegenüber. In dieser Studie hat sich die von Strauß (1996) empfohlene Mehrebenen-Perspektive bewährt, um das Studienkollektiv in zwei Erfolgsgruppen einzuteilen. Die Abweichung vom einfachen Median-Split zugunsten einer inhaltlich definierten Einteilung hat zur Differenzierung zweier klinischer Gruppen geführt, ohne daß ich auf einen Extremgruppenvergleich zurückgreifen mußte.

Die beiden Erfolgsgruppen unterscheiden sich nicht bezüglich der Einflußgrößen Geschlecht, Familienstand oder Schulausbildung. Nach ICD 9 ist bei fast der Hälfte der weniger Erfolgreichen und nur einem Drittel der Erfolgreichen eine Persönlichkeitsstörung diagnostiziert worden, allerdings ist dieser Unterschied statistisch nicht signifikant. Die Unabhängigkeit des Behandlungserfolgs von soziodemografischen Variablen finden sich auch bei Steinke (1998), die in ihrer Diplomarbeit interpersonale Probleme in ihrer prognostischen Bedeutung für den Therapieerfolg untersuchte. Eckert berichtet entsprechende Befunde (1996).

## 9.2 KBT-spezifische Ergebnisse (Prä-Post)

Vor diesem Hintergrund zeigen die Übereinstimmungen von globaler Erfolgsklassifikation und KBT-spezifischen Erfolgsmaßen (die Veränderung des Körpererlebens im FBeK, die globale KBT-Erfolgsbeurteilung und die Veränderungen der Distanzen im Leiberleben-Grid), daß unter Konzentrativer Bewegungstherapie im stationären Setting signifikante Besserungen von Körpererlebensstörungen erreicht werden.

Körperwahrnehmung und Körpererleben unterscheidet sich in den Erfolgsgruppen bei Behandlungsbeginn in den Skalen des FBeK nicht, am Ende der Behandlung erleben sich die erfolgreichen PatientInnen deutlich weniger unsicher. Ihr Mißempfinden ist zurückgegangen, sie haben wieder Vertrauen in ihre Attraktivität gewonnen. Das Leiberleben hat sich in dieser Gruppe signifikant gebessert, dagegen ist die Akzentuierung des Körpers zu beiden Zeitpunkten im Normbereich. Die weniger erfolgreichen PatientInnen haben nur eine geringe Reduktion der hohen Ausgangsbelastung erreichen können.

Die Ausgangswerte der vorliegenden Stichprobe liegen in ähnlicher Höhe wie die der Anorexie-Patientinnen bei Strauß & Appelt (1983). Geht man davon aus, daß in dieser diagnosengemischten Gruppe nur zwei PatientInnen mit Eßstörungen sind, so imponiert das Ausmaß am körperlichem Mißempfinden, Unsicherheit, Verlust an Selbstvertrauen und Attraktivität für diese Gruppe. Es liegt mir bisher keine Studie vor, die diese Dimension des Erlebens für PatientInnen mit neurotischen und Persönlichkeitsstörungen untersucht hat.

Für mich bestätigt dieses Resultat die Notwendigkeit körpertherapeutischer Arbeit, so wie sie praktisch seit circa 30 Jahren in den psychosomatisch-psychotherapeutischen Kliniken praktiziert wird. Hier zeigt sich eine empirische Bestätigung für die klinische Erfahrung, daß sich die zur Behandlung stehenden Erkrankungen auch in starken Beeinträchtigungen des Körpererlebens niederschlagen, die sich unter der KBT-Behandlung bessern.

Für Morbus-Crohn-PatientInnen hat Schmitt (1991) dagegen keine Abweichungen von der Eichstichprobe gefunden, was sich in diesem Kontext als Verleugnung des Krankheitsgeschehens verstehen ließe.

Woerner, Lehmkuhl & Woerner (1989) haben bei zwölf Anorexie-PatientInnen nach psychotherapeutischer Behandlung eine signifikante Besserung der Skalen 1

Tabelle 50: Mittelwerte und Standardabweichungen verschiedener Gruppen in den Skalen des FBeK (eigene und aus Strauß & Richter-Appelt, 1996)

| Autoren | Gruppe | n | Skala 1 | | Skala 2 | | Skala 3 | |
|---|---|---|---|---|---|---|---|---|
| | | | x | s | x | s | x | s |
| **Schreiber-Willnow** | Stationäre Psychotherapie | Erfolgreiche, Anfang, 29 | 8.21 | 3.52 | 5.67 | 3.53 | 11.48 | 3.10 |
| | | Ende, 29 | 6.03 | 2.83 | 8.51 | 3.51 | 11.17 | 3.47 |
| | | Weniger Erfolgreiche Anfang, 33 | 8.46 | 3.92 | 5.88 | 3.28 | 12.55 | 3.28 |
| | | Ende, 33 | 8.27 | 3.88 | 6.37 | 3.69 | 13.19 | 3.36 |
| **Strauß & Appelt (1992)** | Studentische Eichstichprobe | 900 | 4.9 | 3.2 | 9.2 | 2.9 | 11.53 | 3.6 |
| **Strauß & Appelt (1983)** | Anorexie | 27 | 8.86 | 3.57 | 5.04 | 2.49 | 11.88 | 3.11 |
| | Adipositas | 15 | 6.85 | 2.98 | 3.58 | 3.01 | 12.67 | 3.68 |
| **Woerner et.al. (1989)** | Anorexie | 27 | 7.4 | | 3.9 | | 12.4 | |
| **Schmitt (1991)** | Cystische Fibrose | 60 | 5.7 | 2.9 | 8.0 | 3.1 | 11.5 | 3.7 |
| | Morbus Crohn | 25 | 5.0 | 3.0 | 8.6 | 2.8 | 9.2 | 3.5 |

und 2 gefunden. Strauß & Appelt fanden bei Paaren mit sexuellen Funktionsstörungen bei den „Symptomträgern nach einer dreiwöchigen Paartherapie ebenfalls signifikante Änderungen in den Skalen 1 und 2“ (1986).

In der vorliegenden Studie ändern sich die Skalen 1 und 2 für die Gesamtgruppe ebenfalls signifikant, nach Unterscheidung in Erfolgsklassen zeigt sich diese Besserung nur bei der klinisch erfolgreichen Gruppe. Der klinische Behandlungserfolg geht mit dem Rückgang an Unsicherheit und Mißempfindung sowie zunehmendem Selbstvertrauen bezüglich der eigenen Attraktivität einher. Bei den starken initialen Beeinträchtigungen des Körpererlebens bestätigt sich das Konzept der Station, KBT diagnosenunspezifisch anzuwenden, da alle davon profitieren können, nicht nur spezielle Diagnosengruppen wie etwa Eßstörungen.

Damit muß die Indikationsstellung Beckers (1989), KBT sei speziell für PatientInnen geeignet, die Schwierigkeiten mit dem sprachlichen Ausdruck haben, als zu starke Einschränkung verworfen werden. Alle PatientInnen mit Körperwahrnehmungs- und Erlebensstörungen können von KBT profitieren.

In der Reihe der Veränderungen liegt das Leiberleben (Effektstärke Prä-Post ES = 0.49) zwischen der Reduktion der Symptomatik (ES = 0.61) und der Abnahme interpersonaler Probleme (ES = 0.38). Das Leiberleben scheint sich etwas langsamer als die reine Symptomreduktion aber schneller als die interpersonale Problematik zu bessern, was zu der postulierten Wirkung auf die Symbolisierungsfähigkeit paßt.

Die Entwicklung eines KBT-spezifischen Erfolgsmaßes steht in den Anfängen: der globale KBT-Erfolg korreliert mit dem globalen klinischen Erfolg, was für eine Stimmigkeit des Maßes spricht. Jedoch lassen sich keine Korrelationen mit den FBeK-Post-Werten finden. Zu vermuten ist, daß etwas Anderes gemessen wird, da in das KBT-Maß neben der Beurteilung der Körperebene auch die präsentative und diskursive Symbolisierungsfähigkeit eingeht.

PatientInnen mit strukturellen Veränderungen der Körper- und Selbst-Repräsentanzen (im Grid) finden sich signifikant häufiger in der erfolgreichen Gruppe. Das Ausmaß der KBT-spezifischen Effekte ist in der Prozeß-Analyse beschrieben.

Offen bleiben muß hier die Frage, welcher Anteil an dieser Verbesserung auch ohne KBT eingetreten wäre. Dies zu untersuchen, bleibt einer anderen Vergleichsstudie vorbehalten.

Ein Hinweis findet sich bei Wieschhues (1996), die stationäre analytisch interaktionelle Gruppentherapie mit und ohne anschließende einwöchige Tanztherapie vergleicht. Nach der Tanztherapie beschreiben die PatientInnen eine Steigerung des Körperbewußtseins und eine leicht positiv verbesserte Körpereinstellung, während ohne Tanztherapie „eher negatives Körpererleben gefestigt" wurde.

Im integrativen stationären Setting mit KBT behandelte erfolgreiche PatientInnen beschreiben im Grid signifikante Verbesserungen ihres Körper- und Selbsterlebens: Im Bedeutungsraum der persönlichen Konstrukte nähern sich Selbst- und Körper-Ideal im Lauf der Behandlung dem Real-Ich, der Haltung zur Welt, der Verbindung zum Boden und der Geschlechtsidentität an.

Mit dem Leiberleben-Grid habe ich ein KBT-spezifisches Untersuchungsinstrument entwickelt, das die Grundideen des KBT-Ansatzes aufgreift:

1. Es wird bei der Erhebung der Konstrukte nach Wahrnehmungs- und Erlebnisqualitäten gefragt. Dies geschieht über eine Anleitung zu genauem Hinspüren und Beschreiben, wie es der KBT gemäß ist.
2. Die Frage nach den Polaritäten basiert auf der Fähigkeit zu Wahrnehmung durch Unterschiede und Gegensätze, die therapeutisch hilft, indem Ressourcen freigesetzt, Alternativen gedacht werden und damit ein neuer Möglichkeitsraum entsteht.
3. Die Beurteilung von verschiedenen Elementen, hier von leibnahen bis zu Boden und Um-Welt, mit demselben Satz von persönlichen Konstrukten, ist eine Arbeit an der Symbolisierungsfähigkeit. PatientInnen mit einem sehr rigiden Konstruktsystem können zu Beginn einige Elemente nicht beurteilen, da die Konstrukte für sie einen sehr engen Bedeutungshorizont hatten. Sie haben an Ende mehr Spielraum gewonnen, die Grenzen ihrer Bedeutungsräume erweitert.

Jedes Grid-Interview begann mit der Aufforderung, einen Gegenstand auszuwählen, der dem derzeitigen Empfinden entsprach. In der Beschreibung des Gegenstandes und seiner Qualitäten und ihrer Gegenpole spannte sich oft schon der therapeutische Raum auf, in dem der Weg vom Jetzt-Zustand zu einem möglichen erreichbaren anderen sichtbar wurde.

Die inhaltliche Analyse der Beschreibung der Gegenstände konnte in dieser Arbeit nicht durchgeführt werden. Für einige PatientInnen wurden diese ersten Beschreibungen bzw. ihr erster Gegenstand ein Begleiter durch den Therapieprozeß. Ich verstehe es als ihren Weg der Transformation des körperlichen Leidens in eine nach außen gelagerte sichtbare Sphäre auf die präsentative Ebene des Haptischen. Mit der Benennung, also dem Einstieg in die diskursive Ebene, beginnt schon mit der ersten Frage des Grid-Interviews ein therapeutischer Prozeß.

Diese Verknüpfung von Therapeutischem und Forschungsprozeß ist in der Grid-Technik kein methodisches Manko, da die Annäherung an den intrapsychischen Raum der PatientInnen in hohem Maße subjektiv ist und die individuellen Konstrukte nur in einem Gespräch herauszuarbeiten sind, in den ein gewisses Maß an Vertrauen und positiver Beziehung spürbar sind (Slater 1977).

In den Wiederholungs-Grids beschrieben die PatientInnen dann diesen ersten Gegenstand aus der Erinnerung, er wurde nicht noch mal neu begriffen. Damit wird also das Erinnerungsbild beschrieben, nicht ein neues haptisches Erleben. Das entspricht dem Weg der KBT, das konkrete sinnlichen Erleben mit der Ebene der bildlichen und der sprachlichen Symbolisierung zu verknüpfen.

Porsch (1997) fand bei Patienten mit chronisch entzündlichen Darmerkrankungen, daß diese Patientengruppe im Körpererleben zur Abspaltung des erkrankten Organs neigt, er betont gleichzeitig, daß die Fähigkeit, ein Körperteil zu isolieren und der Krankheit eine Vorstellung zu geben, protektiven Wert hat.

Diese Befunde decken sich mit dem KBT-Ansatz der Arbeit an der sprachlichen Symbolisierung des Körpererlebens. Empirisch findet sich in der hier behandelten PatientInnen-Gruppe im Grid unter der KBT eine Integration des Körpers im Sinne einer Angleichung von Körper-Ideal und Real-Ich.

Bassler und Krauthauser (1996) fanden in ihrer Grid-Untersuchung des therapeutischen Prozesses von stationären Psychotherapie, daß PatientInnen während der Therapie eine Angleichung ihres Selbstbildes an ihr eigenes Ideal erreichen. Dieses Ergebnis geht in die Richtung meiner Befunde, daß sich diese Bewegung auch im Körpererleben vollzieht .

## 9.3 Prozeß-Ergebnisse

Der spezifischen Bedeutung der KBT für die Behandlungsergebnisse bin ich durch die Untersuchung des Mikro-Outcomes des KBT-Gruppenerlebens näher gekommen. Hier habe ich ausschließlich nach den Erfahrungen der aktuellen KBT-Stunde gefragt. Der Einfluß des stationären Umfeldes ist so weitestgehend reduziert. Allerdings wäre es kurzgeschlossen, den globalen Behandlungserfolg aus den Stundenergebnissen einfach zu kumulieren (Seidler 1995). Der Gruppenerfahrungsbogen erlaubt aber, auf der Basis des Konzepts der Wirkfaktoren das Ausmaß unterschiedlicher Dimensionen im Gruppenprozeß zu erfassen (Yalom 1975, Eckert 1996).

Mit dem GEB-KBT habe ich sowohl allgemeine Gruppenerfahrungen – Interpersonales Lernen und Einsicht (Skala 2), Zuversicht und Einflößen von Hoffnung (Skala 1), Zurückhaltung (Skala 6), Unzufriedenheit mit der Gruppe (Skala 5) und der Therapeutin (Skala 4) sowie körperliches Wohlbefinden und Zuversicht (Skala 1) – als auch KBT-spezifische – Zugang zum körperlichen Erleben und den eigenen Empfindungen (Skala 3) und körperliches Wohlbefinden (Skala 1) – untersucht. In der 6-Faktorenlösung fallen, wie methodenspezifisch erwartet, Zuversicht und körperliches Wohlbefinden in einen Faktor, als weiterer Faktor wird der Zugang zum eigenen Körper und den eigenen Empfindungen (Skala 3) relevant (Seidler 1995). Der GEB-KBT hat sich in dieser Studie bewährt, KBT-Gruppenverläufe in den sechs Dimensionen und für verschiedene Subgruppen zu beschreiben.

Global konnte ich die Ergebnisse Seidlers reproduzieren (Tabelle 31). Durchgehend haben erfolgreiche PatientInnen einen besseren Zugang zu ihren körperlichen Erleben und den eigenen Empfindungen als die weniger erfolgreichen. Sie sind zuversichtlicher und gewinnen im Behandlungsprozeß mehr neue Einsichten. Hinzu kommt, daß die erfolgreiche Gruppe in diesen drei Dimensionen in der zweiten Behandlungshälfte einen deutlichen Zugewinn verzeichnet, der in der anderen Gruppe nur schwach ausgeprägt ist. PatientInnen äußern durchgängig wenig Unzufriedenheit, weder mit der Therapeutin noch mit der Gruppe.

PatientInnen beschreiben sich in den KBT-Stunden als wenig zurückhaltend. Erfolgreiche PatientInnen öffnen sich dann in der zweiten Behandlungshälfte mehr, während weniger Erfolgreiche sich weiter zurückhalten. Diese Ergebnisse scheinen Tschuschkes Befunden (1993) zu widersprechen, daß eine Öffnungsbereitschaft zu Behandlungsbeginn Erfolgsprädiktor ist. Aus der Beschreibung der Arbeitsweise (Stolze 1984, Schmidt 1999) der KBT läßt sich verstehen, daß die wohlwollende Zuwendung und die aktiv gestaltende Rolle der KBT-Therapeutin bei Behandlungsbeginn angstreduzierend wirkt und daß die Methode des aufmerksamen Hinspürens auch zunächst eine Lernphase braucht (Cserny 1989), in der die PatientInnen ›für sich sein dürfen‹ in Anwesenheit der Anderen und ihre Erfahrungen nicht sofort versprachlichen müssen. Hier ist auch das Lernen von den Anderen bedeutsam. Die Zurückhaltung in den ersten Behandlungswochen ist daher methodenspezifisch verständlich und muß nicht ein Herausfallen aus den therapeutischen Prozeß bedeuten.

Diese Überlegung spricht auch für das Konzept der halboffenen diagnosengemischten Gruppe, in der Neue von Alten lernen können und die verschiedenen symptomspezifischen Schwierigkeiten sich im Lichte der anderen relativieren. Die Korrelation der allgemeinen und der spezifischen Dimensionen, speziell von Lernerfahrung/Einsicht mit dem Zugang zum eigenen Körper bestätigt den theoretischen Ansatz der KBT einer Einheit von Bewegen, Wahrnehmen, Denken und Sprechen (Stolze 1972). Sie lassen sich auch mit Damasios Ansatz (1994) von der Grundlegung geistiger Bewertungsprozesse in den körperlichen Empfindungen sowie mit der Affekttheorie sensu Krause (1992a) in Übereinstimmung bringen.

Gemäß der Forderung Tschuschkes (1996), die Spezifität von psychotherpeutischen Methoden mit Prozeß-Ergebnis-Studien zu untersuchen, wird hier für die stationäre KBT mit dieser Arbeit die erste KBT-Prozeß-Studie vorgelegt, in der der Zugang zum körperlichen Erleben und den eigenen Empfindungen als methodenspezifischer Wirkfaktor beschrieben wird. Weitere Vergleichsuntersuchungen können erst zeigen, ob die hier gefundene Verbesserung des Zugangs zum eigenen Körper nur für KBT-Gruppen gilt, oder ob sie sich auch in anderen therapeutischen Konzepten in gleichem Ausmaß finden läßt.

Für eine spezifische Wirkung der KBT spricht die Studie von Helm-Lorenzen (1992), in der sich KBT-Therapeutinnen in ihrem Körperbildfragebogen deutlich von einem Normalkollektiv und diese von psychosomatisch erkrankten stationären und von eßgestörten PatientInnen unterschieden (in dieser Rangfolge). Die drei Skalen ›allgemeines Körpergefühl‹, ›pathologisches Körpererleben‹ und ›Differenziertheit bei und Identifikation mit Körperwahrnehmung‹ differenzieren die vier Gruppen in dieser Rangfolge. Weitergehende Prozeß-Untersuchungen mit diesem Instrument stehen noch aus.

Konnte als Outcome-Resultat eine Verbesserung der Körpererlebensstörungen in Abhängigkeit vom klinischen Behandlungserfolg gefunden werden, so zeigen die Prozeß-Untersuchungen diesen Zusammenhang auch für den Mikro-Outcome der einzelnen KBT-Stunde. Beides zusammen ergibt einen Beleg für die spezifische Wirksamkeit der KBT im stationären Setting. Ich habe für die KBT hier allgemeine und spezifische Wirkfaktoren gefunden, die miteinander korreliert sind. In der Diskussion um methodenspezifische Wirkfaktoren (Bergin & Garfield 1994) bedeuten diese Ergebnisse ein ›sowohl als auch‹ statt eines ›entweder oder‹.

## 9.4 Vergleich der Settings

Zwei meiner Hypothesen befassen sich mit den Bedingungen und Auswirkungen der unterschiedlichen Settings auf das Körpererleben und die therapeutische Beziehung. Damit wird der komplexen klinischen Situation Rechnung getragen, daß Übertragungsbeziehungen der PatientInnen zu verschiedenen Team-Mitgliedern entstehen, die vom Team und dann von den PatientInnen integriert werden müssen.

Der Vergleich des Körpererlebens in den Settings führt zur Frage der Indikationsstellung. Varianzanalytisch ließ sich im FBeK unter Berücksichtigung der Erfolgsklassen und der Meßwiederholung kein signifikanter Einfluß des Settings auf das Körpererleben finden.

In beiden Settings profitieren die erfolgreichen PatientInnen auf der Ebene des Körpererlebens. Im KBT-Prozeß werden Unterschiede im Zugang zum Körper sichtbar: die später Erfolgreichen im Setting A beginnen mit weitgehender Ablehnung des Körpers. Sie finden in der zweiten Behandlungshälfte einen neuen Zugang zum Körper. Die Erfolgreichen des Setting B dagegen imponieren durch ein durchgängig positiveres Körpererleben. Die Mittelwerte der FBeK-Skala 1 weisen in dieselbe Richtung.

Bei nochmaliger Analyse der PatientInnen-Unterlagen fällt auf, daß einige PatientInnen aus Gruppe A körperlich kränker sind, mehr an somatischer Symptombelastung als Gruppe B (Multiple Sklerose, Krebs, Epilepsie, Zustand nach mehrfacher Bypass-Operation) aufweisen, so daß die Ausgangslage bezüglich der somatischen Belastung in beiden Settings unterschiedlich ist. Diese Unterschiede sind nicht aus den ICD 9-Diagnosen ersichtlich, die das psychische Beschwerdebild beschreiben. Somit berücksichtigt das Team bei seiner Indikation für eines der Settings doch den Schweregrad der körperlichen Erkrankung.

Die therapeutische Beziehung der PatientInnen zur KBT-Therapeutin in beiden Settings wurde nur durch den Aspekt der Unzufriedenheit mit der Therapeutin erfaßt, die in beiden Settings kaum geäußert wird.

Durch den spezifischen methodischen Ansatz der KBT, die Gruppensituation durch ein Bewegungs-, Spür- und Wahrnehmungsangebot der Therapeutin zu gestalten, ist die Therapeutin vor allem im klinischen Setting aktiv und zeigt sich mit ihrer Deutung des Gruppengeschehens in Form des KBT-Angebots. Je höher der Anteil an ›frühen Störungen‹ in der Gruppe, um so strukturierter wird das

Angebot im Sinne eines haltgebenden Rahmens sein. Je ›reifer‹ die Gruppe, um so mehr kann das Angebot Raum für freie Bewegungsassoziation lassen (Budjuhn 1992). Im zweiten Teil der Gruppenstunde, in dem die verbale Aufarbeitung des Bewegungserlebens geschieht, ist die Therapeutin um Klärung und Benennung des Erlebten bemüht. Es geht nicht primär um Deutung unbewußter Inhalte. Diese Aufgabe erfordert eine aktiv fragende und klarifizierende therapeutische Haltung. So ist die Haltung der KBT-Therapeutin in der klinischen Gruppe eher eine aktiv dialogische, denn eine abwartend deutende.

Es geht in der KBT nicht primär um die Bearbeitung von Übertragungen, sondern um ein bewußteres Wahrnehmen der eigenen Leiblichkeit. Eine leicht positiv getönte Übertragungsbeziehung ist dabei hilfreich, Auseinandersetzungen mit der Therapeutin werden nicht forciert. Vor diesem Hintergrund wird verständlich, daß wenig Unzufriedenheit und Ärger auf die Therapeutin geäußert wird.

Hintergrund für die Hypothese war die Frage nach der Übertragungsaufteilung in der integrativen therapeutischen Arbeit in der Klinik. Im Setting A erhalten die PatientInnen analytisch-systemische Einzeltherapie und zweimal wöchentlich KBT-Gruppe. Nach meiner klinischen Beobachtung sind in diesem Setting PatientInnen, die eher eine Einzelanbindung brauchen, um ihre intimen und oft schambesetzten Themen zu bearbeiten. Sie idealisieren die Einzeltherapeutin eher und stehen einer Gruppe eher skeptisch gegenüber. Sie entdecken im Lauf der Therapie durch die dichte Zusammenarbeit der Therapeutinnen, daß ihr Erleben in der Gruppe ernst genommen wird und Bedeutung in ihrem Lebenszusammenhang bekommt. Sie kommen dann in der Gruppe in die Phase der Progression, wo sie die Angebote für sich nutzen können und ihre Unzufriedenheit mit der Gruppentherapeutin noch weiter zurückgeht.

Im Setting B erhalten die PatientInnen drei Gruppenstunden Analytische Gruppentherapie und eine Gruppenstunde KBT pro Woche. Sie wachsen viel mehr als die anderen zu einer Gruppe zusammen und erleben einen intensiven Gruppenprozeß, der über beide Settings läuft. Durch die Konzentrative Bewegungstherapie werden in der konkreten Leiberfahrung häufig Themen angestoßen, die dann in der analytischen Gruppe durchgearbeitet werden (Carl et.al.1985). Die Leiberfahrung wird oft als sehr intensiv, evident beschrieben, während die analytische Arbeit eher konfrontiert. Hier neigen PatientInnen zu einer Übertragungsaufteilung zwischen der frühen, haltenden und der konfrontierenden Mutter. Vor diesem Hintergrund sind die niedrigen Werte der Unzufriedenheit plausibel. Der leichte Anstieg zum Ende der Behandlung hin könnte als Auflösung dieser Übertragungsaufteilung verstanden werden.

Es ergab sich erst während der Laufzeit der Studie, daß das dritte Setting der Station für drei Monate vertretungsweise KBT statt Kunsttherapie in Kombination mit der analytischen Gruppe (Setting C) erhielt. Der Wechsel geschah sehr kurzfristig und wurde von der Gruppe mit viel Ärger und Wut bewältigt, die die neue Therapeutin in Form von Verweigerung zu spüren bekam. Etwa nach sechs Wochen waren dann alle PatientInnen, die den Wechsel miterlebt hatten, entlassen, so daß dann dieser Effekt vorbei war. Die Unzufriedenheit mit der Therapeutin ist in dieser Gruppe durchgängig höher als in den beiden anderen Gruppen und kommt erst nach der 7. Woche auf das Niveau der beiden andern Gruppen. Da diese Gruppe nicht nur einen Therapeutinnen-Wechsel sondern auch einen Methodenwechsel hinnehmen mußte, mischt sich in der etwas höheren Unzufriedenheit mit der Therapeutin sicherlich beides.

## 9.5 Weitere Konsequenzen aus der Studie

Die Behandlungsdauer erweist sich als bedeutsamer Faktor für den KBT-Prozeß. Der klinische Alltag an der untersuchten psychotherapeutischen Klinik ist von dem Kostendruck im Gesundheitswesen nicht verschont geblieben. Die Behandlungszeiten sind in den letzten Jahren kontinuierlich kürzer geworden (102 Tage im Jahr 1990, 76 Tage im Jahre 1997 laut Basisdokumentation der Rhein-Klinik).

Die Studienergebnisse zeigen, daß bei Behandlungsdauern zwischen acht und 19 Wochen für den Einzelnen in der KBT-Gruppe Prozesse ablaufen, die sich in die theoretisch erwarteten Phasen gliedern lassen. Für ein Gelingen des KBT-Prozesses in diesem Umfeld sind drei Monate eine günstige Behandlungszeit.

Die reale Zeit, die PatientInnen brauchen, um sich der Konfrontation mit dem pathologischen Leiberleben zu stellen und über neue Einsichten, Wahrnehmungen und Erfahrungen zu einer Gesundung zu kommen, läßt sich nicht beschleunigen. Hochgerner (1995) beschreibt die Phasen des KBT-Prozesses auch schon für 6-wöchige Behandlungen. Allerdings ist auf der Wiener Station die Stundenfrequenz sehr viel höher als auf der hier untersuchten. Meine Ergebnisse für die beiden Settings mit einer bzw. zwei Gruppenstunden KBT pro Woche weisen darauf hin, daß PatientInnen mit schwereren körperlichen Grunderkrankungen zu

Behandlungsbeginn einen schlechteren Zugang zum Körper haben und von der zweistündigen KBT-Gruppe profitieren. Für diese PatientInnen ist KBT ›schwerer und nötiger‹. Ob allgemein eine erhöhte Stundenfrequenz ein Mehr an Besserung bringt, müßte untersucht werden.

Die Studie füllt eine Lücke in der stationären Psychotherapieforschung, in der in den letzten Jahren die analytische Gruppentherapie ausführlich, jedoch die Bedeutung der ›extraverbalen‹ Therapieverfahren nicht empirisch erfaßt wurde. Strauß & Burgmeier-Lohse (1994) kommen zu dem Resultat, die extraverbalen Behandlungskomponente unter Umständen zu verstärken, wobei sie für die Möglichkeit plädieren, daß PatientInnen ein Verfahren auswählen, das am ehesten mit ihrem Krankheitsverständnis kompatibel ist (KBT, Tanz-, Kunst-, Musiktherapie). In der vorliegenden Studie hatten die PatientInnen diese Wahlmöglichkeit nicht.

Aber es wurde deutlich, daß die Einteilung in die kombinierten Settings durch das Team berücksichtigt, daß PatientInnen mit schwereren körperlichen Grunderkrankungen eine intensivere körpertherapeutische Behandlung erhalten. Die Differenzierung zur Kunsttherapie konnte hier nicht untersucht werden.

Der Vorteil des kombinierten Settings liegt in dem zusammenhängenden Gruppenprozeß in verbaler und KBT-Gruppe, als Nachteil ist zu sehen, daß PatientInnen ggf. gegen ihre Vorlieben eine Behandlungsform zugeteilt bekommen, die dann wegen der initialen Ablehnung nicht so erfolgreich sein kann.

## 9.6 Methodische Perspektiven

Der GEB-KBT hat sich in diesem ersten Einsatz als Prozeßbogen bewährt. Er ist sensibel für die von der KBT intendierten Veränderungen, die während einer stationären Therapie erreicht werden können. Das Grid zum Leiberleben habe ich neu entwickelt, um in einem therapeutisch-forschenden Rahmen zu erfahren, wie die PatientInnen ihre individuellen innere Welt beschreiben. Methodisch ist hier Forschung und Therapie nicht getrennt, aber ich halte das in der psychotherapeutischen Arbeit für unausweichlich, soll der klinische Bezug erhalten bleiben.

In meinen Vorüberlegungen plante ich, auch nicht-sprachliche Konstrukte zu erfassen, um dem Bewegungsausdruck der PatientInnen Raum zu geben. Kelly selbst weist darauf hin (zit. in Schmitt 1993), daß nicht alle Konstrukte einer Person sprachlich symbolisiert sind, und daß viele handlungsleitende Konstrukte präverbaler Natur sind. Jedoch sind Konzepte zur Erhebung nonverbaler Konstrukte eher selten. So habe ich mit der Frage nach dem Gegenstand ein Tasterlebnis in das Grid auf der Element-Seite mit aufgenommen. Das mag als erster tastender Schritt in diese Richtung verstanden werden, der es wert ist, weiter verfolgt zu werden.

Einen ganz anderen Weg zur Erfassung des Körpererlebens sind Joraschky und v. Arnim (1998) mit ihren Körperbildskulpturen gegangen, in dem sie von PatientInnen aus Ton eine Figur gestalten lassen, die dann beschrieben und vermessen wird. In diesem projektiven Verfahren wird Haptisches oder Gestaltendes statt der Worte analysiert. Mit Langer (1984) ist mir wichtig, daß der Mensch die verschiedenen Ausdrucks- und Verarbeitungsmodi hat, die nicht eins zu eins übersetzbar, sondern alle in ihrer Eigenart Ausdruck der symbolischen Tätigkeit unseres Gehirns sind.

Die Forderung nach ›objektiver‹ Gruppenprozeß-Untersuchung führt zu höchst aufwendigen Untersuchungsverfahren, die im Rahmen einer Dissertation und bei einer Stichprobengröße, die über Einzelfälle hinausgeht, nicht durchführbar sind. Mir war wichtig, gruppenstatistische Aussagen machen zu können. Sie geben beim derzeitigen Forschungsstand der KBT zuverlässiger Auskunft über klinische Prozesse als zu elaborierte Einzelergebnisse. Erst in einem nächsten Forschungsschritt können auf Basis der Gruppenergebnisse Hypothesen gebildet werden, die mit einem Beobachtungsinstrumentarium überprüft werden können. Allerdings sind hier die Methoden, die für Gesprächsgruppen entwickelt worden sind, nur zum Teil anwendbar. Einerseits müßte die Notation des Bewegungsverhaltens ausgeweitet werden auf Ganzkörperbewegungen (wie etwa bei Lausberg 1988), andererseits gibt es in der KBT Phasen der ruhigen Selbsterkundung, in denen eine hohe innere Aktivität vorhanden ist, die äußerlich nicht sichtbar ist und sich somit der beobachtenden Exploration entzieht.

Einige Fragen finden eine Antwort, viele neue Fragen tauchen auf. Diese Dynamik des Forschungsprozesses hat mich erinnert an die Arbeit in der Konzentrativen Bewegungstherapie, wo nicht die ›richtige‹ Antwort gesucht wird, sondern die Neugier nach dem ›wie‹ menschlicher Erlebnisweisen gefördert wird. Die Erfahrbereitschaft (Gindler) verbindet für mich die beiden so unterschiedlichen Felder meiner Arbeit: bereit sein, sich auf das Alltägliche immer wieder neu einzulassen und nach dem Wie des Geschehens zu fragen.

*„Ideale sind langweilig, sie bleiben immer dieselben; die Wirklichkeit ist immer anders und interessant.“ Elsa Gindler, 1926*

# 10 Zusammenfassung

In einer klinischen Studie werden Behandlungsprozesse und -ergebnisse mit Konzentrativer Bewegungstherapie (KBT) bei 72 PatientInnen (25% neurotische Störungen, 40% Persönlichkeitsstörungen, 17% körperliche Funktionsstörungen psychischen Ursprungs) untersucht. Die PatientInnen erhalten KBT im Rahmen des integrativen Team-Konzepts als Gruppentherapie kombiniert mit analytischer Gruppentherapie oder analytisch-systemischer Einzeltherapie. Die Behandlungsdauer beträgt durchschnittlich 94 Tage.

Es findet sich ein Zusammenhang zwischen dem Leiberleben als KBT-spezifischem und allgemeinen klinischen Erfolgsmaßen. In der Prozeßuntersuchung zeigt sich die Wirkung der KBT in einer Besserung des Körper-, Selbst- und Gruppenerlebens bei klinisch erfolgreichen PatientInnen.

Unter der KBT-Behandlung bessern sich die bei Klinikaufnahme stark ausgeprägten Körpererlebensstörungen. Bei klinisch erfolgreichen PatientInnen normalisiert sich das anfangs stark erhöhte körperliche Mißempfinden. Das Leiberleben ist zu Behandlungsende deutlich gebessert (Effektstärke: 0.80). Der klinische Behandlungserfolg geht einher mit einer signifikanten Änderung der Körper- und Selbstrepräsentanzen im Sinne einer Akzeptanz der eigenen Leiblichkeit und der Reduktion zu hoher Ideale.

Bei klinisch weniger erfolgreichen PatientInnen gelingt die Besserung der Leiberlebensstörungen nur in geringerem Ausmaß (Effektstärke: 0.14). Auch kann bei ihnen keine strukturelle Änderung des Körper- und Selbsterlebens nachgewiesen werden.

Im Behandlungsprozeß in der KBT-Gruppe werden drei Dimensionen des therapeutisch bedeutsamen Erlebens (Lernerfahrung/Einsicht, Zuversicht und Zugang zum eigenen Körper) als Wirkfaktoren der KBT gefunden. Nach der ersten Behandlungsstunde und in der zweiten Behandlungshälfte trennen sie zwischen den klinisch mehr und weniger erfolgreichen PatientInnen. Die drei Dimensionen sind paarweise korreliert. Die spezifische Wirksamkeit der Konzentrativen Bewegungstherapie findet darin eine empirische Bestätigung.

Die Gruppenprozesse werden modifiziert durch die Behandlungsdauer; der grundlegende Unterschied zwischen den Verläufen der Erfolgreichen und der weniger Erfolgreichen findet sich in allen Zeitfenstern.

PatientInnen mit schwereren körperlichen Grunderkrankungen, die in Kombination von Einzeltherapie und KBT behandelt werden, profitieren nach anfänglicher Ablehnung besonders von der KBT, da sie einen besseren Zugang zum bisher abgelehnten Körper gewinnen.

Bei PatientInnen in gruppentherapeutischer Kombinationsbehandlung steht der körpersymbolische Konfliktausdruck im Vordergrund. Die erfolgreichen unter ihnen beginnen relativ früh, einen positiven Zugang zum eigenen Körper zu finden und erleben eine weitere Besserung im Behandlungsverlauf. Die weniger erfolgreichen PatientInnen unterscheiden sich in ihrem geringen Zugang zum Körper kaum in den beiden Settings.

Methodisch hat sich der FBeK bewährt, um die Besserung von Körpererlebensstörungen unter KBT zu erfassen. Mit dem Leiberleben-Grid können strukturelle Besserungen im Körper- und Selbsterleben individuell beschrieben werden. Der GEB-KBT ermöglicht im ersten Einsatz als Prozeßinstrument, methodenspezifische Wirkfaktoren zu beschreiben.

Damit liegen Untersuchungsinstrumente und erste empirische Ergebnisse zur Wirksamkeit und zu Wirkmechanismen der KBT vor, die mit dem theoretischen Ansatz dieses leiborientierten psychotherapeutischen Verfahrens übereinstimmen.

# Literaturverzeichnis


Argelander, H.: Die kognitive Organisation psychischen Geschehens. Klett-Cotta 1979

Badura-MacLean, E. & Stolze, H.: Der „Stuttgarter Bogen" in der Konzentrativen Bewegungstherapie – Evaluierung und Anwendbarkeit. Gruppenpsychother. Gruppendyn.17, S.96–109 (1981)

Bardé, B. & Mattke, D.: Therapeutische Teams. Vandenhoeck & Ruprecht Göttingen 1993

Bassler, M. & Krauthauser, H.: Zur Evaluation des therapeutischen Prozesses von stationärer Psychotherapie mit der Repertory-Grid-Technik. Psychother. Psychosom. med. Psychol. 46, S. 29–37 (1996)

Beckelmann, G.: Ambulante Kombination von Körpertherapie und Analytischer Fokaltherapie bei psychosomatischen Beschwerden. Psychotherapeut 41, S. 236–241 (1996)

Becker, H.: Körpererleben und Entfremdung – Psychoanalytisch orientierte Konzentrative Bewegungstherapie als Therapieeinstieg für psychosomatische Patienten. In: Brähler, E.: Körpererleben. a.a.O. 1986

Becker, H.: Psychoanalyse, Handlung und Körper Grenzen und Möglichkeiten am Beispiel der Konzentrativen Bewegungstherapie. Prax. Psychother. Psychosom. 32, S. 170–177 (1987)

Becker, H.: Konzentrative Bewegungstherapie. Thieme Stuttgart, 2.Aufl. 1989

Beckmann, D. & Brähler, E. & Richter, H. E.: Der Gießen Test (GT), ein Test für Individual- und Gruppendiagnostik. Huber Bern 1991

Bensch, M. & Mattke, D.: Vorstellung eines stationären Gruppenkonzepts im psychotherapeutischen Krankenhaus unter besonderer Berücksichtigung von Zeitgrenzen. In: Hennig, H. & Fikentscher, E. & Bahrke, U. & Rosendahl, W. (Hrsg.): Kurzzeit-Psychotherapie in Theorie und Praxis. Pabst Science Publishers, Lengerich 1996 (S. 374–380)

Bergin,A.E. & Garfield, S.L. (eds.): Handbook of Psychotherapy and Behavior Change. Wiley New York 1994 (fourth ed.)

Bielefeld, J.: Körpererfahrung. Hogrefe Göttingen 1986

Blankenburg, W.: Körper und Leib in der Psychiatrie. Schweizer Archiv für Neurologie, Neurochirurgie und Psychiatrie 31, S. 13–39 (1982)

Bortz, J. & Lienert, G. & Boehnke, K.: Verteilungsfreie Methoden in der Biostatistik. Springer Berlin Heidelberg New York 1990

Bortz, J.: Statistik für Sozialwissenschaftler, 4. Aufl. Springer Berlin New York 1993

Bortz, J. & Lienert, G.: Kurzgefaßte Statistik für die klinische Forschung. Springer Berlin Heidelberg New York 1998

Brand, R.: Eutonie und Konzentrative Bewegungstherapie ein Methodenvergleich. In: Stolze, H. (Hrsg.): Die Konzentrative Bewegungstherapie Grundlagen und Erfahrungen. Mensch und Leben Berlin 1984

Broda, M. & Dahlbender, RW.& Schmidt, J: DKPM – Basisdokumentation. Eine einheitliche Basisdokumentation für die stationäre Psychosomatik und Psychotherapie. Psychother Psychosom Med Psychol 43, S. 214–223 (1993)

Brähler, E.: Körpererleben. Springer Berlin Heidelberg 1986

Budjuhn, A.: Konzentrative Bewegungstherapie bei psychosomatisch Kranken. Konz. Bewegungstherapie 14, S. 4–17 (1987)

Budjuhn, A.: Die psycho-somatischen Verfahren. Modernes Lernen Dortmund 1992

Büntig, W.: Der Körper in der Psychotherapie. Prax. Psychother. Psychosom. 36, S. 68–76 (1991)

Burkhardt, R. & Kienle, G. & Schreiber, K.: Methodologische Gesichtspunkte zum kontrollierten Therapieversuch. In Kienle, G. & Burkhardt, R. (Hrsg): Der Wirksamkeitsnachweis für Arzneimittel, a.a.O.

Cserny, S.: Das Leib-Seele-Problem. Entwicklungspsychologische Grundlagen einer körperorientierten Therapie am Beispiel der KBT, Dissertation, Salzburg 1989

Cserny, S. & Hochgerner, M. & Pokorny, V.: Konzentrative Bewegungstherapie, Dokumentation zur Einreichung als fachspezifische Psychotherapiemethode an das Bundesministerium für Gesundheit und Konsumentenschutz/Wien. Wien 1995

Carl, A. & Fischer-Antze, J. & Gaedtke, H. & Hoffmann, S. O. & Wendler, W.: Vergleichende Darstellung gruppendynamischer Prozesse bei KBT und analytischer Gruppentherapie, Gruppenpsychother. Gruppendyn.21, S. 52–72 (1985)

Carl, A.: Magersucht – eine Herausforderung für die KBT. Konz. Bewegungstherapie 25, S. 19–61 (1995 )

DAKBT (Hrsg.): Jahresprogramm 1999. Reutlingen 1999

Damasio, A.: Descartes' Irrtum: Fühlen, Denken und das menschliche Gehirn. List 1994

Davies-Osterkamp, S. & Strauß, B. & Schmitz, N.: Interpersonal problems as predictors of symptom related treatment outcome in longterm psychotherapy, Psychother. research 6 (3), S. 164–176 (1996)

Derogatis, CR: SCL-90. Administration, Scoring & Procedures. Manual-I for the R(evisited) Version and other Instruments of the Psychopathology Rating Scale Series. J.Hopkins Univ.School of Medicine (1977)

Dönisch-Seidel, U.: Bewegungstherapie mit psychotisch erkrankten Menschen in einer psychiatrischen Klinik. Konz. Bewegungstherapie 17, 5–24 (1989)

Dornes, M.: Der kompetente Säugling. Fischer Frankfurt 1993

Dürckheim, K. Graf: Der Körper, den ich habe – der Leib, der ich bin. Schweizer Archiv für Neurologie, Neurochirurgie und Psychiatrie 131, S. 89–92 (1982)

Deusinger, I.: Die Frankfurter Selbstkonzeptskalen (1986). In: Helm-Lorenzen. a.a.O.

Dührssen, A.: Katamnestische Ergebnisse bei 1004 Patienten nach analytischer Psychotherapie. Z. Psychosom. Med. 2, S. 94–113 (1962)

Eckert, J.: Gruppenerfahrungsbogen (GEB). In: Strauß, B., Eckert, J., Tschuschke, V. (Hrsg.): Methoden der empirischen Gruppentherapieforschung. a.a.O.

Eckert, J.: Indikation und Prognose. In: Strauß, B., Eckert, J., Tschuschke, V. (Hrsg.): Methoden der empirischen Gruppentherapieforschung. a.a.O.

Eimler, A.: Zum konfliktzentrierten Ansatz der KBT – Einzelarbeit im Rahmen stationärer Psychotherapie – Eine KBT-Stunde mit einem magersüchtigen Patienten. Konz. Bewegungstherapie 20, S. 33–42 (1991)

Eysenck, HJ.: The effects of psychotherapy: an evaluation. J Consult Psycho 16 (1952)

Erikson, E.: Kindheit und Gesellschaft. Klett Stuttgart 1974

Ermann, G. & Lermer, St.: Erlebnisdimensionen in Gruppen. Gruppenpsychother. Gruppendynamik 11, S. 106–121 (1977)

Feldman, M.M.: The body image and object relations: exploration of a method utilising repertory grid techniques. Brit.J.of Med. Psychol. 48, S. 317–332 (1975)

Franke, G.: SCL-90-R. Die Symptom Checklist von Derogatis. Deutsche Version. Beltz-Test Weinheim 1995

Frommer, J.: Methodologische Aspekte des Leib-Seele-Problems in Psychosomatik und Psychotherapie, ZKPPP 44, S. 231–242 (1996)

Fürstenau, P.: Entwicklungsförderung durch Therapie. Pfeiffer München 1992

Fuhriman, A. & Burlingame, G:M (Eds.): Handbook of Group Psychotherapy. Wiley New York 1994. Zit in Strauß (1996), a.a.O.

Gathmann, P.: Pathologie des psychosomatischen Reaktionsmuster. Springer Berlin 1990. Zit.in: Cserny, S. & Hochgerner, M. & Pokorny, V.: a.a.O. 1995

Geuter, U.: Körperbilder und Körpertechniken in der Psychotherapie, Psychotherapeut 41, S. 99–106 (1996)

Gierden-Charura, B.: Leibarbeit – eine Möglichkeit, Übertragungsgeschehen zu bearbeiten. Darstellung einer KBT-Erstbehandlung. Konz. Bewegungstherapie 24, S. 37–52 (1994)

Gindler, E.: Die Gymnastik des Berufsmenschen. Gymnastik I, S. 82–89 (1926). In Stolze, H. (Hrsg.): a.a.O. 1984

Goll, A.: Anwendungsbereich und Ausbildung der KBT. Konz. Bewegungstherapie 23, S. 48–99 (1994)

Goldberg, M.: Über meine Therapieformel in der Konzentrativen Bewegungstherapie. In: Stolze, H., a.a.O. 1984

Goldberg, M.: Eine Minute warten. Verlag für pädagogische Medien Hamburg 1995

Gräff, Ch.: Konzentrative Bewegungstherapie in der Praxis. Hippokrates Stuttgart 1983

Gräff, Ch.: Ängste in der Konzentrativen Bewegungstherapie: Konz. Bewegungstherapie 15, S. 20–31 (1988)

Grawe, K. & Bernauer, R. & Donati, F.: Psychotherapie im Wandel. Hogrefe Göttigen 1994

Grothe, K.D.: Weder Autismus noch Symbiose – Neuere Erkenntnisse der psychoanalytischen Entwicklungspsychologie aus der Sicht der Kleinkindforschung. Konzentrative Bewegungstherapie 20, S. 19–32 (1991)

Hamacher-Erbguth,A.: Das Körpererleben in der Konzentrativen Bewegungstherapie. Diplomarbeit Erlangen 1991

Heller, G.: Über meine Arbeit am Crichton Royal Hospital 1949. In Stolze, H. (Hrsg): a.a.O. 1984

Helm-Lorenzen, A.: Vom Körperbild zum Selbstbild. Das Konzept des „basalen" Körperbildes. Diplomarbeit Marburg 1992

Heuer, B. & Schurmann-Walker, Ch.: Konzentrative Bewegungstherapie mit schizophrenen Kranken. Konz. Bewegungstherapie 19, S. 53–71 (1990)

Heuft, G. & Senf, W.: Praxis der Qualitätssicherung in der Psychotherapie: das Manual zur PsyBaDo. Thieme Stuttgart New York 1998

Hilker, F.: Dem Andenken einer großen Pädagogin. Bildung und Erziehung 14 (1961). Neuabdruck in: Sensory Awareness Foundation (Hrsg.): Erinnerungen an Elsa Gindler. Peggy Zeitler München 1991, S. 133–139

Hochgerner, M.: Regression und Progression in der mittelfristigen stationären Psychosomatik. In Hochgerner, M., Wildberger, E.: Psychotherapie in der Psychosomatik. Fakultas Wien 1995

Hochgerner, M.: Behandlung einer hypochondrischen Störung mit Konzentrativer Bewegungstherapie (KBT). Vortrag beim Symposion „Psychoanalyse und Körper" Klinikum Nürnberg/Universität Erlangen-Nürnberg 1996

Hochgerner; M.: Der erweiterte Gestaltkreis Victor v. Weizsäckers als Entwicklungs-, Krankheits- und Behandlungsmodell in der Konzentrativen Bewegungstherapie. Vortrag zur Lehrbeauftragung im ÖAKBT Innsbruck 1995

Hochgerner, M.: Der Beitrag der Konzentrativen Bewegungstherapie (KBT) im Gesamtbehandlungsplan der Psychotherapie. In: Vandieken, R., Häckl, E., Mattke, D. (Hrsg.): Was tut sich in der stationären Psychotherapie? Standorte und Entwicklungen. Psychosozial Gießen 1998

Hoppe, B.: Körper und Geschlecht. Körperbilder in der Psychotherapie. Reimer Berlin 1991

Horowitz, L.M, Rosenberg, S.E, Bauer,B.A, Ureno, G. Villassenor, V S: Inventory of Interpersonal Problems. J of clinical and consulting psychology 56, S. 885–892 (1988)

Horowitz, L.M., Rosenberg, S E, Bartholomew, K.: Interpersonale Probleme in der Psychotherapie. Grupenpsychother. Gruppendyn. 29, S. 170–197 (1993)

Horowitz & L M, Strauß, B.& Kordy, H.: Das Inventar zur Erfassung interpersonaler Probleme – Deutsche Version. Beltz-Test Weinheim 1994

Houston, J.: The Possible Human. Tarcher Inc. Los Angeles 1982

Janssen, P.: Psychoanalytische Therapie in der Klinik. Klett Cotta Stuttgart 1987

Jacobson, N.S., Follette,W.C., Revensdorf , D.: Psychotherpy outcome research: methods for reporting variability and evaluation clinical significance. In: Behaviour Therapy 15, S. 336–352 (1984) zit. in Schauenburg et. al. a.a.O.

Jakobs, D.: Die menschliche Bewegung. Georg Kallmeyer, Wolfenbüttel 1990 (6. Aufl.)

Joraschky, P: Das Körper-Schema und das Körper-Selbst. In: Brähler, E.: Körpererleben. Springer Berlin Heidelberg 1986

Joraschky, P. & v. Arnim, A.: Selbst- Erfahrung mit der Körperbildskulptur. Seminar beim 1. Kongreß der Deutschen Gesellschaft für Körperpsychotherapie, Berlin 1998

Kehde, S.: Evaluation von KBT in Selbsterfahrungsgruppen. Diplomarbeit, Bielefeld 1994. Zit.in: Cserny, S. & Hochgerner, M. & Pokorny, V.: a.a.O.

Kelly, G.A.: The Psychology of Personal Constructs. Norton New York 1955

Kienle,G. & Burkhardt, R. (Hrsg).: Der Wirksamkeitsnachweis für Arzneimittel. Urachhaus Stuttgart 1983

Klein, P.: Tanztherapie. Eres-Edition Bremen 5. Aufl. 1991

Kluck- Puttendörfer, B.: KBT – Bewegungen aus der Symbiose zum eigenen Selbst. Konz. Bewegungstherapie 24, S. 2–36 (1994)

Kluge, F.: Etymologisches Wörterbuch der deutschen Sprache. de Gruyter Berlin 1989

Knoff, S.: Verbalisierte und gelebte Gefühle. In: Vandieken, R., Häckl, E., Mattke, D. (Hrsg.): Was tut sich in der stationären Psychotherapie? Standorte und Entwicklungen. Psychosozial Gießen 1998

Koch, L.: Körpererinnerungen als Arbeitsmaterial in der KBT. Konz. Bewegungstherapie 13, S. 18–27 (1986)

Koemeda-Lutz, M.: Agieren, analysieren, transformieren. Psychotherpeut 40, S. 229–238

Köhler, L.: Beiträge der Kleinkindforschung in den USA zum Thema Narzismus und Aggression. Zit. in Grothe, a.a.O.

Kordy, H, Hannöver, W.: Die Evaluation von Psychotherapie und das Konzept der klinisch bedeutsamen Veränderungen. In: Laireiter V. R.: Diagnostik in der Psychotherapie. Springer Wien 2000

Kordy, H. & Hannöver, W. & Strauß, B. & Horowitz, L.: Standardisierung und Normierung des Inventars Interpersonale Probleme (IIP-D): Deutsche Repräsentativerhebung 1995/96. Forschungsstelle Stuttgart o. J.

Krause, R.: Die Zweierbeziehung als Grundlage der psychoanalytischen Therapie. Psyche S. 588–612 (1992)

Krause, R..: Eine Taxonomie der Affekte und ihre Anwendung auf das Verständnis der ›frühen Störungen‹. Psychoth. Med. Psychol. 38, S. 77–86 (1988)

Krause, R. & Steiner-Krause, E. & Ullrich, B.: Anwendung der Affektforschung auf die psychoanalytisch-psychotherapeutische Praxis. Forum Psychoanal. 8, S. 238–253 (1992)

Krauthauser, H. & Bassler, M.: Das Problem der Randomisierung bei Psychotherapiestudien. PPmP 47, 279–284 (1997)

Küchenhoff, J.: Einige Dimensionen des vergessenen Körpers in Psychoanalyse und Psychosomatik, PPmP 42, 24–30 (1992a)

Küchenhoff, J.: Körper und Sprache. Theoretische und klinische Beiträge zur Psychopathologie und Psychosomatik von Körpersymptomen. Asanger Heidelberg 1992

Kriz, J.: Probleme systemisch-empirischer Forschung. System Familie 4, 236–243 (1991)

Kriz, J.: Systemtheorie. Facultas Wien 1997

Künzel, R. & Willutzki, U.: GAP. Handbuch zum GRID-Programmpaket, Ruhr-Uni Bochum

Leary, T.: Interpersonal Diagnoses of Personality. New York: Ronald Press 1957

Lambert, M.J. & Bergin, A.E.: The effectiveness of psychotherapy. In: Bergin, A.E. & Garfield, S.L. (eds): a.a.O., S. 143–189

Lang, H. (Hrsg.): Wirkfaktoren der Psychotherapie. Königshausen und Neumann Würzburg 1994

Langer, S.: Philosophie auf neuen Wegen, Fischer Frankfurt 1984

Langthaler, W. & Schiepek, G. (Hrsg.): Selbstorganisation und Dynamik im Gruppen. Münster 1995

Lausberg, H. & Wietersheim,J.von & Wilke,E. & Feiereis,H.: Bewegungsbeschreibung psychosomatischer Patienten in der Tanztherapie. Psychother.med. Psychol. 38, S. 259 bis 264 (1988)

Lechler, H.: Ein Beispiel für den krisenorientierten Ansatz aus der KBT. Konz. Bewegungstherapie 12, S. 33–45 (1985)

Lechler, H.: Kurzzeittherapie in der Konzentrativen Bewegungstherapie. In: Hennig, H. & Fikentscher, E. &Bahrke, U. & Rosendahl, W. (Hrsg.): Kurzzeit-Psychotherapie in Theorie und Praxis. Pabst Science Publishers Lengerich 1996, S. 470–475

Ledoux, J.: Das Netz der Gefühle. Hanser München Wien 1998

Lehmacher, W.: Verlaufskurven und Crossover. Springer Berlin New York 1987

Luborsky, L. & Singer, B. & Luborsky, E.: Comparative studies of psychotherapies. Archives of General Psychiatry 32, S. 995–1008 (1975)

Mahler, M., Pine, F., Bergman, A.: Die psychische Geburt des Menschen. Fischer Frankfurt 1975

Marcel, G.: Du refus a l'invocation. Paris 1944. Zit. nach Cserny, a.a.O.

Mattke, D. & Schreiber-Willnow, K.: Analytische Gruppentherapie und KBT in der stationären Gruppentherapie. Konz. Bewegungstherapie 16, S. 24–38 (1988)

Mattke, D.: Ein Krankenhaus für Psychosomatische Medizin und Psychotherapie. Organisationsform und Behandlungskonzept. In: Bardé, B. & Mattke, D.:Therapeutische Teams. Vandenhoeck & Ruprecht, Göttingen 1993

Mattke, D. & Janssen, P. & Strauß, B.: Behandlung und Teamprozesse in der stationären Therapie.Psychotherapeut 43, S. 316–327 (1998)

Maturana, H. & Varela, F.: Der Baum der Erkenntnis. Scherz Bern München 1987

Merleau-Ponty, M.: Phänomenologie der Wahrnehmung. De Gruyter Berlin 1966. In: Küchenhoff a.a.O.

Merten, J.: Affekte und die Regulation nonverbalen interaktiven Verhaltens. Lang Bern 1996

Mey, U.: Effizienz stationärer Psychotherapie. Dissertation Bonn 1997

Meyer, A.E.: Kommunale Faktoren in der Psychotherapie. PPmP 40, 152–157 (1990)

Meyer, J.E.: Konzentrative Entspannungübungen nach Elsa Gindler und ihre Grundlagen (1961). In: Stolze, H. (Hrsg.): Die Konzentrative Bewegungstherapie.Grundlagen und Erfahrungen. Mensch und Leben, Berlin 1984

Moran, M. G.: Chaostheorie und Psychoanalyse: die fließende Natur der Seele. Z. Psychosom .Med. 40, S. 384–403 (1994)

Nitschke, A.: Bewegung als Dialog. Prax. Psychother. Psychosom.36, S. 88–96 (1991)

Peichl, J., Pontzen,W.: Bedeutung und Erarbeitung des Focus in der integrierten klinischen Psychotherapie. Psychotherapeut 40, 1995

Piaget, J.: Theorie der Intelligenz. Rascher Zürich 1947. Zit. nach Stolze a.a.O.(1984)

Piaget, J.& Inhelder, B.: Die Psychologie des Kindes. Walter Freiburg 2. Aufl. 1973

Plassmann, R.: Organwelten: Grundriß einer analytischen Körperpsychologie. Psyche 47, S. 261–281 (1993)

Porsch, U.: Der Körper als Selbst und Objekt. Vandenhoeck & Ruprecht, 1997

Pokorny, V.: KBT in ihrem Bezug zur Definition wissenschaftlicher Psychotherapie nach dem österreichischen Psychotherapeutengesetz. Die Wirkprinzipien der KBT. Vortrag bei der Tagung der ÖAKBT, Insbruck 1995

Pribram, C.: Language of the Brain. 1971. Zit. in : Houston, J.; a.a.O.

Reiff, H.: Die trianguläre Struktur von Körper, Körperschema und Körperbild. Forum Psychoanal. 4, S. 216–228 (1988)

Rhein-Klinik, Basisdokumentation 1997, Bad Honnef, unveröff.

Rohde-Dachser, Ch.: Das Borderline-Syndrom. Huber Bern Stuttgart 1986

Rother, Ch. (1992): Konzentrative Bewegungstherapie bei einem Patienten mit Torticollis spasticus (Schiefhals) im Rahmen eines stationären Heilverfahrens. Konz. Bewegungstherapie 21, S. 53–84

Sander, L.: Infant and Caretaking Environment Investigation and Conceptualisation of Adaptive Behaviour in a System of Increasing Complexity. Zit. in Grothe a.a.O.

Schauenburg, H. & Strack, M.: Die Symptom Checklist 90 R (SCL-90-R) zur Darstellung von statistisch- und klinisch-signifikanten Psychotherapie-Ergebnissen. PPmP 48, S. 257–64 (1998)

Scheer, J. & C., Ana: Einführung in die Repertory-Grid-Technik. Huber Bern 1993 (Bd.1/2)

Schepank, H.& Tress, W.: Die stationäre Psychotherapie und ihr Rahmen. Springer 1988

Schiepek, G.: Die Beziehungsgestaltung in der Psychotherapie – ein chaotischer Prozeß ? System Fam. 7, S. 166–177 (1994)

Schmidt, E.: Nichts fühlen, nichts wissen, nichts sagen – darf das Leben lebendig werden? – Erfahrungen mit KBT in einer psychosomatischen Klinik. Konz. Bewegungstherapie 17, S. 38–48 (1989)

Schmidt, E.: Sprechen und Bewegen. Zulassungarbeit zur Lehrbeauftragtenprüfung im DAKBT. Buschhoven 1994

Schmidt, E.: Vom Schrei zur Sprache, von der Bewegung zur Bedeutung. Vortrag beim ÖAKBT Insbruck 1995

Schmidt, E.: Zwischen Verkörperung und Versprachlichung – die Konzentrative Bewegungstherapie als gruppentherapeutische Methode. Konz. Bewegungstherapie 30, S. 66–73 (1999)

Schmitt, G. M. & Kurlemann, G.: Explorative Verfahren der Konstrukterhebung. In: Scheer, J., Catina, A.: a.a.O.

Schmitt, G. M.: Cystische Fibrose. Leben mit einer chronischen Krankheit. Hogrefe Göttingen 1991

Schreiber-Willnow, K.: Wolken in der Kaffeetasse des DAKBT oder was Chaos-Theorie zum Verständnis komplexer Systeme beiträgt. Konzentrative Bewegungstherapie 22, S. 9–25 (1993)

Schreiber-Willnow, K.: Einige Ergebnisse aus der Prognose-Studie. Vortrag beim Arbeitskreis Stationäre Gruppentherapie Jena 1997

Schwarze, R.: Liebevolle Begegnung in Abstand und Nähe. Darstellung eines Therapieverlaufs mit Konzentrativer Bewegungstherapie. Prax. Psychother. Psychosom. 36, S. 316–323 (1991)

Seidler, K.P.: Das Gruppenerleben in der Konzentrativen Bewegungstherapie. Gruppenpsychother. Gruppendynamik 31, S. 159–174 (1995)

Senf, W.: Stationäre analytische Gruppentherapie aus der Sicht des Patienten.(1988) In: Cserny, S. & Hochgerner, M. & Pokorny, V.: a.a.O.

Sensory Awareness Foundation (Hrsg.): Erinnerungen an Elsa Gindler. Peggy Zeitler München 1991

Sies, C. & Brocher, T.: Psychoanalyse und Psychotherapie im Spannungsfeld von Autonomie und Kontrolle, Vortrag Heidelberg 1992

Slater, P. (Ed.): Dimensions of Interpersonal Space Volume 2. John Wiley & Sons London 1977

Smith, M.L. & Glass, G.V. & Miller T.J.: The Benefits of Psychotherapy. John Hopkins University Press Baltimore 1980

Steinke, S.: Die prognostische Bedeutung interpersonaler Probleme für den Behandlungserfolg stationärer Psychotherapie. Diplom-Arbeit Bonn 1998

Stern, D.: Die Lebenserfahrung des Säuglings. Klett-Cotta Stuttgart 4. Aufl. 1994

Stern, D.: Self experience as a guide to clinical reconstruction. Vortrag. Bonner Symposium zur angewandten Körper-Psychotherapie Bonn 1995

Strauß, B. & Appelt, H.: Erfahrungen mit einem Fragebogen zum Körpererleben. In: Brähler, E.: Körpererleben, a.a.O.

Strauß, B. u. Richter-Appelt, H.: Der Fragebogen zur Beurteilung des eigenen Körpers (FBeK), Hogrefe Göttingen 1996

Strauß, B. (Hrsg.): Gruppenpsychotherapie und Gruppendynamik 3/1993

Strauß, B., Burgmeier-Lohse, M.: Stationäre Langzeitgruppentherapie, Asanger Heidelberg 1994

Strauß, B., Eckert, J.: Dimensionen des Gruppenerlebens: zur Skalenbildung des Gruppenerfahrungsbogens. Zeitschrift für klin. Psychol. 23, S. 188–201 (1994)

Strauß, B., Eckert, J., Tschuschke, V. (Hrsg.): Methoden der empirischen Gruppentherapieforschung. Westdeutscher Verlag Opladen 1996

Strauß, B.: Ergebnisforschung in der Gruppenpsychotherapie. In: Strauß, B. & Eckert, J. & Tschuschke, V.: Methoden der empirischen Gruppentherapieforschung, a.a.O. 1996

Strauß, B.: Buchbesprechung. Psychotherapeut 3, S. 201–202 (1999)

Stolze, H.: Das obere Kreuz. Lehmanns München 1953

Stolze, H.: Selbsterfahrung und Bewegung. Prax. Psychother. XVII, S. 165–174 (1972) In: Stolze, H.: Die Konzentrative Bewegungstherapie, a.a.O.

Stolze, H. (Hrsg.): Die Konzentrative Bewegungstherapie. Grundlagen und Erfahrungen. Mensch und Leben, Berlin 1984

Stolze, H.: Wege zu den leiborientierten Therapien. Prax. Psychother. Psychosom. 36, S. 58–67 (1991)

Stolze, H.: Unerreichbar? Eine leiborientierte Behandlungssequenz im Rahmen einer analytischen Langzeittherapie. Prax. Psychother. Psychosom 37, S. 279–284 (1992)

Sullivan, H.S: Interpersonal Theory of Psychiatry. Norton New York 1953

Tschuschke, V., Catina, A., Beck, Th., Salvini, D.: Wirkfaktoren in stationärer analytischer Gruppenpsychotherapie. PPmP 42, S. 91–101 (1992)

Tschuschke, V.: Wirkfaktoren stationärer Gruppentherapie. Vandenhoeck & Ruprecht Göttingen 1993

Tschuschke, V., Dies, R.: Der Mythos von den zwei Welten: Praxis und Forschung brauchen einander. Gruppenpsychother. Gruppendynamik 30, 227–250 (1994)

Tschuschke, V. & Kächele, H. & Hölzer, M.: Gibt es unterschiedlich effektive Formen von Psychotherapie? Psychotherapeut 39, S. 281–297 (1994)

Tschuschke, V.: Prozeß-Ergebnis-Zusammenhänge und Wirkfaktorenforschung. In: Strauß, B. & Eckert, J. & Tschuschke, V.:Methoden der empirischen Gruppentherapieforschung, a.a.O. 1996

Tschuschke, V. Bänninger-Huber, E., Faller, H., Fikentscher, E., Fischer, G., Frohburg, I., Hager, W., Schiffler, A., Lamprecht, F., Leichsenring, F., Leuzinger-Bohleber, M., Rudolph, G., Kächele, H.: Psychotherapieforschung – wie man es (nicht) machen sollte. Eine Experten/Innen-Reanalyse von Vergleichsstudien bei Grawe et.al.(1994). PPmP 48, S. 430–444 (1998)

Von Uexküll, T., Fuchs, M., Müller-Braunschweig, H., Johnen, R. (Hrsg.): Subjektive Anatomie. Schattauer Stuttgart New York 1994

Urban, B.: KBT-Arbeit und deren methodische Aspekte bei der Behandlung von Borderline-Patienten. Konz. Bewegungstherapie 16, 1–23 (1988)

Vandieken, R., Häckl, E., Mattke, D. (Hrsg.): Was tut sich in der stationären Psychotherapie? Standorte und Entwicklungen. Psychosozial Gießen 1998

Völz, H.: Zur Wirkungsweise der Konzentrativen Bewegungstherapie. Diplomarbeit Bielefeld 1992. Zit. in: Cserny, S. & Hochgerner, M. & Pokorny, V.: a.a.O.

Watzlawick, P.: Die Möglichkeit des Andersseins. Huber Bern Stuttgart Wien 1977

Von Weizsäcker, V.: Der Gestaltkreis. Thieme Stuttgart 1940 (6. Aufl. 1996)

Werner, D., Konzentrative Bewegungstherapie in der Behandlung von Suchtkranken. Z.f. Physiotherapie 1, S. 14–21 (1998)

Wiedemann, P. M.: Konzepte, Daten und Methoden zur Analyse des Körpererlebens. In: Brähler. E.: Körpererleben, a.a.O., 1986

Wieschhues, A., Tanztherapie im Erleben von Patientinnen einer psychosomatischen Station. Diplomarbeit, Köln 1996

Wiesenhütter, E.: Grundbegriffe der Tiefenpsychologie. Wiss. Buchgemeinschaft Darmstadt 1969

Willutzki, U., Raeithel, A.: Software für Repertory Grids. In Scheer, Catina a.a.O.

Winnicott, D.: Vom Spiel zur Kreativität. Klett Stuttgart 1973

Woerner, I., Lehmkuhl, G., Woerner, W.: Zur Beziehung von Körperwahrnehmung, Eßverhalten und Körpergewicht bei anorektischen und normalgewichtigen Jugendlichen. Zeitschrift f. klin. Psychol.18, 319–331 (1989)

Wuchner, M., Eckert, J., Biermann-Ratjen, E. M.: Vergleich von Diagnosegruppen und Klientelen verschiedener Kliniken. Gruppenpsychother Gruppendynamik 29, S. 198–214 (1993)

Yalom, I.D.: The Theory and Practice of Group Psychotherapy. Basic Books New York 1975 (dt.1989/1994 Piper München)

Ziegenrücker H.Ch., Junge, A., Ahrens, S.: Interpersonale Probleme bei Patienten einer psychosomatischen Klinik. Gruppenpsychother.Gruppendyn. 32, S. 22–41 (1996)

# Anhang

In Grid-Erhebungsbogen (unten) werden in die waagerechten Zeilen rechts die beiden Pole der Konstrukte der PatientInnen während des Interviews eingetragen. Das Gitter füllen die PatientInnen selbst aus. Die beiden folgenden Seiten zeigen den Erhebungsbogen GEB-KBT.

Körper- und Selbsterleben- Grid

Name:........................................................ Datum:.............

Bitte tragen Sie in **jedes Kästchen eine Zahl auf der Skala** von 6 bis 1 ein:

6: die Eigenschaft trifft sehr zu
5: die Eigenschaft trifft ziemlich zu
4: die Eigenschaft trifft etwas zu
3: der Gegensatz trifft etwas zu
2: der Gegensatz trifft ziemlich zu
1: der Gegensatz trifft sehr zu

| 1. Ich mit meinen (körperlichen) Beschwerden | 2. Mein Körper, als ich noch gesund war | 3. Ich, wie ich bin | 4. Gegenstand, wie ich bin........ | 5. Ein Körperteil, das ich mag........ | 6. Ein Körperteil, das ich nicht mag........ | 7. Meine Weiblichkeit/Männlichkeit körperlich | 8. Mein Körper, wie ich ihn mir wünsche | 9. Der Boden unter meinen Füßen | 10. Meine Haltung der Welt gegenüber | 11. Körperliche Berührung von anderen | 12. Wie andere mich mit meinem Körper erleben | 13. Ich, wie ich nach der Therapie sein möchte | Eigenschaft<br>6 5 4 | Gegensatz<br>3 2 1 | |
|---|---|---|---|---|---|---|---|---|---|---|---|---|---|---|---|
| | | | | | | | | | | | | | | | 1 |
| | | | | | | | | | | | | | | | 2 |
| | | | | | | | | | | | | | | | 3 |
| | | | | | | | | | | | | | | | 4 |
| | | | | | | | | | | | | | | | 5 |
| | | | | | | | | | | | | | | | 6 |
| | | | | | | | | | | | | | | | 7 |
| | | | | | | | | | | | | | | | 8 |
| | | | | | | | | | | | | | | | 9 |
| | | | | | | | | | | | | | | | 10 |
| | | | | | | | | | | | | | | | 11 |
| | | | | | | | | | | | | | | | 12 |
| | | | | | | | | | | | | | | | 13 |

**Gruppen-Erfahrungsbogen/KBT**

Name:............................................ Datum:................

| | Bitte beantworten Sie möglichst spontan die folgenden Fragen zur heutigen Gruppenstunde umgehend: | stimmt überhaupt nicht | | | | | stimmt genau |
|---|---|---|---|---|---|---|---|
| 1. | Während der Gruppenstunde fühlte ich mich körperlich entspannt | 0 | 1 | 2 | 3 | 4 | 5 |
| 2. | Heute habe ich nicht gewagt, das vorzubringen, was mich wirklich bewegte | 0 | 1 | 2 | 3 | 4 | 5 |
| 3. | Heute störten mich Gedanken, Befürchtungen oder Sorgen bei der Konzentration auf meinen Körper | 0 | 1 | 2 | 3 | 4 | 5 |
| 4. | Heute hielt sich die Therapeutin zu sehr zurück | 0 | 1 | 2 | 3 | 4 | 5 |
| 5. | Heute habe ich von den anderen für mich etwas gelernt | 0 | 1 | 2 | 3 | 4 | 5 |
| 6. | Heute hatte ich das Gefühl, daß die anderen nicht offen zu mir waren | 0 | 1 | 2 | 3 | 4 | 5 |
| 7. | Heute konnte ich Neues wagen und mich erproben | 0 | 1 | 2 | 3 | 4 | 5 |
| 8. | Heute konnte ich bewußt die gegenwärtigen Möglichkeiten und Grenzen meines Körpers wahrnehmen | 0 | 1 | 2 | 3 | 4 | 5 |
| 9. | Ich glaube, es wird mir immer besser möglich, meine Probleme selbst zu lösen | 0 | 1 | 2 | 3 | 4 | 5 |
| 10. | Heute hat sich während der Gruppenstunde mein Körpergefühl für mich positiv verändert | 0 | 1 | 2 | 3 | 4 | 5 |
| 11. | Es ist mir heute nicht gelungen, den anderen klarzumachen, was in mir vorgeht | 0 | 1 | 2 | 3 | 4 | 5 |
| 12. | Heute konnte ich meinen Körper so annehmen, wie er war | 0 | 1 | 2 | 3 | 4 | 5 |
| 13. | Heute fand ich die Gruppenstunde richtig gut | 0 | 1 | 2 | 3 | 4 | 5 |
| 14. | Heute hätte ich mir gewünscht, daß die anderen mir mehr beistehen | 0 | 1 | 2 | 3 | 4 | 5 |
| 15. | Was ich heute in der Gruppe erlebt habe, läßt mich meinen Umgang mit mir oder mit anderen in neuem Licht sehen | 0 | 1 | 2 | 3 | 4 | 5 |
| 16. | Heute wurde mir zu viel geschwiegen | 0 | 1 | 2 | 3 | 4 | 5 |
| 17. | Heute ist mir deutlicher geworden, wie ich auf andere wirke | 0 | 1 | 2 | 3 | 4 | 5 |
| 18. | Heute konnte ich meinen Körper deutlich wahrnehmen | 0 | 1 | 2 | 3 | 4 | 5 |
| 19. | Die Therapeutin betrachtet das, was sie sagte, zu sehr von ihrem Standpunkt aus | 0 | 1 | 2 | 3 | 4 | 5 |
| 20. | Heute hatte ich das Gefühl, in der Gruppe wirklich dazuzugehören | 0 | 1 | 2 | 3 | 4 | 5 |
| 21. | Heute bin ich sensibel mit meinen körperlichen Empfindungen umgegangen | 0 | 1 | 2 | 3 | 4 | 5 |
| 22. | Ich sehe jetzt meinen Schwierigkeiten gelassener entgegen | 0 | 1 | 2 | 3 | 4 | 5 |
| 23. | Ich finde, daß die Gruppe heute nicht genügend auf meine Gefühle einging | 0 | 1 | 2 | 3 | 4 | 5 |
| 24. | Ich habe heute erfahren, wie sich mein seelisches Erleben körperlich äußert | 0 | 1 | 2 | 3 | 4 | 5 |

**Gruppen-Erfahrungsbogen/KBT**

Name:............................................ Datum:................

| | stimmt überhaupt nicht | | | | | stimmt genau |
|---|---|---|---|---|---|---|
| **25. Bei den heutigen Themen war ich innerlich beteiligt** | 0 | 1 | 2 | 3 | 4 | 5 |
| **26. Heute herrschte eine feindselig-gespannte Stimmung in der Gruppe** | 0 | 1 | 2 | 3 | 4 | 5 |
| **27. Nach dieser Gruppenstunde habe ich mehr Vertrauen zu mir selbst** | 0 | 1 | 2 | 3 | 4 | 5 |
| **28. Während der heutigen Gruppenstunde konnte ich gut spüren, wie es mir gerade ging** | 0 | 1 | 2 | 3 | 4 | 5 |
| **29. Heute hatte ich oft das Gefühl, daß das, was die Therapeutin zu der Gruppe sagte, auch auf mich zutraf** | 0 | 1 | 2 | 3 | 4 | 5 |
| **30. Der Inhalt der heutigen Gruppenstunde behagte mir nicht** | 0 | 1 | 2 | 3 | 4 | 5 |
| **31. In meinem Körper konnte ich mich heute wohlfühlen** | 0 | 1 | 2 | 3 | 4 | 5 |
| **32. Heute habe ich meine Gefühle und Empfindungen ganz anders als sonst gesehen** | 0 | 1 | 2 | 3 | 4 | 5 |
| **33. Heute habe ich gesehen, daß andere ziemlich ähnliche Probleme haben wie ich** | 0 | 1 | 2 | 3 | 4 | 5 |
| **34. Heute konnte ich gut wahrnehmen, was ich gerade mochte, wünschte und wollte** | 0 | 1 | 2 | 3 | 4 | 5 |
| **35. Heute war ich auf die Therapeutin ärgerlich** | 0 | 1 | 2 | 3 | 4 | 5 |
| **36. Was ich heute in der Gruppe erlebte, hat mich an Situationen in meiner Verangenheit erinnert** | 0 | 1 | 2 | 3 | 4 | 5 |
| **37. Mein Körper erschien mir heute wie ein gefühlloser Gegenstand** | 0 | 1 | 2 | 3 | 4 | 5 |
| **38. Ich könnte heute nicht von jedem sagen, wie er zu mir steht** | 0 | 1 | 2 | 3 | 4 | 5 |
| **39. Heute hatte ich das Gefühl, einem anderen Gruppenmitglied geholfen zu haben** | 0 | 1 | 2 | 3 | 4 | 5 |
| **40. Heute war mir mein Körper mehr fremd als vertraut** | 0 | 1 | 2 | 3 | 4 | 5 |
| **41. Heute sind mir Zusammenhänge in meinem Erleben deutlich geworden, die ich bisher noch nicht gesehen habe** | 0 | 1 | 2 | 3 | 4 | 5 |
| **42. Heute hätte ich mir gewünscht, einige in der Gruppe wären nicht anwesend gewesen** | 0 | 1 | 2 | 3 | 4 | 5 |
| **43. Heute stand ich meinem Körper sorgenvoll gegenüber** | 0 | 1 | 2 | 3 | 4 | 5 |
| **44. Die Veränderungen, die ich heute bei den anderen sah, ermutigen mich** | 0 | 1 | 2 | 3 | 4 | 5 |
| **45. Heute fühlte ich, daß die anderen mich akzeptieren** | 0 | 1 | 2 | 3 | 4 | 5 |
| **46. Ich finde, einige Gruppenmitglieder versuchten heute zu sehr, die Aufmerksamkeit auf sich zu ziehen** | 0 | 1 | 2 | 3 | 4 | 5 |
| **47. Heute wäre ich gerne mit den anderen außerhalb der Therapie zusammen** | 0 | 1 | 2 | 3 | 4 | 5 |

*März 2000*
*144 Seiten · Broschur*
*DM 29,90 · öS 218,– · SFr 27,50*
*ISBN 3-89806-004-7*

Annette Simon und Jan Faktor versuchen die politischen und gesellschaftlichen Konflikte ihrer ostdeutschen bzw. osteuropäischen Vergangenheit zu reflektieren und zu analysieren. Ausgehend von den unterschiedlichen Erfahrungen mit dem Prager Frühling 1968 setzen sie sich mit denVerhältnissen in der DDR auseinander. Auch heute, nach der Vereinigung Deutschlands, versuchen sie, sich politisch und intellektuell klar zu positionieren.

Jan Faktor zog 1978 in die DDR – in ein fremdes Land, dessen Untergrundkultur ihm dann plötzlich nicht geahnte, aber auch fragwürdige Freiräume bot. Nach der deutschen Vereinigung mußte er sich mit der Stasi-Vergangenheit einiger seiner Mitstreiter auseinandersetzen – und auch mit dem westdeutschen Kulturbetrieb.

Annette Simon erlebte mit der Okkupation der CSSR eine politische Entfremdung von ihren früheren sozialistischen Idealen und vom vermeintlichen Aufgehobensein in der DDR. Kritisch analysiert sie in ihren Texten das Weiterbestehen solcher Entfremdungsgefühle sowohl bei ehemaligen Oppositionellen als auch bei ehemaligen Befürwortern der DDR im deutschen Vereinigungsprozeß.

---

*März 2000 · 176 Seiten · Broschur*
*DM 39,90 · öS 291,– · SFr 37,–*
*ISBN 3-932133-98-6*

Tod, Trennung, Scheidung, mit einem Wort: Verluste unterschiedlichster Art bedingen Trauer. Als Pionier der Trauerarbeit hat Volkan eine außergewöhnliche Therapie zur Bewältigung der Trauer entwickelt – eine Therapie zur Wiederbelebung des steckengebliebenen Trauerprozesses. Denn, so der Autor, Trauer kann nicht geleugnet oder verdrängt werden – das wäre, als wollte man einen Knochenbruch ignorieren. Ein einfühlsames, bewegendes und informatives Buch über die schwierigsten menschlichen Lebenspassagen. Ein Buch, das menschlich und mitreißend geschrieben ist, weil Volkan auch seine eigene Geschichte von Verlusten und Trauer erzählt.

„Nirgends gibt es ein besseres Buch über Verluste und Trauer. Intelligent und mit Herz geschrieben, haben Volkan und Zintl einen Klassiker geliefert."

*Michael P. Nichols*

---

www.ingramcontent.com/pod-product-compliance
Ingram Content Group UK Ltd.
Pitfield, Milton Keynes, MK11 3LW, UK
UKHW040024200726
13854UKWH00001B/352